KB266977

길 위의 간호사

길 위의 간호사

약자의 편에서 새 세상을 꿈꾸며 걸어온 조옥화의 삶

초판 1쇄 발행 2026년 2월 25일
    2쇄 발행 2026년 4월 27일

지은이 안미선
펴낸이 강수걸
편집 강나래 이선화 이소영 오해은 박재화 이채연
디자인 권문경 조은비
펴낸곳 산지니
등록 2005년 2월 7일 제333-3370000251002005000001호
주소 부산시 해운대구 수영강변대로 140 BCC 626호
전화 051-504-7070 | 팩스 051-507-7543
홈페이지 www.sanzinibook.com
전자우편 sanzini@sanzinibook.com
블로그 http://sanzinibook.tistory.com

ISBN 979-11-6861-598-4 03330

* 2025년 서울문화재단 연희문학창작촌 입주 선정 작가의 도서입니다.
* 책값은 뒤표지에 있습니다.
* 잘못 만들어진 책은 구입처에서 교환해드립니다.

길 위의 간호사

약자의 편에서
새 세상을 꿈꾸며 걸어온
조옥화의 삶

안미선 지음

산지니

우리에게 온 인사

처음 조옥화 님을 만난 건 25년 전이었다. 인천의 건강한 노동 세상 사무실에 가면 그가 있었다. 산재 노동자들과 지역 활동가들이 활기차게 만나는 자리에서 그는 늘 그 자리에 있었다. 함박웃음을 짓고 푸근하게 맞아주는 얼굴이 가슴에 남았다. 저 사람은 누구일까, 생각했다. 나는 그때 산업재해노동자협의회 회원이었고 첫 직장에서 근골격계 질환이 생겨 산재 승인을 받은 후였다. 승인받는 과정은 수월한 편이었다. 그때 내게 이런 말을 한 산재 노동자가 있었다. 공장에서 일을 하다 한쪽 눈이 실명한 노동자였다. "너는 고마워해야 한다. 네가 산재 승인을 받을 수 있었던 것은 너보다 먼저 힘들게 싸워 승인을 받아낸 노동자들이 있었기 때문이다. 그걸 잊지 말아야 한다." 내가 사회 초년생으로 일하다 다쳤을 때 그 병에는 이미 이름이 있었고 공식적으로 인정해주는 절차가 있었다. 그게 당연한 게 아니라는 걸 그 노동자가 일깨워주었다.

작년 초에 한 간호사의 삶을 기록하면 어떻겠냐는 전경자 교수님의 제안을 받았다. 그는 한국 사회에서 간호사로서

몸으로 움직이면서 다양한 활동을 한 분이라면서, 그가 사회 속에서 한 선택과 경험, 그 지혜를 기록으로 남겨 다음 세대에도 꼭 들려주고 싶다고 했다. 지역에서 일하는 간호사들이 자신이 하는 일의 의미와 가치를 찾아가는 데, 병원에 의존하는 틀에서 벗어나 사회적 요인을 건강하게 만들어나가는 노력을 인식하는 데, 사회적 책임과 역사 인식을 단단히 해온 삶의 모범을 통해 자부심을 느끼는 데 이 이야기가 기록되면 좋겠다고 했다.

"조옥화 님은 딱히 말씀을 많이 하거나 가르치는 것이 아니라 사는 모습을 보여주는 분이세요. 학교에서 배울 수 없었던 지식을 실천과 삶 그 자체로 가르쳐줍니다. 그만큼 각별한 선생님이지요. 제가 처음 만날 당시 선생님은 인천도시산업선교회에서 빈민 지역 주민의 건강을 위해 지역 활동을 하셨어요. 그 모습을 보며 저도 간호사로서 어떤 역할을 해야 할지 방향을 설정하는 데 영향을 받고, 할 일을 찾아가겠다는 결심으로 이후 선택들을 해왔습니다."

몇 달 후 조옥화 님을 만났다. 영등포시장역 근처의 지하상가에 있는 작은 스터디룸에서였다. "많이 뵌 분이네." 그는 오래전 몇 번 스쳐 만난 내 얼굴을 기억하고 소탈하게 반기는 인사를 했다. 격식을 따지지 않는 활달하고 솔직한 목소리였다. 하지만 오래 활동을 하면서 다져진 진중하고 객관적인 목소리기도 했다. 자신의 이야기를 들려주겠다고 마음먹고 나서 그는 어떻게 무슨 이야기를 해야 할지 고민을 했다. 노트에 지난날 있었던 일을 정리해 적어 오기도 하고 이야기 속에 나오는 인물들에 대해 설명해주기도 했다.

그 이야기는 산업화와 민주화를 거친 한국 사회의 모습과, 그 속에서 정의롭게 저항하며 살아온 이들의 얼굴을 함께 담고 있었다. 들려주는 말 속에서 그 시대가 성큼 가까이 다가왔을 뿐 아니라 그 안에서 인간의 길을 내고자 했던 이들의 온기와 믿음도 함께 생생히 다가왔다. 그 말은 그동안 기록되지 않은 목소리를, 약자의 편에 선 한 여성의 생생한 역사를 보여주고 있었다. 그는 평생 동안 역할을 다하고자 한 민주주의자였고, 보건의료인이었고, 인간의 권리를 위해 싸워온 운동가였다. 이 자리에서도 그는 무슨 이야기를 하는 것이 누군가에게 도움이 될지 그것을 마음 썼다.

그가 먼저 했던 말이다. 평소 개인의 이야기를 바깥에 드러내지 않는 편이지만 일흔이 넘고 나서 한 개인으로서 삶을 돌이켜보고 그 삶에 영향을 미친 사회의 모습도 살펴보고 싶다. 일정한 방향으로 살아오면서 처음에 생각했던 삶과 크게 다르지 않은 삶을 살았다. 오랜 기간 동안 바뀌지 않았다는 말을 듣는데 자신 또한 많은 사람들을 만나면서 도움을 받으며 살았기에 고맙다는 생각이 든다. 직업이 간호사인데 보통 떠올리는 간호사의 삶과 다르게 다양한 모습으로 살았다. 그 다른 삶을 보여주고 싶다고 했다.

그 말에는 한 여성으로서, 간호사로서, 일하는 사람으로서 순간마다 최선을 다해 살아온 길이 이어져 있었다. 고통과 함께 살았지만 시대의 현실에 직면하며 소명을 스스로 찾아내어 거침없이 간 길이 말 속에 있었다. 한 사람의 평생의 이야기이자, 자신과 한 약속을 지킨 이야기이고, 무엇보다 약자들과 함께해온 길의 이야기였다. 함께하는 삶을 꿈꾼 그 말이 누군가에게 새롭게 느껴진다면 벌써 그 말이 단단하게 잠긴 누군가의 문 앞에 가닿아 문을 두드리고 있기 때문인지 모른다.

눈앞에서 그 웃음을 다시 보았다. 아프고 다친 노동자들을 지켜보고 이웃처럼 변함없이 맞아주며 자신감을 주던 웃음이었다. 함께해서 외롭지 않게 해주던 웃음, 자신의 길을 기꺼이 가는 이의 든든한 웃음이었다. 그가 어째서 웃음을 선선히 짓고 그 북적이는 사무실에 있었는지 그동안 나는 궁금했다. 지금 나는 이해했다. 문제에 이름을 붙이고 싸운 이들에게 고마워해야 한다면, 노동자들과 함께 건강권 운동을 하면서 그 자리를 지킨 활동가였던 이 사람에게도 나는 뒤늦게 감사해야 했다.

강해서가 아니라 약한 이였기 때문에, 남을 돌보아서 자신도 돌볼 수 있었기 때문에, 서로 도우며 사는 게 가치 있다고 믿었기 때문에 그는 그 자리를 지켰다. 좌절하고 실패하는 순간이 이어졌기에 꿈꾸는 걸음이 멈추지 않았다. 자신과 한 약속을 지킬 수 있어서 다른 이에게 해주고 싶은 약속이 생겨났다. 그의 이야기는 드러나지 않은 사람들을 위한, 그들을 진정한 주인공으로 만들어주는 소중한 목소리다.

그래서 그의 걸음은 우리 모두를 위한 소중한 유산이다. 숨겨져 있던 걸음이 얼마나 용감하고 정의로웠는지, 그 힘의 유산이 우리에게 전해져서 어떻게 더 나은 삶과 사회를 꿈꿀 수 있게 하는지 알 수 있었다. 닫힌 시대의 열린 여성으로서, 간호사로서 그가 편견의 울타리를 훌쩍 뛰어넘어 세상으로 나갔기에, 마주친 세상의 모습과 변화의 노력을 그의 시선과 느낌으로 생생하게 보여줄 수 있었다.

모든 이야기는 앞선 이야기가 들려주는 이야기의 끝에서 시작한다. 살아낸 이들의 목소리가 남아 있어 살아낼 이들의 목소리에 힘을 북돋아 준다. 지금도 평범하게 간호사로 일하지만 결코 평범하지 않게 살아낸 그처럼, 아무도 눈여겨보지 않아도 특별한 인생을 살고 있는 사람들이 있다. 저마다의 가슴에 그의 웃음이 가닿았으면 한다. 모두가 평등하다고 믿고, 그 세상을 우리가 만들 수 있다고 믿어서 지을 수 있었던 그 웃음의 이야기를 책에서 만날 수 있다. 한 사람이 평생을 간직한 그 웃음의 끝에서 마침내 또 다른 한 사람이 다시 새롭게 웃을 것이다.

안미선

차례

1부

바람에 스치는 별

학창시절,
이루고 싶었던 꿈

가끔 인생에는 생각하지 못한 일이 벌어진다. 조옥화가 처음 그 일을 겪게 된 것은 고등학생 때였다. 누구나 그런 일을 겪을 수 있다고 여기기에는 아직 이른 나이였다. 한편 그런 일이 자기 몫의 삶이라고 순순히 받아들이기에는 너무 늦은 나이였다. 조옥화가 고등학교 졸업반 때다. 대학에 가려고 꿈에 부풀어 있었고, 그동안 공부도 남 못지않게 열심히 했다. 학교에서도 촉망받는 학생이었다. 인일여고의 마지막 모의고사 때는 성적이 좋아 3학년 420명 가운데 13등이었다. 오빠가 대학에 다닌 것처럼 그도 원하는 대학에 갈 수 있다는 게 기정사실이었다. 그런데 어느 날 아버지가 갑자기 집에 와 말한 것이다. 실직을 했고, 이제 너는 자기 힘으로 살아야 한다고. 그는 그 충격을 지금도 고스란히 기억한다. 녹음기를 켜둔 탁자 앞에 앉아 그때 일을 말할 때, 목소리가 작게 떨렸다.

"아버지가 내가 고등학생 때 일찍 퇴직을 했는데 그다음부터 경제적으로 무능해졌어요. 나는 그걸 굉장히 원망했죠. 아버지가 유류 유통업체의 중간 관리자로, 부장이었거든요.

그때 아버지가 구조조정을 당하고 나서 재기를 못 했어요. 집안이 그때부터 굉장히 힘들어졌죠. 나는 잘 모르니까 그 부분을 원망하고 불만도 많았어요."

아버지는 능력이 출중한 사람이었다. 일제강점기에 보통학교밖에 나오지 않았지만 수완이 좋고 머리가 좋아서 자기 길을 찾아 만들어내었다. 면사무소 사환으로 일하다가 결혼하고 딸이 태어난 후 바로 서울의 유류회사에 취직했다.

조옥화는 경기도 광주군(현 하남시)에서 1954년에 태어났다. 당시는 아이의 출생 신고를 늦게 하는 경우가 많았다. 조옥화가 태어나기 한 해 전에 남자아이가 태어났지만 돌이 안 돼서 죽었다. 아버지가 그 아이의 출생 신고와 사망 신고를 동시에 하면서 딸의 출생 신고도 그해로 같이 처리했다. 그래서 조옥화는 주민등록상 한 해 일찍 태어난 것으로 되었다. 학교에 다니면서 그는 자신과 동기들이 차이가 난다고 느끼기도 했는데, 나중에 호적을 보고 그 사실을 알았다. "졸지에 1년을 더 살아버린" 셈이었다. 국민학교에 들어갈 때는 준비되지 않은 입학에 악몽에 시달렸는데, 그건 인생에서 처음 겪은 어려움이기도 했다.

아버지는 4남 2녀 중 둘째아들이었다. 큰아버지와 작은아버지를 비롯해 아버지 형제들의 집안에서는 아들이 많이 태어났고 되레 딸이 귀했다. 조옥화는 그 집안에 태어난 첫딸이었다. 전후의 베이비붐 시대였고 남존여비 고정관념이 아직 강한 시대였다. "여자들 되게 우습게 보는 집안인데 나 같은 경우는 그나마 그 집안 형제들이 아들들을 여섯 낳고 일곱 번째로 태어난 애가 딸이어서, 그나마 내가 딸이 귀한 집에 처음으로 태어나서 덕을 본 것 같긴 해요."

아버지는 서울의 삼일사라는 유류회사에 다녔는데 그곳은 당시 왕십리에 사무실을 두고 석유나 휘발유를 중간도매로 취급하는 중견 기업이었다. 아버지는 말단 사원으로 시작했지만 그곳에서 두각을 발휘해 차츰 승진을 했다. 인천 숭의동에는 원료를 상하차하는 작업장이 있었다. 거대한 유류 탱크에서 나온 석유를 싣고 운반하기 위한 화물차의 출시 장소였다. 아버지가 인천으로 발령이 나서 일할 때 딸은 인천 숭의 국민학교를 다녔다. 국민학교와 중학교, 고등학교를 모두 인천에서 다녔다. 집은 경제적으로 넉넉했고 가사도우미도 있었다.

솔직히 말하자면 아버지는 아버지로서 좋은 사람은 아니었다. 아버지는 가족을 힘들게 했다. 직장에서 승승장구로 승진을 하면서 몹시 화통하고 사회생활을 잘하는 사람으로 여겨졌지만 집에서는 권위적이고 감정적이어서 걸핏하면 화를 잘 내고 가족을 함부로 취급했다.

"아버지가 권위주의적이어서 얘기하다가 말을 안 듣는다 싶으면 '아버지 명령이다!' 소리쳐요. 그러면 끝이에요. 그 말을 무조건 따라야 하죠. 어머니를 되게 막 무시했어요. 그러면 애들이 조숙해지거든요. 우선은 내가 왜 이런 집에 태어났을까 생각하게 돼요. 그것부터 출발하지요. 그때는 다른 애들이랑 비교가 되고, 솔직히 얘기하지 못하는 열등감도 있었죠. 혼자서 생각을 많이 하게 되는 거죠. 왜 태어났을까? 의지와 상관없이 이 집에서 태어났잖아요. 화목하고 사랑이 넘치는 집이 아니고 항상 불화가 있고 경직된 집에서 태어났잖아요. 나는 왜 이 집에서 태어났을까? 그것에 몹시 예민했어요."

중고등학교에 다닐 때 조옥화를 버티게 한 것은 공부를 웬만큼 잘한다는 사실이었다. 그는 아버지와 기질적으로 닮아 다혈질적인 성격을 가졌다. 집안 문제로 힘들었던 시기, 공부마저 없었다면 그 시간을 버티기 너무 힘들었을 것이다. 그때 가장 친한 친구의 어머니가 그 동네 장로교회의 집사여서 그 친구와 같이 어울려 자연스럽게 교회를 다니기 시작했다. 중고등부를 열심히 다녔다. 어린 시절 마음에 위안을 얻거나 기대고 싶은 마음의 자연스러운 발로였다. 집안 분위기가 힘들 때는 교회에 가서 기도하면서 마음을 달랬다.

"이후에 내가 감리교 재단의 간호전문학교를 갔고 그때 재학 중에(1974년) 원목으로 계신 김치복 목사님한테 세례를 받았어요. 그다음에 남양만에 있는 활빈교회와 연결이 되고 그다음에 감리교 재단에 있는 산업선교 교회를 가는 쪽으로 이어졌죠. 다 기독교 재단이잖아요. 그렇게 쭉 가는 게 무슨 이질감이나 위화감이 없었지요. 기독교적인 분위기에 익숙해 있었던 거예요. 그래서 그쪽으로 옮겨 갈 기회가 있을 때 거부하거나 그러지 않았어요. 아마 그런 기독교적인 것이 내 밑바닥에도 있을 거예요.”

중고등학생 때는 글을 통해 자신을 표현하며 위안을 받았다. 국민학생 때는 백일장에서 상도 탄 적이 있다. ‘반했다’고 할 수 있을 정도로 문예반 활동을 열심히 했다. 중고등학교는 인문계라서 학교에서 공부를 아주 많이 시켰다. 인일여고 문예반에서 습작을 하고 서로 발표하는 등 취미 삼아 글을 썼다. 여고 옆에 제물포고등학교가 있어서 백일장 시화전을 할 때 가보기도 했다. 평소에는 제각기 ‘금남금녀 학교’였지만 시화전에 가서는 맞춤법이 틀린 부분을 찾아내기도 하고 방명록에 이름을 쓰기도 했다. 나중에 고등학교 친구가 있던 인하대 학보사에서 당시 제물포고등학교의 학생이었던 이를 만난 적도 있다.

어쨌든 중고등학생 때 조옥화는 아주 모범생이었다. 이런 일도 있었다. 그 당시에 영화 〈로미오와 줄리엣〉(프랑코 제피렐리 연출, 1968)이 인기였다. 청소년 관람 불가 영화라 학교에서 보지 말라고 했지만 학생들이 알음알음 영화를 보러 간 모양이었다. 어느 날 학교 조회 시간에 스피커로 방송이 나왔다. “학생 제군은 들어라! 〈로미오와 줄리엣〉을 본 학생들은 가슴에 손을 얹고 양심껏 생각해 지금 빨리 운동장으로 집합하라!” 여학생들은 우당탕 발자국 소리를 크게 내며 당당하게 나가기 시작했다. 수가 많다고 여기니 자기들끼리 용기가 생겼는지 낄낄거리면서 나가는 학생들이 대다수였다. 그렇게 모인 여학생들은 운동장에서 다 같이 토끼뜀을 뛰는 벌을 받기 시작했다. 밖에서 토끼뜀을 뛰는 학생들이 더 많았고, 대부분 나가버려서 교실에 남아 있는 학생이 거의 없었다. 모범생이라 학교에서 하지 말라는 것은 그대로 하지 않는 옥화는 빈 교실에 앉아 되레 '완전 꼭 막힌 애'가 되어버린 셈이었다.

대학을 꿈꾸고 그렇게 공부에 모든 힘을 쏟았다. 공부는 잘하는 편이었는데 영어 과목은 어렵게 느껴졌다. '어떻게 하면 영어를 잘할 수 있을까' 고민하며 무작정 단어와 숙어를 날마다 외웠다. 영어 시험을 잘 치르는 학생들이 속으로 부러웠지만 어떻게 공부를 하는지 드러내놓고 물어보진 않았다. 하지만 열심히 공부를 했기에 고3 마지막 모의고사 때는 석차가 썩 좋게 나와 성적이 우수한 학생이 되었다. 그런 조옥화가 막상 대입 시험을 코앞에 두고 '너는 대학에 진학할 수 없다'는 청천벽력 같은 말을 들은 것이다.

그의 인생을 뒤바꾼 '가장 결정적인 문제'는 아버지의 실직으로 인해 자신의 꿈이 끝난 것이었다. 1973년 일어난 세계적인 석유파동 때문에 당시 경제 상황은 급변했다. 산유국들이 석유를 무기화하면서 원유 생산을 대폭 줄여버리자 원료가 공급되지 않아 석유값이 가파르게 뛰어오르면서 물가도 상승하고 경기는 침체되었다. 회사에 모든 삶을 쏟아부은 아버지는 한순간에 구조조정을 당해버렸다. 하지만 아버지의 실직과 석유파동이 연관되어 있다는 것과 아버지가 집에서는 군림해도 거대한 세계적 변화 속에선 휴지 조각처럼 휩쓸려버리는 힘없는 개인이라는 걸 알기에 조옥화는 아직 어렸다. 아버지한테도 실직이 큰 난관이었다는 걸 인간적으로 이해하기에는 그동안 받은 상처가 너무 많았다.

아버지는 대뜸 소리쳤다. "너는 얼른 취직이 잘 되는 곳으로 가라! 그래서 오빠와 남동생을 뒷바라지해라! 난 이제 못한다. 네가 나서서 빨랑빨랑 취업을 해라. 경제적으로 살길을 찾아봐!"

이런 대꾸를 하고 싶었다. "오빠처럼 나도 대학에 가고 싶어요. 국문과에 가서 글을 쓰는 사람이 될 거예요."

어떤 대답을 들을지 뻔했다. 인문사회 계열이라니 제정신이냐고 몰아붙일 것이다. 꿈은 현실에 비해 너무 사치스러웠다. "글 쓰는 건 밥 벌어먹는 거하고 별로 상관이 없잖아!" 그렇게 대꾸할 게 뻔했다. 억울해서 눈물이 왈칵 솟았다. 남매 중에서 자신이 제일 공부를 잘했다. 자기보다 성적이 좋지 않았던 오빠는 집안의 전폭적인 지지에 힘입어 재수 학원에 다니고, 명문 법대에 가라는 부추김까지 받지 않았던가! 그는 성적이 기대만큼 나오지 않아서 결국은 후기 대학에 입학했다. 큰아들이니까. 장차 집안을 책임질 가장이 될 거라고 여겼으니까.

아버지 밑에서 오빠는 기대도 많이 받았지만 실은 부담도 컸다. 아버지는 법대를 가라고 아들에게 다그쳤지만 오빠는 재수를 한 끝에 다른 학과에 진학했다. 아버지의 기대에 부응하지 못했다는 이유로 큰아들은 아버지의 눈 밖에 자주 났다. 그래서 성격도 소심하고 우유부단해졌다. 그는 자식을 두게 되었을 때 아기를 보고 "너도 장남 팔자 타고났냐?" 하며 힘든 소리를 했다. 오빠는 직장생활을 몇 년 했지만 인정을 받지 못했고 승진도 하지 못하면서 회사를 나왔다. 그리고 그 이후 경제적 활동을 못 했다. 지나친 기대도 사람을 병들게 한다는 것, 그건 나중에 알게 된 사실이기도 했다.

그다음 자식이 조옥화였다. 아버지는 여자에 대해 편견이 있으니까 어쩌면 집안 형편이 어렵지 않았더라도 자신이 국문학과에 간다고 했으면 펄쩍 뛰었을 것이다. 여자가 꿈을 가지고 있다는 것 자체를 이해 못 하는 사람이었다. 여자의 일은 경제 활동을 하기 위한 보조 수단으로만 여기는 것 같았다.

한순간에 조옥화가 그동안 학창 시절에 키워온 꿈은 불필요한 것이 되어버렸다. 남자는 가장이 되어야 하기 때문에 적극적으로 지원해야 된다고 여기는 부모님은, 여자는 어쨌든 '남의 집에 가버리게 되는' 가계 보조 수단이라고 여겼다. 공부를 잘하든 못하든 지원해주고, 공부 잘하는 자식은 남자건 여자건 따질 거 없이 학업을 할 수 있게 해줘야 한다는 생각이 없었다. 조옥화는 여성이기 때문에 손해를 본다고 생각했다. 하지만 이 현실을 받아들여야 했다. 그때 오빠는 군대에 가고 없었고 동생들 셋은 줄줄이 학교에 다니고 있었는데 막내가 겨우 국민학생이었다. 자기가 돈을 벌어 살림에 보태줄 수 있을지는 몰라도 집안에 기댈 수 없다는 것은 명백했다. 눈앞이 캄캄했고 세상이 갑자기 모두 흑백으로 변해버리는 것 같았다. 아버지는 그 후 다시 재기하지 못했다. 그때 아버지는 쉰 살이었다. 아는 사람들이 다른 일자리를 알려주기도 하고, 장사를 하면 될 것 같기도 했는데, 융통성이 없는 아버지는 새로운 현실에 적응을 못 했다. 성격도 완전히 권위적인 데다가 남의 밑에서 일하기도 어려워했다. 그때부터는 실의에 빠져 내리막길로 내려가는 듯했다. 스스로 더 이상 뭘 할 수 없다고 결론지은 것 같았다.

"억울한 마음이 든 거지요. 이 집안이 아니었으면 그나마 내 꿈을 펼치고 내가 하고 싶은 걸 했을 텐데. 그러면 작가가 됐을 수도 있고 어쩌면 교수도 될 수 있고…… 공부를 계속하면 꿈을 이뤘을 텐데 생각이 든 거예요."

눈물이 눈에 차오른다. 지난 상처는 평생을 두고 생생했다.

인천간호전문학교의
수석 입학생

그의 진로는 '간호원'*이 되는 걸로 정해져버렸다. 인천에는 경기간호전문학교가 있었지만 인천간호전문학교가 신설된다는 소식을 듣고 지원해 1회 입학 시험을 치고 1973년에 입학했다. 단지 처음 생기는 학교이니 장학금 관련 혜택이 더 유리할 것 같았다는 게 이유였다. 쌓은 실력에 비해 너무 쉬운 문제가 즐비한 시험을 보면서 속으로 깊은 충격을 받았다. '중학교 정도 실력이면 풀 수 있는 문제 같은데…… 이곳에 오려고 그렇게 밤낮없이 공부했던 걸까?' 자괴감까지 들었다. 시험 결과는 좋아서 수석 장학생으로 뽑혔다. 3년 동안 학비를 거의 내지 않고 학교를 다닐 수 있게 되었다. 기뻐야 했지만 억울했다.

"그렇게 입학을 하게 됐으니 재미가 있겠어요? 별 감정도 안 들고 그냥 내가 전문학교에 가나 보다 싶었어요. 인일여고

---

* 1951년 국민의료법 제정 후 '간호원', 1987년 의료법 개정 이후는 '간호사'로 명칭이 변했다.

에서도 형편이 어려운 친구들이 간호전문학교에 갔지요. 틱틱거리면서 학교에 간 거죠. 다른 애들이나 거기 교수님들도 속으로 무시하고. 하여튼 흥미를 못 느꼈어요. 공부를 하는 게 주로 의학 용어를 외우는 거잖아요. 단순 암기 같아서 그때 저한테 의미가 없게 느껴졌어요."

의학 용어를 외우는 것도, 인체 장기의 이름을 하나씩 외우는 것도 재미가 없었을뿐더러 의미 없이 여겨졌다. 적성에 맞지 않는 공부를 하려니 곤혹스러웠다. 내가 여기에 있을 사람이 아닌데 이곳에 있다는 회의에 휩싸였다. 하지만 이곳이 아니면 또 달리 갈 곳도 없었다. 절망감에 세상의 문이 소리 없이 닫혀버리는 것 같았다. 돈, 아버지, 오빠, 동생들, 가족, 전문학교, 간호사 일, 다시 돈. 쳇바퀴 도는 환경이었다. 1학년 2학기 말에 해부학 시험을 볼 때는 공부가 하기 싫어 아예 안 해버리고, 대충 시험을 보면서 객관식 문제에 아무 답이나 막 '찍었다.'

그 시험의 마지막 문제는 주관식 문제였다. 출제자가 보너스로 점수를 줄 요량이었는지, 학생이 스스로 문제를 만들고 답을 쓰라고 했다. 아무리 궁리를 해도 마땅한 질문과 답이 생각나지 않았다. 흥, 하는 마음이었다. 떠오르는 대로 질문을 즉흥적으로 썼다. "인체에는 뼈가 있는가?" 그리고 바로 답을 쓱쓱 휘갈겨 썼다. "있다!" 그 답안을 그대로 제출했다. 빨리 이 지긋지긋한 시험지를 제출해버리고 싶었다.

　　문제를 출제한 교수는 당황했다. 다음 시간에 그는 딱딱한 얼굴로 교실에 들어와 조옥화의 이름을 크게 불렀다. "네!" 그는 대답한 학생을 흘끗 쳐다보며 되물었다. "너, 내가 왜 불렀는지 알지?" 학생의 성의 없는 태도에 분개한 교수는 이 일을 담당 교수에게 전했다. 옥화는 담당 교수의 호출에 다시 불려 갔다. 담당 교수는 본론을 직접적으로 말하지 않고 변죽을 울리며 비꼬는 투로 속을 긁었다. "우리 학교에 입학해 들어올 때는 어떻게 운때가 맞은 모양이죠? 맨 처음에 시험 운이 좀 있었나 보죠?"

　　조옥화는 그 빈정거림에 기분이 상했다. '자존심 상해서 안 되겠다. 앞으로 장학금을 못 받으면 안 되니, 공부를 열심히 하는 수밖에 없지!' 그는 결심을 하고 이를 꽉 깨물었다. 놓지도 잡지도 못한 공부지만, 아직 손에 남아 있는 기회마저 완전히 놓을 순 없었다. 그때는 경제적으로 굉장히 어려울 때였고 집에서 돈을 받은 기억이 거의 없었다. "안 되겠다 싶어서 또 공부를 열심히 했죠. 그랬더니 금방 거기서 올라가지요. 학교 다닐 때는 학생 대표 하면서 다니긴 했는데 마음속으로는 그 자체를 별로 안 좋아했어요. 공부는 그래도 잘했죠. 주로 외우는 거지. 마음으로부터가 아닌, 머리로만 한 거지요."

　　조옥화는 잘못된 일 앞에서는 당당하게 목소리를 내었다. 학장을 찾아가거나 학교 측에 직접 건의할 때가 종종 있었다. 학교 측에서 시정해야 할 사안 앞에서 의견을 누르고 가만히 있을 수는 없었다. "예배 시간은 일주일에 한 번 채플 시간에 정해진 공식 자리에서 하는 것 말고 다른 수업이나 행사 때 일일이 하는 건 반대합니다. 여기는 종교 기관이 아니고 학교잖아요. 모든 자리에 예배 형식을 갖출 필요는 없다고 생각해요." 어떤 교수는 반박했고 어떤 이는 꾸짖었고 어떤 이는 끄덕였다. 그가 건의한 사항은 지나치게 잦은 예배를 멈추고, 학생의 입장에서 학교를 운영해달라는 것 등이었다. 나중에는 학장이 "너 왜 또 찾아왔니? 난 네가 오면 무서워"라고 농담 섞인 진담을 할 정도였다. 조옥화는 리더십이 있었다.

3학년 때는 학도호국단* 단장까지 맡았다. 박정희 정권 때였고 전 학교에 학도호국단이 조직되었다. 학생 수가 모두 40명이었고 조옥화는 1회 학생 대표이자 학도호국단 제대장이었다. 제식 훈련으로 체육복 차림으로 구호를 외치며 운동장에 사열하기도 했다. 삼각건 접기와 부목 대기 같은 응급 처치 훈련도 실습했다.

간호전문학교에서 조옥화는 특히 기억에 남을 선생을 만나게 된다. 매리언 킹즐리(Marian E. Kingsley, 1927~2007) 선생으로, 한국식 이름은 왕매런이었다. 그는 미국의 감리교 선

---

* 학도호국단은 이승만 정부와 박정희 정부가 조직한 학생 단체다. 1975년 '학도호국단설치령'이 제정되어 실행되었고 1985년에 폐지되었다.

교사로 1945년에 한국에 들어온 후, 서울과 인천을 포함해 전국을 다니며 간호사로 일했다.[*] 감리교 재단인 세브란스병원에 간호학과 교수로 있었고, 역시 감리교 재단인 학교법인 '새빛학원' 인천간호전문학교를 설립할 때 이곳에 왔다. 그는 갸름한 얼굴에 사려 깊은 눈을 하고 학생들을 쳐다보았다. 줄이 가로지른 커다란 간호캡을 쓰고 치마 차림의 간호복에 카디건을 걸치고 다녔다. 집에서나 밖에서나 검소하고도 단정했다. 그는 종종 칠판에 호출할 학생 이름을 써놓았고 학생들을 자주 불러서 건강상태와 관심사를 물어보고 격려했다.[**] 학생들의 상황을 하나하나 주의 깊게 살펴보고 필요한 조언을 일상적으로 해주었다. 학생을 대할 때는 담담히 똑바로 마주 보면서 집중했다. 교육자로서 따뜻하면서도 진중하고 엄격한 눈빛을 하고 있었다. 킹즐리 선생은 학감이었다.

킹즐리 학감이 조옥화를 불렀다. 그날 작은 사건이 생겼다. 간호전문학교에는 외부 강사들이 많이 와서 강의를 하는 편이었는데, 그중 임상병리학을 가르치는 교수가 강의 시간을 제대로 안 지켰다. 자주 늦었고 어떤 때는 일방적으로 휴강을 해버렸다. 그날은 그 교수가 20분쯤 늦었는데 50분 수업 시간에서 반 가까운 시간이 헛되게 지나가자 기다리다 못한

---

[*] 윤재호, "50년간 한국 간호교육 위해 헌신 왕매련 교수 4일 별세", 〈미주한국일보〉, 2007.4.11.

[**] 곽성실, "참간호 가르쳐주신 영원한 멘토", 〈간호사신문〉, 2007.5.2.

조옥화는 결심을 했다.

"이거, 우리 학생들을 너무 무시하는 것 같다. 보이콧하자!"

대표인 그가 학생들을 다 데리고 밖으로 나가자 교실은 텅텅 비어버렸다. 그 교수가 강의를 하러 느지막이 들어왔을 때 학생들은 자리를 말끔히 비운 뒤였다. 그래서 조옥화는 킹즐리 학감 앞에 바로 불려 나간 것이다.

킹즐리 학감은 엄한 표정으로 물었다. "왜 학생들과 스트라이크를 했지요? 그 교수님이 실력 있는 분이고 우리 학교에 일부러 가르치러 온 건데 왜 그런 행동을 한 거지요?" 조옥화는 그 앞에서 입을 열었다. "학감님, 그 교수님이 실력 있고 그런 건 다 좋은데요. 강의 시간을 제대로 지키지 않아 불성실한 분이었어요. 그럼 아무리 유명하고 실력 있는 분이라 해도 저희한테는 별로 소용이 없어요. 이번 한 번만 그런 게 아니라 여러 번씩 그래서 저희는 굉장히 무시당했다고 생각했어요. 그래서 수업을 받지 않고 나가 저희 뜻을 알린 거예요."

학감은 학생의 말을 주의 깊게 찬찬히 들었다. 조옥화도 조금 긴장하며 맞은편에 앉은 학감의 얼굴을 쳐다보았다. 그동안 보아온 숱한 가부장적 어른 같으면 '그래도 그렇지! 어디 학생이 수업을 거부해!' 하는 지청구를 할 법도 했다. 침묵이 낯설었다. 그 이유를 곧 깨달았다. 킹즐리 학감은 학생의 말을 경청하고 있었다. 그 말의 의미에 신중하게 귀를 기울이고 골

몰하고 있었다. 킹즐리 선생은 다른 이들과 달랐다. 그는 조옥화의 둥근 얼굴과 날카롭고 정직하게 빛나는 눈을 마주 보았다. 빠르게 흘러나오는 항변의 말을 들었다. "알겠어요." 그 한마디를 끝으로 그는 그 일에 대해 더 말하지 않았다. 킹즐리 학감은 조옥화의 말을 듣고 학생들의 감정과 의견을 존중하는 쪽을 선택했다.

"그분이 한국말도 잘하시는데 일방적으로 설명하기보다는 롤플레잉(role-playing)이라는 거를 가르쳐줬어요. 학생에게 환자와 간호사의 역할을 각각 주고 특정한 상황에서 환자가 이런 행동을 할 때는 어떻게 대처하는지 입장을 바꿔놓고 연습하는 교수법을 썼어요. 그런 식으로 하니까 금방 알아듣고 실제로 병원에 나가서도 바로 적용할 수 있었어요. 일상적으로는 제가 학생 대표니까 선생님들과 자주 얘기하게 되는데, 가끔 제가 뭘 잘못하면 "왜 그랬어요?" 하고 물으세요. 그럼 저는 잘못했다 싶어서 가만히 있죠. 한국 사람들은 미안한 웃음을 멋쩍게 지으면서 고개를 숙이고 눈을 깔고 있으면 잘못했다는 제스처잖아요. 그럼 '왜 말을 안 해요?' 물어요. 문화적 차이도 있겠지만 표현을 제대로 하려면 말을 해야 한다는 그 말이 맞잖아요."

킹즐리 학감은 학생들에게 늘 물었고 의견을 들었으며 상황을 개선하도록 노력하라고 요구했다. 그는 자신의 축적된 경험과 수업을 통해 환자를 어떻게 돌보고 간호사로서 소통할 것인지 알려주었다. 간호가 인간의 관계에서 일어나는 일이며, 누군가를 돌보는 것은 사람이 서로 소통하는 일이라는 걸 알려주었다.

킹즐리 선생에 대해 기억에 남는 일이 있다. 조옥화가 인천간호전문학교에서 졸업하기 전에 병원으로 실습을 나가게 되었다. 실제 병원 현장에서 만난 환자들의 상황은 다양했다. 한 할머니는 오랫동안 지속된 변비 때문에 입원해 고생하고 있었다. 변이 너무 딱딱하게 굳어서 관장을 해도 효과가 없었다. 조옥화는 장갑을 끼고 직접 변을 손으로 파낼 수밖에 없었다. 궂은일이었지만 그때는 다른 생각이 없었다. 환자가 얼마나 힘들까 하는 생각에 어떻게든 빨리 도와주고 싶다는 마음뿐이었다. 환자를 위해 간호사가 해야 하는 일을 하는 거였다.

변기통을 비닐 커버로 덮고 병실을 나왔다. 복도에 나오니 혼자였다. 변기통을 들고 화장실 쪽으로 터벅터벅 걸어갔다. 일을 할 때는 해내야 하는 업무와 환자의 편의 때문에 다른 생각을 많이 할 수 없었다. 문득 창밖을 보았다. 그때 함박눈이 소리 없이 내리고 있는 걸 보았다. 그는 걸음을 멈췄다. 하늘에서 쉴 새 없이 쏟아지는 큼지막한 흰 눈송이들. 복도에서 변기통을 들고 멈춰 서 있는데 창밖으로 내다본 세상은 드넓고 아름다웠다. 겨울이었고 흰 눈이 펑펑 내리고 있었다.

병원에 실습을 나가 복도에 멈춰 서서, 이 세상과는 다른 저 세상의 아름다움을 보고 서 있었다. 그때 그는 혼자가 아니었다. 그 뒤에 킹즐리 학감이 서 있었다. 킹즐리 학감은 걸음을 멈추고 조옥화가 창밖의 눈을 바라보는 뒷모습을 지켜보고 있었다. 앞질러 가지도 다그치지도 았았다. 끝없이 눈은 내리는데, 세상은 흰 눈 속에 묻혀 사라지는 것 같은데, 창밖의 세상은 저렇게나 아름다운데. 곧 뛰어들고 싶어도, 언제나 바라볼 수밖에 없는 자리에 옥화는 서 있었다. 저 아름다운 풍경의 가장자리에서 그는 멈춰 서 있었다.

뒤에서 킹즐리 학감이 오랫동안 지켜보는 줄은 꿈에도 알지 못했다. 킹즐리 학감은 그때 왜 기다렸을까? 제자의 뒷모습을 한참 보면서 무슨 생각을 했을까. 창밖의 눈에 같이 눈길을 주면서, 아마 그는 우뚝 서 있는 젊은 실습 간호사의 마음을 짐작했을 것이다. 흰 눈의 시간이, 아름다움의 시간이 사람에게는 필요하고, 어쩌면 알지 못할 마음의 허기를 채워주기도 한다는 걸 알았을 것이다. 학생의 당돌한 대답 앞에 침묵해주던 순간처럼, 그 복도에서 킹즐리 학감은 침묵해주었다. 오랜 시간을 간호사로 지낸 킹즐리 학감은 침묵이 누군가에게는 힘이 된다는 걸 알았다. 그건 자신이 가르쳐 세상으로 떠나보내는 후배 간호사의 마음에 대한 존중이자 말 없는 격려의 시간이었다. 앞으로 저 흰 눈처럼 아름답게 나아가기를 바라는 따뜻한 마음이 담긴 오롯한 시간이었다. 한참 후, 조옥화는 문득 뒤에서 들려오는 차분한 목소리를 들었다.

"미스 조, 이제는 일을 해야죠."

　뒤를 돌아다보니 킹즐리 학감이 평소처럼 엄격하고 진지한 얼굴로 서 있었다. 짧은 금발 머리를 하고 얼굴에 웃음이 가만히 머무는 듯도 했다. 그 순간은 지금도 가슴에 남아서, 창밖에 내리는 눈과 자신의 뒷모습을 지켜준 사람의 얼굴을 함께 떠올릴 수 있다.

　"간호에 대해 킹즐리 선생에게 배웠어요. 그분이 2007년 4월에 미국에서 80세에 돌아가셨을 때 부고 기사를 봤지요. 이분은 젊었을 때 혼자 진심으로 한국에 왔고 평생 동안 자기 인생을 한국에서 간호사로 일하며 보냈고 기본적으로는 아주 따뜻한 분이었어요. 진짜 이 사람은 한국을 사랑했구나, 이곳에 온전하게 정을 쏟았구나, 그런 생각이 들어요."

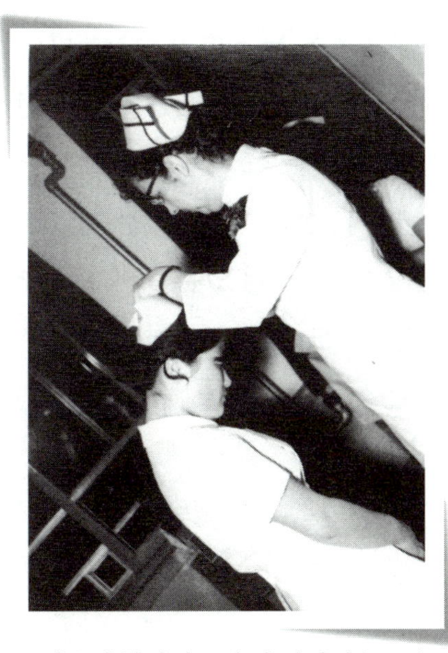

킹즐리 학감의 조옥화 가관식(1975)

그는 킹즐리 선생을 통해 환자 입장에서 생각하는 법을 배웠다. 교과서에도 전인적 간호라는 내용이 있었다. 신체적인 치료뿐만 아니라 정신적, 심리적, 영적인 부분을 다 고려해 간호해야 한다는 것이다. 킹즐리 선생이 수업에서 가르친 간호에 대한 태도도 환자 입장에 서서 생각해보라는 것이었다. 약하고 소외된 어려운 사람 입장에서 생각하는 것은 조옥화에게도 잘 맞는 느낌의 일이었다.

그러나 그 후 간호사로 근무할 때나 환자로서도 의사나 의료진이 진정 환자 입장에 서는 것은 별로 본 기억이 없었다. 의료인은 자기가 더 높은 위치에 있다고 여기고 일방적으로 환자를 치료의 대상자로만 여기는 것 같았다. 사람을 간호하는 일이 어떤 일인지에 대해, 그리고 현실이 불평등하다는 사실에 대해 조옥화는 차츰 눈을 뜨기 시작했다.

"이제 소외되고 약한 편에 서 있을 때가 난 편해요. 그렇지 않은 사람들도 많거든요. 의료인 중에서도 그렇고. 어쨌든 뭔가 더 많이 가지고 있는 쪽에 있는 게, 그러니까 예를 들어 서로 막 충돌할 때 힘이 더 있는 쪽에 있는 게 편안할 수가 있잖아요. 심리적으로도 어쨌든 그렇지. 난 소위 말하면 약자 편, 약자 편에 있는 게 편하다고요. 나는 뭐든지 다 그래요."

윤동주의 별이 빛나는 밤

조옥화는 간호전문학교에 다니면서 B.B.S 운동(Big Brothers and Sisters Movement)의 검정고시 야학의 교사로서 자원봉사 활동도 했다. 이 운동은 1904년 미국 뉴욕에서 시작해 세계에 확산했고 우리나라에는 1964년에 들어왔다. 초기에는 야학 형태의 학원으로 빈곤이나 다른 형편 때문에 교육을 받지 못한 청소년들에게 중등·고등과정을 교육했다. 1970년대에 연간 500여 명이 이 운동으로 교육을 받았다.* 그 당시만 해도 학교에 못 간 청소년들이 많아서 그들이 검정고시와 고등학교 입학시험 등을 치를 수 있게 무료로 가르친 것이다. 조옥화는 그곳에서 생물을 가르치는 교사였다. 야간 학교는 인천간호전문학교와 멀지 않은 곳에 있었다.

학생들은 구두를 닦거나 아이스케이크를 팔며 살아가는 청소년들이었다. 졸린 눈을 비비며 야간 수업을 들었다. 야학에는 의식화를 목표로 두고 사회의식 함양과 인문 사회 내용

---

* 임원철, "이윤희 BBS부산시연맹 회장, 야학에서 출발해 여기까지 왔네요", 〈부산일보〉, 2015.2.4.

을 교육하는 곳도 있었지만 그가 참여한 야학은 검정고시 중심으로 운영되는 곳이었다. 당시는 검정고시를 중심으로 두는 야학이 결국은 학력을 취득해 기존 체계에 들어가게 하는 일 아니냐고 비판하는 입장이 있는가 하면, 학생들의 현실을 보면 삶을 개선할 수 있게 학력을 갖추도록 하는 편이 나은 선택이라는 의견도 있었다.

"그때 서울에는 학생운동 출신 야학 교사들도 많았어요. 그런 야학에서는 사회의식이라든가 일반 인문 사회 쪽을 많이 가르쳤는데, 내가 일한 곳은 검정고시 야학이었죠. 그래서 그 사이에서는 서로 논쟁도 있었어요. 검정고시 야학이 결국은 제도권으로 들어가서 출세하자는 생각을 따르는 게 아니냐 이런 얘기도 있었거든요."

조옥화는 십 대 때 교회를 다닌 인연으로 지역의 야학 교사로 활동했다. 제안을 받았을 때 '내가 이걸 하면 좋겠다'는 생각이 먼저 들었다. 할 수 있는 자리에서 역할을 하면 학생들에게 도움이 될 것 같았다. 자원 활동이고 무보수로 일했지만 대학생들이었던 야학 교사들은 조직 체계를 세워 교무 주임과 담임 등의 역할을 나눠 맡았다. 조옥화가 담임으로 맡은 중학생 2학년 아이 하나가 있었다. 구두를 닦는 아이였다. 어느 날 그 아이가 교무실에 오더니 무슨 말이 하고 싶은지 몸을 달싹거렸다. "선생님한테 할 얘기 있어요." "뭐니? 얘기해봐." "선생님, 귀여워요!" 그 말을 하고는 다짜고짜 도망을 갔다. 조옥화는 덩달아 얼굴이 붉어졌다. 그 순수함과 티 없이 맑은 태도가 그 순간 위로가 되었다.

"빈민이라고 하지만 학생들 부모는 대부분 농촌 출신인 사람들이었어요. 빈민가에 살아도 그 심성에는 이전 농촌의 소박하고 순박한 마음이 남아 있었지요. 70년대에 제가 야학에서 만난 아이들도 구두를 닦고 물건을 팔며 하루하루 힘들게 살았지만 가난해도 여전히 순수해 보였어요. 일하면서도 학교에 어떻게든 가보겠다고 밤에 공부하며 애쓰는 모습을 보면 무엇이든 도와주고 싶었지요. 우리 같은 선생들은 나름대로 최선을 다했고요. 그곳에 권위주의는 하나도 없었어요."

아마 조옥화는 형편 때문에 더 나은 교육의 기회를 갖지 못한 이들을 도우며 자신의 좌절된 꿈의 자리도 남몰래 다독였을 것이다. 그는 교무 회의를 하고 행사를 기획하고 다른 교사와 학생과 부대끼며 사람들의 정을 느꼈다. 누가 시키지 않았는데 서로를 위해 하는 자발적 활동이 마음에 들었다. 봉사 활동에서 만난 이들은 서로 이야기를 들어주고 함께 일을 하는 동료였다.

그 교사들 중에서 마음이 통하는 남자 교사를 개인적으로 이 년 동안 만나기도 했다. 그와 많은 이야기를 나누었다. 옥화가 하는 이야기, 그가 하는 이야기는 경쟁하지 않아도 되는 친밀함과 위로의 말이었다. 집도 서로 가까웠는데, 밤에 이야기하다 늦으면 그는 조옥화를 꼭 집 앞까지 바래다주었다.

그가 문득 옥화에게 마음을 털어놓았다. "있잖아, 만약 네가 그냥 친구라면 네가 다른 남자 동료들과 이야기해도 내가 아무렇지 않아야 하는데, 난 그렇지 않더라. 네가 다른 남자들과 이야기하면 싫은 거 있지." 자신에게 잘해준 남자 친구였다. 옥화도 그가 싫지는 않았다. 뜻하지 않은 고백 앞에서 조옥화는 분명히 대답해야 했다. 너의 곁에 앞으로 있을게, 라거나 너의 곁에만 있을 수는 없어, 하는 어려운 대답을. 누군가를 붙잡거나 떠나보내야 하는 그런 분명한 답을. 조옥화는 자신의 얼굴을 들여다보는 친숙한 눈을 보고 다시 하늘을 쳐다보았다. 그리고 답을 했다.

"나는 좁은 울타리 안에 갇혀 살기에 세상이 너무 넓은 것 같거든. 세상은 넓고 할 수 있는 것도 많은데 나는 그 넓은 세상에서 살고 싶어. 인생은 그렇게 한번 살아볼 만한 것 같아." 그는 말이 없었다. 그와 작별의 인사를 나눴다. 작은 순간이었지만, 순간 레일이 바뀌듯 삶의 행로가 바뀌었다. 비가 오는 날, 버스를 타고 가다가 창밖으로 우산을 쓴 채 걸어가는 그를 보았다. 그의 옆에 자신의 자리는 없었다. 집에 돌아와서 이불을 쓰고 큰 소리로 목놓아 울었다. 시간이 흘러 나중에 그를 다시 한번 만났을 때 그가 말했다. "너는 내 기억의 창고 안에 아주 좋은 모습으로 남아 있어." 그리고 끝이었다.

"그런 면에 있어서 나는 다른 애들과는 좀 달랐지요. 넓은 세상에서 살려면, 그렇게 되려면 도전한다거나 자기를 투신

한다거나 부딪힌다거나 이런 걸 해야 되는 거잖아요. 나는 온실 속에 그냥 있으면서 안정적인 삶을 추구하는 형은 아니었어요. 원래부터 나는 그런 생각을 했어요. 안정된 삶, 이런 것보다는 세상을 살아볼 만한 다양한 경험 같은 걸 하고 싶었어요.” 조옥화는 자신이 선택한 더 넓은 세상으로 나갈 것이다. 그 길이 아무도 간 적 없어 예상할 수 없이 거친 길이라 해도, 그는 그 자리에서 그렇게 선택했다.

취업 학원 같은 느낌이 든 간호전문학교와 달리 사회 속으로 나가는 데 출구가 된 곳이 있었다. 동인천에 있는 광야서점이었다. 인문사회 서적을 판매하는 곳인데 주로 그곳에서 시국강연회 개최 같은 정보가 전해졌고 사회에 대한 정보가 소통되었다. 조옥화는 시국강연을 열심히 들으러 다녔다. 유신체제가 1972년 12월 27일 출범되었다. 박정희 대통령이 계엄과 국회해산, 헌법정지라는 비상조치를 통해 위헌적으로 유신헌법을 통과시켰다. 통일주체국민회의에 의해 대통령이 간접 선출되고 연임할 수 있다는 내용으로, 대통령에게 권력이 집중된 독재 체제였다. 대통령이 국회의원 3분의 1의 추천권과 법관의 임명권을 행사하고, 긴급조치권과 국회 해산권을 가지게 되었다.

이에 대응해 맞서는 대학가 학생들의 분위기가 긴박하게 돌아갔다. 조옥화는 고등학생 때 친하게 지내던 친구가 인하대학교에 다녔고 그 친구가 학보사 활동을 통해 학생운동권과 함께하며 투쟁의 분위기를 전해 들었다. 뒤흔들리는 대학 분위기 속에서 학생들이 유신독재 철폐를 위해 치열하게 반독재 시위를 했다. 박정희 정권은 이러한 투쟁을 막으려고 했다. 그 과정에서 전국민주청년학생총연맹 사건이 1974년 4월에 발생했다. 민청학련 관련자들은 1,024명이었고 그중 180명이 정부 전복 기도라는 조작된 죄목으로 구속되었다. 조옥화는 사회의 문제를 보기 시작했고, 다른 대학생들과 같이 집회에 참여하기도 했다. 1970년대 중반에는 대학가 곳곳에서 유신헌법과 박정희 정권에 대한 규탄 집회가 일어났다.

"제가 1973년에 학교 입학을 했어요. 1972년에 박정희 정권의 유신헌법이 발효가 되고 1974년도에는 학생 조직으로 민청학련이라는 사건이 터지고 이러면서 웬만한 학생들과 대학은 막 술렁술렁했어요. 인하대 사대에 간 친한 친구가 있는데 그 친구가 학보사 기자를 해서 거기를 중심으로 해서 인하대 학생운동권을 접하게 된 거예요. 그때 막 뒤숭숭하니까 맨날 인천 신포동의 샘다방에 모였죠. 학생운동권 친구들의 아지트죠. 광야서점도 인하대 출신이 점주여서 많이 왕래하면서 정보 교류를 하고 소식을 들었어요. 그쪽에 있는 친구들하고 친했어요. 열심히 강연을 듣고 집회에 참석했지요. 내가 그 대학 소속도 아니고 직접적인 관련은 없어도 그때 반정부 의식이 많이 들어왔죠. 한편 간호전문학교를 가면 그런 문제를 토론할 친구도 없고 바깥 분위기와 너무 다르게 폐쇄된 느낌도 들어 답답했어요."

그 당시에 대학에 진학한다는 것은 특권이었다. 사회 전체적으로 대학 진학률도 낮았고 남성들에 비해 여성들은 교육의 기회가 더 없었다. 그런 상황에서 대학생들은 사회에 강한 책임감과 부채 의식을 갖고 있는 것처럼 보였다. 사회에서 혜택 받은 사람이므로 사회를 위해서 자신의 역할을 함으로써 몫을 돌려줘야 된다는 생각이 강했다. 사회의 문제에 대해서 무심하지 않고 적극적으로 발언하려고 했다.

조옥화도 그랬다. 그런데 그의 경우는 조금 달랐다. 학창 시절, 그는 두 세상에 끼어 사는 기분이 들었다. 바깥 세상은 유신헌법이 공포되고 대학생들이 격렬히 저항하고 구속되어 들어가는데, 간호전문학교 안의 세상은 조용하고 가족적이었으며 기독교 정신이 강조되었고 어느 정도 순응적이었다. 조옥화는 자신이 발붙인 현실을 놓지 않았지만 시야의 밖에 펼쳐져 있는 넓은 세상에서 무슨 일이 일어나는지도 함께 목격했다. 신포동에 있는 샘다방과 광야서점에 뻔질나게 드나들면서 시국 이야기를 듣고 그 열기에 빠져들었다.

"학교 안으로 들어오면 완전히 통제되는 상황이고 무풍지대인데, 학교 바깥에 나가면 딴 세상이었지요. 막 뒤흔들렸지요. 학생운동하는 친구들하고의 교류를 통해 이쪽 바닥 돌아가는 걸 더 알고 이런 식이었죠. 학교 안으로 들어가서는 아닌 척하면서 이중적인 생활을 했고, 주로 바깥쪽에서 풀었죠.

바깥쪽에 신경을 쓰고 학교는 일종의 필요하니까 다니는 곳. 나와서 취업하는 데 필요한 과정이라고 생각하고 거기서 무슨 의미를 별로 안 찾았던 것 같아요."

이 사회가 잘못되었다는 것, 그건 조옥화가 가슴에 품었지만 남에게 별로 말하지 않은 생각과 상통하는 부분이 있었다.

약속 장소에 가려고 버스를 타고 가면서 창가에 머리를 기댔다. 어제와 다를 바 없는 고만고만한 시내 풍경이 눈에 들어왔다. 시가 한 편 떠올랐다. 힘들 때 문득 찾아오는 시. "죽는 날까지 하늘을 우러러 한 점 부끄럼이 없기를, 잎새에 이는 바람에도 나는 괴로워했다……" 가장 좋아하는 윤동주 시인(1917~1945)의 「서시」였다.

언제 떠올려도 마음에 와닿는 시였다. 고등학교에 다니면서 '사람이 왜 태어났지? 왜 사는 거지?' 이런 생각을 골똘히 할 때였다. '사람이 평생 살면서 혼자 잘 먹고 잘 사는 것, 이기적인 게 무슨 의미지? 평생 동안 그냥 하루 세 끼 먹는 걸로 시간을 보내다 가는 건 아닌 것 같아. 인생의 목적이 뭔지는 잘 모르겠지만 최소한 그건 아닌 것 같아.' 고등학생 때 처음 이 시를 읽고 그 시인의 삶에 대해 들었다. "별을 노래하는 마음으로 모든 죽어가는 것을 사랑해야지." 시의 구절을 읊조렸다. 여전히 앞이 잘 보이지 않는 듯 느낄 때였다. 선량한 웃음을 짓고 학생복을 입고 있는 시인의 얼굴이 눈앞에 어른거렸다.

　처음에 윤동주 시인의 시를 읽으면서 '참 내 감성하고도 잘 맞는다'고 생각했다. 그다음엔 윤동주 시인이 일제강점기 독립운동을 했고 후쿠오카 형무소에서 생체 실험 대상자가 되어 젊은 나이에 옥사를 했다는 사실에 큰 충격을 받았다. 맑은 영혼을 가진 사람이 그렇게 무참하게 폭력으로 갈 수가 있는가, 하는 분노 때문이었다. 그 감정은 지금도 변함없다.

　"내가 이런 집안에 태어나, 가지고 있는 능력이나 재능을 꽃피우지 못하고 묻혀 간다는 억울함이 있었어요. 근데 윤동주 시인의 얘기를 들으면서 생각을 했어요. '아, 그러면 나보다 훨씬 재능이 있고 천재적 소질이 있는 사람들 중에서도 젊은 나이에 이름도 없이 빛도 없이 쓰러져 간 사람들이 한둘이 아닐 텐데.' 윤동주 시인은 일제가 그 고결한 영혼을 가진 이를 비참하게 만들어서 보내버린 거잖아요. 그때 동일시되는 느낌이 들었어요. 그 사람도 자기 삶에 있어서는 완전히 주인공인데 피어보지 못하고 그냥 젊은 나이에 가버렸어요. 우리 역사 속에서 수없이 많은 사람들이 그랬던 거죠. 아무것도 남지 않고 아무도 기억하지 않게 되는 거죠."

　공부를 하면서 성공하거나 승리한 영웅들이 아니라 이름도 빛도 없이 뒤로 묻혀버린 사람들에게 눈길이 갔다. 역사 시간에 독립운동 같은 사건을 배워도 책에 나오는 사람들은 이름이라도 있지만 그렇지 않은 사람들이 뒤에 더 많다는 사실을 깨달았다.

"그렇게 쓰러져 간 사람들 때문에 우리 역사는 발전한다는 생각이 들었어요. 이름도 없이 민초로 살다가 요절하거나 사고로 죽은 사람도 있을 거고 가난해서 죽은 사람도 있을 거예요. 지금도 마찬가지지만 보통 기댈 데도 없고 남이 보기에는 보잘것없는 사람들이 그냥 살다가 각자 사연을 안고 누가 알아주지도 않는데 이름 없이 가잖아요. 하지만 그 사람들도 자기 인생에 있어서 주인공이잖아요. 똑같이 존엄하잖아요. 존중받아야 되는 거잖아요. 권력이 있는 사람은 기득권과 권위가 있고 나는 그 반대편에 있다는 생각이 들었어요. 그래서 가난하고 어렵고 힘이 없는 사람들은 우리 편이고 나는 이쪽 편이다 하는 생각이 들었어요. 그런 사람들끼리는 서로 돕고 살아야 된다고 생각했어요. 나는 가난하고, 없고, 힘든 사람들 편이고 나도 그중의 한 사람이라는 생각이 들었어요. 나는 나도 사회적 약자라고 생각하거든요. 그렇기 때문에 그런 쪽이 옆에 있으면 동료 의식이 생기고, 끼리끼리 있으면 편하잖아요. 다른 사람한테 피해를 주면서 잘 먹고 잘 사는 것은 아니다, 그건 정의로운 길이 아니다 이런 생각이 들었거든요."

그날도 조옥화는 윤동주 시인의 「서시」를 마지막 구절까지 되뇌어보며 길을 가고 있었다. 앞으로 살 때 주위 사람한테 민폐를 끼쳐서는 안 된다. 그리고 폭력이라는 것에 대해서는 저항해야 한다. 함께 힘을 합쳐 살아가야 한다. 그런 생각을 되뇌었다.

"추상적이긴 하지만 기본적으로는 그런 생각이 밑에 깔려 있어서 나도 모르게 결과적으로 가는 길이 나중에 보면 사회적 약자나 힘든 사람들과 함께하는 쪽으로 가더라고요. 그렇게 해야 내가 기여할 부분이 있는 것 같고, 내게도 나름대로 의미가 있는 것 같고. 강자들은 전횡을 저지르며 너무 정정당당하게 불법을 저지르고 오만해서 보통 사람들이 그걸 잘못이라고 느끼지도 못하지요. 그런데 약자들은 조금만 잘못해도 굉장히 도덕적으로 비난받는데 공평하지 않다고 느껴질 때가 많았거든요. 예를 들어 무슨 약한 사람이 일방적으로 당하는 것 같으면 내가 그냥 지나갈 수가 없고 불편해서 편들어주고 싶은 그런 게 있어요.

또 한편으로는 돈이든 권력이든 뭐든 기득권을 가지려면 막강한 경쟁을 해야 하잖아요. 나는 경쟁 자체를 회피하는 인간이에요. 경쟁이 싫어, 차라리 내가 양보하고 말지, 그런 걸 획득할 자신도 없고 체질이 아니라고 생각이 들었어요. 그래서 어렸을 때부터 친구들도 나보고 애늙은이 같다고 그랬어요. 조숙하다고요. 같은 또래 중에서도 언니 같다는 소리를 들었어요."

윤동주 시인의 죽음과 시는 조옥화의 가슴속에 언제나 살아 있었고 그 밑바닥에 늘 정당한 분노와 새로운 결심을 일으켰다. 맑고 정의로운데 젊은 나이에 요절한 청년. 재능이 많은데, 자기가 가지고 있는 재능을 훨씬 더 피울 수 있는데 그렇게 하지 못하고 비참하게 죽임을 당해 떠나간 아름다운 청년. 창조적인 정신을 가진 인물들을 그런 식으로 짓밟아온 역사. 지금도 그의 시를 떠올리면 평범한 일상의 풍경이 흔들리며 가슴속에서 짙은 연민이 일어났다. 스무 살, 앞으로 나는 어느 편에 설 것인가, 이건 인생을 통틀어 건 싸움이자 선택의 자리를 결단하는 문제였다.

"아버지에 대한 반대, 권위에 대한 도전, 이런 의미도 있는 거지요."

그는 절대 아버지로 대표되는 부당한 세계에서 살지 않을 것이다. 그 세상을 거부하고 자신이 선택한 넓은 세상에서, 약하고 힘든 사람들이 모두 존엄하게 살아가는 진짜 세상에서 살아갈 것이다. 아무도 모르게, 빈 교실에서 조옥화는 그것을 결심했고 자신과 굳게 약속했다. 그것이 스무 살의 가슴속에 뜨겁게 살아 있었다.

간호사, 병원에서 나오다

조옥화는 1976년에 인천간호전문학교를 차석으로 졸업했다. 그는 졸업 전에 인천기독병원 외과에 바로 취업이 되었다. 기독병원은 당시 인천에 있는 유일한 종합병원이었다. 입사 과정은 번거로웠다. 취업 당사자의 보증인을 세워야 했고 서약서를 포함해 요구하는 서류도 많았다. 여성 간호사들은 결혼을 하고 임신을 하면 병원을 퇴사하는 것이 관례처럼 되어 있었다. 졸업 동기들 중에 결혼하고 나서 삼십 대까지 간호사로 일한 이들은 거의 없었다. 간호 전문 교육을 받고 취업해서도 여성에 대한 차별 때문에 계속 간호사로 일할 수 없는 시대였다. 조옥화도 면접 때 "결혼을 언제 할 거냐?"는 질문을 받았다. 면접 점수에 들어가는 질문이니 바라는 답도 정해져 있었다.

그때 간호사 자격증을 가진 이들은 외국에서 간호사로 일하기 위해 많이 떠났다. 1970년대에 간호사들은 독일로 가장 많이 갔고 그다음엔 미국으로도 많이 갔다. 1976년까지 10년간 독일에 파견된 간호 인력의 수는 약 1만 2백여 명이었다. 국내 병원에서는 간호사가 되레 모자라는 일이 벌어졌다. 그만큼 국내 간호사에 대한 처우가 좋지 않았다는 뜻이기도 했다.

그가 졸업할 때쯤엔 미국에 간호사로 갈 수 있는 마지막 기회라는 말이 들리며 출국 붐이 일어났다. 같이 졸업한 이들 가운데 10명도 넘는 이들이 미국의 간호사로 지원해 갔다. 하지만 현실은 다른 모양이었다. 미국에 간호사로 간 동기들의 편지를 받아 보면 주소가 병원이 아니라 헬스 센터로 표기되어 있곤 했다. 그들은 미국에 가서 요양원 같은 시설에 배치되었다가 다시 그곳 간호사로 등록되기 위해 자격시험*을 봐야 한다는 걸 나중에 알았다.

인천기독병원에서 근무는 3교대로 돌아갔다. 밤 근무는 밤 10시부터 아침 7시까지였다. 밤 근무는 누구나 힘든 일이었지만 근무시간표는 신입 간호사에게 불리하게 정해졌다. 신입에게 주는 근무시간표는 나이트, 오프, 데이 근무 이런 식이었다. 오프는 비번이고 간호사에게는 휴일인 셈인데 나이트 근무와 오프를 붙여놓으면 밤 근무를 마치고 아침에 나와 하루를 자고 또 근무하러 나가야 하니까 제대로 된 휴식이 되지 않았다. 한 달에 며칠씩 있는 비번이 신입에게 제대로 주어

---

* 미국의 간호사는 RN(Registered Nurse, 간호사), LVN(실무간호사), NA(보조간호사)로 위계적으로 업무가 나뉘어 있어 한국에서 간호대학을 졸업해도 미국에서 간호사가 되려면 다시 시험을 보고 합격해야 RN으로 활동할 수 있었다.

지지 않을 때도 있었다. 반대로 경력 있는 간호사들은 자신들이 쉬기에 유리하게 나이트 근무를 줄여 시간표를 짰다. 신입 간호사들은 부당하게 주어진 근무 시간표 때문에 제대로 못 쉬니까 늘 피곤했다. 4개월 수습 기간에는 임금을 본급여의 60%밖에 받지 못했다. 그러나 더 심각한 문제가 있었다. 그건 병원의 운영 방식이었다.

"사람이 병원에 와 있다는 건 인생에 있어서 가장 약하고 어려운 시기잖아요. 그런데 병원은 환자를 그렇게 생각 안 해요. 굉장히 기계적이고 비인간적으로 돌아가는 것 같았어요. 가장 인간적으로 운영되어야 할 병원이 말이죠. 뭐든지 성과와 돈을 우선시해요. 환자들이 병원비를 걱정하면 의료진이 '우리는 그런 거 몰라요. 담당 부서에 물어보세요' 하고 넘기죠. 게다가 권위주의적어서 노인 환자들에게도 반말하면서 애 다루듯이 하는 경우가 많았어요."

간호사들은 적어 일은 많았고 병원 분위기는 권위적이었다. 환자 입장에서는 의료인들한테 자기를 수동적으로 맡길 수밖에 없었다. 의사들은 독단적으로 판단을 하고 치료 방법을 정하고 스케줄대로 처치했다. 의사들이 나이가 든 환자들한테도 반말하는 게 그냥 일상이었다. 환자들의 권리는 병원에서 보이지 않았다. 그때는 전국민 의료보험이 되지 않던 시절이었다. 수술을 하면 집안 경제에 타격이 컸다. 가난한 사람들은 치료를 받을 엄두를 잘 내지 못했고 큰 병에 걸리면 빚을 내야 하는 상황이었다. 종합병원이 드물었고 중병이 아니라면 입원을 해서 수술을 한다는 것은 생각하지도 못하고 병원에 잘 드나들 수조차 없었다.

빠른 시간 안에 효율적으로 일하는 것이 평가의 기준이었다. 짧은 시간 안에 많은 업무를 처리하는 간호사들은 이래저래 과부하가 걸리게 마련이었다. 한꺼번에 여러 사람을 케어해야 하고 보호자들의 컴플레인에도 시달렸다. 의사와의 관계도 위계가 있어서 환자에게 문제가 생겨 간호사가 의사를 찾게 되면 의사는 먼저 귀찮아하고 짜증스러워했다. 특히 밤 근무 시에는 큰 스트레스였다. 하지만 환자에 대한 1차 책임을 맡은 간호사로서는 환자에게 문제가 생겼을 때 의사를 의무적으로 찾지 않을 수 없는 일이다.

"의사라는 높은 지위에 있으니까 간호사들이 할 말을 잘 못 해요. 만약에 의사에게 잘못 보이면 의사들이 불필요한 오더를 내리며 괴롭히는 경우가 생겼어요. 내가 처음에 외과에 있었는데 외과 의사들이 와서 내가 드레싱을 하는 걸 보고 환자들 앞에서 대놓고 반말로 구박을 하는 거죠. 몇 번 참다가 한번은 안 되겠다 싶어서 내가 큰맘 먹고 '아니, 이거 제대로 하고 있는데 왜 그래요?' 그랬죠. 그때 또 가만히 있더라고요. 근데 그 얘기를 하기 전에 얼마나 내가 고민했겠어요? 한두 번 당한 것도 아니고. 환자들 있는 데서 자기는 의사고 나는 간호사인 데다가 신입이니까, 만만하니까 함부로 하는 거예요.”

　외과에는 같이 병동에 들어간 동기가 있었다. 병동의 환자를 반씩 맡아 일했는데, 그 친구와 조옥화가 일하는 방식은 확연히 달랐다. 그는 늘 일찍 일을 마쳤는데 조옥화는 일이 늦게 끝나 남에게 굼뜨게 비쳤다. 주사를 놓을 때 조옥화는 환자 입장에 서서 긴장하지 않게 말을 붙이고 옷도 벗겨주며 “이제 주사 놔드릴게요” 하고 일을 해나갔다면, 그 동기는 병실 앞에 들어서면 대뜸 외치는 식이었다. “주사 맞아요! 다들 옷 내리세요!” 환자들이 주섬주섬 옷을 내리면 일률적으로 탁탁탁 주사를 놓고 기계적으로 뒤돌아서버렸다. 그가 훨씬 빠르게 일하는 요령을 보고 나서도 조옥화의 생각은 바뀌지 않았다. ‘저렇게 일하면 안 될 것 같은데. 사람이 주사 맞을 때 얼마나 긴장해? 말 좀 붙이고 마음도 어루만지면서 치료하는 게 환자 입장에서 나은 거지.’ 하지만 자신이 생각하는 대로 환자 중심으로 일하면 결국 시간이 두 배는 걸리는 셈이고 좋은 평가는 번번이 일을 빠르게 해치우는 친구에게 돌아갔다.

　점심시간에는 수간호사와 책임 간호사, 경력 간호사들이 순서대로 식사를 하러 갔다. 그들은 거진 점심시간을 다 쓰고 돌아왔고 “조 선생, 밥 먹어야지. 얼른 가” 하는 말을 가까스로 들을 때는 점심시간이 거의 끝날 때였다. 점심을 놓치지 않으려면 마구 식당에 뛰어가야 했다. 시간에 쫓겨 계속 뛰어다니다 보니 발이 붓기 시작했다. 흰 단화를 신었는데 나중에는 발이 부어 신발 속에 들어가지 않아 뒤축을 꺾어 신어야 했다.

조옥화는 생각을 했다. 이곳은 좋은 직장이었다. 월급이 제때 나오고 안정적이어서 계속 근무하기만 하면 별 탈은 없을 거였다. 하지만 그의 눈은 먼 미래에 가닿았다. '내가 여기서 열심히 적응을 해서 이 병원에 계속 있으면 앞으로 뭐가 될까? 계속 승진한다는 보장은 없지만 설사 잘한다고 하더라도 간호 감독이나 간호과장, 아니면 간호사 출신 부원장쯤 되겠지. 이렇게 되는 게 출세하는 건가? 그게 성공하는 건가? 내가 성실하게 앞으로 여기서 적응을 잘한다 해도……'

숨이 막히는 것 같았다. 남들은 그런 모습이 성공이라고 했지만 아무래도 그건 진정한 성공 같지 않아 보였다. 다른 사람보다 체질적으로 불합리한 권위나 횡포에 몹시 예민했던 그는 이런 운영 방식은 잘못되었다는 생각이 들었다. 학교에서 배운 것과 달리 이윤만을 추구하는 병원의 생활을 겪고 나니 가슴 밑바닥에서 "아니다"라는 대답이 들려왔다. 일하려면 자신의 느낌은 묻어두고 사무적으로 냉정하게 단지 직장인으로서 월급을 받으며 살아가야 되는데 도저히 그렇게는 못 할 것 같았다.

"병원이라는 곳은 가장 보호받고 케어를 받아야 될 곳이잖아요. 근데 그런 곳에다 사람을 몰아놓고 내가 볼 때는 그냥 컨베이어 시스템에 있는 상품처럼 환자를 대한다고 여겨지는 거예요. 진심 같은 게 하나도 없이 대하는 거죠. 그때는 사회

초년생에다 때도 안 묻고 그랬으니까 여기서는 내가 오랫동
안 있으면서 잘할 것 같지 않았고 일단 그런 분위기가 싫어서
나오고 싶었던 거죠."

조옥화는 현실에 안주하지 않기로 했다. 간호사 일을 그
렇게도 꾸려갈 수 있었지만 잘못된 관행까지 무릅쓰며 앞으
로의 인생을 꾸역꾸역 살고 싶지는 않았다. 1년 정도 일하고
나서 그는 인천기독병원의 원장을 찾아갔다. 원장은 조옥화
를 보고 무슨 일로 찾아왔나 싶어 뜻밖이라는 표정을 지었다.
그는 인천간호전문학교의 학장을 겸하고 있어서 지난 시절에
학생 대표였던 조옥화를 여러 번 만났다.
"저는 병원에 도저히 못 있을 것 같습니다. 다른 곳을 좀
알아봐 주세요. 죄송합니다."
안정적으로 취업한 자리를 그만두겠다는 말에 원장은 눈
을 크게 떴다. 실망하는 눈치였다.
"저는 병원에 적응이 안 되고 병원에도 도움이 안 될 것
같습니다. 다른 데서 일하고 싶어요. 간호사로 일하려고 하는
데 꼭 병원이 아니어도 되잖아요. 다른 곳을 알려주세요."
계속 이 병원에 있을 수는 없고 그게 자신이 그리는 미래
와 맞지도 않는다면 지금 자리를 옮기고 싶었다. 다른 병원에
가도 역시 똑같은 시스템일 거라는 생각이 들어 병원이 아닌
곳에서 일해도 된다는 생각까지 했다. 원장은 난감한 표정을

지었다. 따지고 보면 원장에게 불쑥 찾아와 이 병원이 싫다고 다른 데를 알아봐 달라고 했으니 골칫거리였을 수도 있다. 일단 그는 알아보겠다고 약속을 했다. 나중에 원장에게서 연락이 왔다. 그는 낮은 목소리로 물었다.

"그러면 시골이라도 가볼래?"

그 자리에서 조옥화는 바로 "네!" 하고 대답했다.

"김진홍 목사라는 분이 시골에서 교회를 하는데 거기서 외국 원조를 받아서 뭐 의료 사업을 하겠다고 하니 네가 가서 병원이 세워질 때까지 일을 좀 봐줘라" 그런 말을 들었다. 김진홍 목사가 남양만에서 벌이는 사업에 대해 그때 처음 들었다. 인천을 떠나본 적이 없어서 어떤 시골에서 무슨 일을 해야 하는지는 제대로 몰랐지만 새로운 곳에서 다른 일을 시작할 수 있다는 말에 흔쾌히 받아들였다. '병원에서 벗어나고 싶었는데 난 따질 것도 없어, 어쨌든 병원만 아니면 된다' 하는 생각이었다.

활빈교회 김진홍 목사는 서울 청계천에서 빈민 선교를 하다가 철거를 계기로 청계천에 있던 주민들을 데리고 이주를 했다. 남양만 간척지였다. 바닷물을 막아 만든 새로운 땅을 싸게 불하를 받아서 청계천 주민들이 집단 이주를 한 것이었다. 그 당시 김진홍 목사는 마을을 형성하면서 의료기관이 필요하다고 여긴 듯했고 독일에 있는 선교 단체를 통해 제3세계 후원 개발기금을 받는 프로젝트를 한다고 했다.

청계천에 있던 사람들은 주로 1960년대 말부터 이농 현상으로 몰려온 이들이었다. 농사를 지어서는 살 수 없으니 무작정 도시로 몰려든 이들. 날품을 팔면서 사는 빈민들이 많았고 주거 문제가 해결되지 않아 무허가 판자촌을 만들어놓고 함께 살아내었다. 그들은 농촌을 그리워하고 있었다. 김진홍 목사는 아마 남양만에 조그마한 병원이라도 하나 있어야 된다고 인천기독병원 원장에게 말을 넣어 상의하고 있는지도 몰랐다. 처음에 얘기를 전해 들었을 때는 외국에서 원조를 받아서 작은 의료기관을 만들고 싶어 한다는 뜻으로 받아들였다. 계획이 확정되지 않았지만 그 이야기가 오가는 중에 조옥화가 마침 선뜻 나선 것이다. 조옥화는 병원을 떠날 수 있다는 생각에 마냥 좋았고 시골에 대해 아무 거리낌 없이 반기는 마음이 일었다.

원장의 권유로, 남양만에 가기 전에 강화도에 가서 한 달 정도 지역 실습을 하기로 했다. 1977년 초반 무렵이었다. 그곳은 연세대 의대에서 지역사회 의학 실습을 하는 곳이었다. 연세대에서는 독일개신교개발원조기관(EZE)의 후원으로 1975년 강화군 지역사회보건사업을 시작하면서 강화지역사회보건원을 설립하여 가정건강요원 교육 훈련, 의과대학 학생 실습을 시행하였다.* 조옥화의 기억에 따르면, 4학년 의대생들

---

* "연세보건학 소개", 〈연세대학교 보건대학원〉 홈페이지 참조.

이 강화도의 한 면에서 실습을 했다. 그는 보건원에서 학생들과 숙식을 같이하며 지냈다. 조옥화는 이곳에서 간호사인 자신이 병원 바깥에서 일하는 게 가능하겠다 하는 믿음이 생기기 시작했다. 지역사회 의학에서는 치료보다는 예방사업이 우선이었고, 그 예방사업에 지역사회의 자원을 활용했다.

리 단위나 자연 부락에서 건강요원이라는 사람들을 선발해 따로 교육을 했고 이 건강요원들이 각 가정을 방문해 가족 단위로 건강 관리를 했다. 영유아 보건 사업에 집중하며 가임 여성에 대한 건강 관리도 병행했다. 건강 수첩을 그 가족의 수만큼 발급해주고, 건강에 대한 주요 사항을 기재했다. 여성의 경우 생리 주기를 체크하고 임신 가능한 날짜를 확인시켰으며 피임 교육을 하고 임신 여부 사실도 확인했다. 그 수첩을 통해 임신과 출산 등 임산부 건강 관리가 가능했고 출산 후에는 영유아 관리와 예방접종 관리 등의 사업이 이어질 수 있었다. 그래서 지역의 영유아 사망률이 떨어지고 전반적인 예방 차원의 보건 사업이 효과적으로 이루어질 수 있었다. 당시 결핵이 많았는데, 전염병 관리와 기생충 관리도 했다. 간호조무사(당시 간호보조원)가 건강요원을 총괄하면서 방문 사업과 관리 작업을 병행했다.

병원 바깥에서 실제적으로 이루어지는 의료 사업을 보고 조옥화는 중요한 것을 깨달았다. 간호사의 일은 병원 안에만 있지 않다는 것이었다. 한두 달 남짓한 시간 동안 새로운 세상을 보고 알게 된 셈이었다. 예방 차원의 접근, 지역사회의 자원 활용, 주민 건강 관리 등에 대해 지식도 얻게 되었다. 환자들이 병원에 와서 받는 치료보다 더 중요하게 이루어져야 하는 예방사업이 지역민의 자발적인 참여로 가능하다는 점도 인상적이었다. 주로 보건소에서 해왔던 일에 있어서도 보건소보다 지역사회에 훨씬 더 밀착해 들어가서 지역 주민들의 참여를 이끌어내는 방식이 눈길을 끌었다. 간호사로서 그는 중요한 첫 깨달음을 얻었다.

2부

하늘을 우러러
부끄러움이 없기를

남양만의 보육 교사

새로운 일을 두려워하지 않는 것. 운명을 과감히 개척하려는 정신. 그게 그가 가진 힘이었다. 당시 남양만의 간척지는 허허벌판이었다. 논이라고 구획을 지어놓은 곳에 가니 뽀얀 알갱이가 깔려 있었다. 이게 뭐냐고 물어보니 소금이라고 했다. 바다였던 땅에는 소금이 논마다 허옇게 덮여 있었다. 그 논과 밭을 믿고 사람들이 대여섯 개 부락을 이루어 이주를 했고 앞으로 무얼 심을지, 작물이 잘 자랄 수 있을지 의논을 하고 있었다. 사람들은 그래도 희망에 부풀어 있었다. 청계촌의 무허가 판자촌에 있다가 따로 자기들만의 땅을 찾아 온 것이다. 그들은 그 땅이 쓸모 있고 가치 있다고 굳게 믿었다. 그때 김진홍 목사는 성경에 나오는 출애굽을 자신들이 해냈다고 말했다. 옛 자리를 버리고 새로운 이상향인 가나안 땅으로 와서 새 인생을 시작한다는 믿음이 있었다.

독일의 선교 단체에서 외원이 들어왔다. 조옥화가 실제로 해야 하는 일은 그 지원을 통해 탁아 사업이 이루어지게 하는 일이었다. 주민들은 여러 동네에 분산해서 조립식 주택을 지어 살고 있었는데, 어른들이 밖에서 일할 동안 아이들을 맡아줄 곳이 필요했다. 이화리에 있는 활빈교회가 본부였고 조옥화는 활빈교회 탁아소에서 일했다. 조옥화가 남양만에 내려간 때인 1977년은 활빈교회의 초기 시절이었다.

스물세 살의 조옥화는 맨몸으로 가서 그곳의 일원이 되었다. 매주 일요일에 큰 버스가 각 동네를 돌면서 400여 명의 신자들을 실어 와 교회에 내려놓았다. 그들은 교회에서 다 같이 예배를 보고 함께 국수를 삶아 먹었다. 예배를 보고 나면 앉은뱅이책상들을 늘어놓고 다들 바닥에 앉았다. 탁아소에 왔던 아이들도 그 책상에 옹기종기 다 모여 앉았다. 함께 국수를 나눠 먹으며 즐거워했다. 주일마다 같이 기도하고 국수를 먹으며 그렇게 공동체 의식을 공유했다.

조옥화는 삼십 대 김진홍 목사의 설교에 감명받았다. 너무 멋지고 존경스럽다고 여겼다. 그가 앞에서 설교하면서 사람들한테 희망을 북돋우고 공동체 의식을 고양하는 모습이 새로웠다. 그는 설교를 굉장히 쉬운 말로 간결하게 했는데 그 안에 열정을 불어넣는 법을 알았다. "여러분, 힘냅시다. 망하는 게 급합니까? 언제든지 망할 기회는 많으니까, 한번 일어서서 다시 합시다! 두 사람이 합심해서 기도하면 하늘에서 이루어주신다고 했습니다. 믿음으로 가능한데 그 믿음에 조건이 있습니다. 기도가 뒷받침되지 않는 믿음은 현실적으로 능력이 나타나지 않습니다."* 우리도 새로운 삶을 살 수 있다는 확신에 찬 말에 많은 이들이 감명받고 희망에 부풀었다. 조옥화도 그 마음을 느낄 수 있었다.

"새로운 땅을 찾아서 온 우리는 여기서 열심히 이상향을 건설하자, 새로운 공동체를 건설하자, 이런 식으로 얘기를 했거든요. 일요일 날 교회에 모이면 몇백 명이 되었어요. 그 목사님이 굉장히 좋아 보였죠. 사이비 종교도 그런 마음으로 막 빠지게 되는 걸까요? 그 당시엔 확실히 새로운 비전을 제시했고 사람들한테 용기를 북돋는 거였어요." 겨울이었고 허허벌판 논에는 소금기가 허연데, 그 황량함 속에서도 사람들이 가난의 굴레를 벗어나 새로운 희망을 품을 수 있게 됐다는 믿음에 활기찼다. 모내기는 세 번째까지 실패했다. 17킬로미터가 되는 들에 모가 빨갛게 타들어가며 실패했지만 네 번째에 때맞춰 내린 비에 소금기가 씻겨 내려가 성공했다.

그곳에는 운동권 인사들도 여럿 모여들었다. 민청학련 사건이 일어났고, 관련자들이 반정부 전복을 기도한 공산주의 추종세력으로 몰려 부당하게 잡혀 들어갔다. "당시에는 민청학련 사건에 연루돼서 형을 살고 나왔거나 풀려난 이들이

---

* 김진홍, 『바닥에서 살아도 하늘을 본다』, 두레시대, 1995, pp.124-130 발췌 인용. 김진홍 목사는 나중에 신자유주의에 기초한 보수 성향의 이념인 뉴라이트 운동을 하게 된다.

있었어요. 그들 중 기독학생회 쪽 활동을 하던 이들도 꽤 있었는데 이들이 남양만의 활빈교회에 상당한 기간 동안 와서 기거를 하며 쉬기도 했지요."

조옥화는 인하대 학생운동권과 관계를 많이 맺었기 때문에 그들의 상황을 알고 있었다. 그들은 긴급조치 4호에 의해 군사법정에서 내란예비음모 등으로 무기징역과 사형 등을 선고받았다. 이후 정권은 여론을 의식해 그다음 해 관련자들을 대부분 석방했다. 무기징역을 선고받았던 서울대 독문학과 황인성도 남양만에 와 있었다. '목숨까지 걸고 큰 뜻을 이루려고 하는구나. 보통 사람하고는 차원이 좀 다르구나' 하는 생각으로 보았다. 비슷한 또래이지만 그들은 거물급 활동가로 여겨져 조옥화에게는 범접할 수 없는 경외의 대상이기도 했다.

조옥화는 자신이 그곳에 소규모 의원 개설의 소임을 가지고 간호사로 파견되었다는 사실을 잊지 않았다. 간호사는 자기 혼자였다. '언제 병원이 세워질까, 대단한 병원은 아니어도 하다못해 조그만 클리닉 같은 작은 병원이라도 필요하니까 생겼으면 좋겠는데.' 논의는 진전이 되지 않았다. 하지만 조옥화는 탁아소 일을 하면서 간호사로서 자신이 할 수 있는 일을 찾아서 했다. 읍내에서 교회까지 오는 버스가 두 시간에 한 번씩 있었는데 읍내로 나가면 보건소가 하나 있었다. 그는 보건소에 찾아가 예방접종약을 받아 왔다. 알루미늄 도시락의 바닥에 거즈를 깔고 그 안에 얼음을 넣은 다음 백신을 넣고 주사기를 챙겼다. 그리고 주민의 자전거 뒤에 타서 마을을 돌아다니며 예방접종을 했다. 보건소와 연계를 해서 한 일이었다. 자전거 뒤에서 내려 마을 곳곳의 사람에게 친절하게 말을 걸며 백신이 든 도시락을 얼른 열고 주사를 놓았다.

그때 조옥화는 이렇게 생각했다. '내가 뭘 주는 게 아니라 되게 많이 배우고 있다. 이곳에서 세상을 많이 배우고 사람들한테서 많이 배운다.' 청계천에서 이주해 온 이들은 생각보다 가난에 찌들어 있지도 세파에 시달려 있지도 않았다. 그들은 다른 이들보다 훨씬 인정 있고 세상살이에 대한 지혜도 있었다. 어린아이들을 둔 젊은 부부도 많았는데 연배가 많이 차이 나지 않았지만 조옥화는 왠지 그들이 자신보다 경험과 나이가 많은 듯 느껴졌다. '이들에게서 많이 배우고 있다. 여기서 할 수 있는 일을 하는 데까지 하겠지만 아직 미약하다. 그래서 내가 여기에 더 기여할 수 있는 바가 뭔가를 고민해야 한다.' 그는 겸손하게 생각했다.

조옥화는 탁아소 일을 맡아 하면서 기금을 준 독일 단체에 활동 보고를 하느라 아이들이 변화하는 사진을 찍어 보내고 문서 내용을 번역해 보내는 등 행정 업무를 했다. 부모들이 논밭에 가서 일할 동안 아이들을 돌보며 때맞춰 예방접종도 했다. 돌봄 교사로서의 역할을 하면서 아이들을 데리고 산길로 올라가 꽃을 꺾고 놀이를 했다. 주민들의 보건 교육도 맡았는데, 교회에 모인 주민을 대상으로 차트를 기록하며 보건에 대한 지식과 생활수칙을 알려주고 의료 상담을 했다. 빵 공장이 만들어졌을 땐 그 빵으로 아이들의 간식을 제때 챙겼다. 벌판에는 바람이 세차게 불었다. 어디론가 불어 가는 바람.

마을 은행인 남양만신용협동조합을 열기 위한 준비를 한다고 해서 기금도 마련하러 다녔다. 1년 동안 신용협동조합에 대한 교육도 많이 받았다. "만인은 1인을 위하여, 1인은 만인을 위하여." 이런 내용이 교육 안에 들어 있었다. 굉장히 순수한 마음으로 그 필요성에 대해 배웠다. 동네 사람들이 앞으로 자금이 필요할 때 쓸 수 있게 조금씩 출자를 했다. 동네에 흩어져 사는 사람들을 찾아다니면서 한 사람당 몇백 원씩 받아 신발주머니에 넣고 장부에 꼼꼼히 기록했다. 남양만신용협동조합은 1977년 4월에 창립되었다.

그곳에서 일하면서 다친 사람들을 치료해주기도 했다. 발달장애가 있는 아이의 치료를 위해 그 어머니와 같이 버스를 타고 서울 삼육재활원에 통원했다.

"내가 활빈교회에 간 취지는 의료기관 개설을 예상했던 거잖아요. 근데 진행이 되는 게 별로 없었고 개인으로서도 어떻게 할 수가 없었죠. 그런데 그때 김진홍 목사님한테서 내가 무슨 얘기를 들었냐면 의학박사 장기려 선생(1911~1995)이 부산에 청십자의료보험조합*을 세우고 협동조합 형식으로 조합원들의 출자를 받아 청십자병원을 운영한다는 소리를 들었어요. 그러니까 큰돈이 아니어도 뭔가 그 지역 주민들이 자발적으로 나서서 할 수 있는 조합도 있구나라고 얼핏 생각을 했죠. 그 당시에는 그걸 내가 실행할 수 있는 자신도 없었고 그걸 집행하려고 어디다 얘기할 수도 없었지만요. 이 아이디어는 나중에 내가 인천도시산업선교회의 빈민촌에 갔을 때 주말 진료 등 빈민 의료를 하면서 그 환자들을 중심으로 의료협동조합을 조직하게 된 단초가 되기도 했어요. 그때 내가 관심을 가지고 자세히 들었어요. 채규철(1937~2006) 씨가 왔는데 그 양반이 청십자의료보험조합을 같이 조직하는 활동가로 일하는 거예요. 실제 거기를 가보지는 못했지만 그런 방식도 있구나라는 걸 알게 된 거죠."

교회 안에는 방이 몇 개 있었는데 그중 하나를 사무실로 썼다. 기본적인 생활은 교회에 딸려 있는 사택에서 해결했다. 식사는 밥과 짠지 같은 반찬 한두 가지가 전부여서 변변치 못했다. 살림살이는 열악한 편이라 공동으로 쓰는 휴지나 비누가 없었다. 그릇을 닦는 빨간 비누로 세수를 했더니 피부에 여

---

* 청십자의료보험조합은 1968년 부산 지역의 23개 교회 단체의 대표가 주축이 되어 설립한 우리나라 최초의 자영자 의료보험조합이었다. 가난한 환자를 구제하고, 조합원 서로가 돕는 정신을 가지며, 질병과 경제적 부담을 극복하고 사랑으로 가득 찬 사회를 만드는 데 그 목적이 있었다. "청십자의료보험조합", 〈부산역사문화대전〉.

드름과 염증이 심하게 생겼다. 바다에서 모랫바람이 불어왔고 물은 지하수였다. 생활용품이 변변치 않으니 얼굴에 고름이 잡히고 덧나서 오랫동안 고생했다. 월급은 활빈교회 소속의 실무자로서 4만 원 정도 나왔다. 한 달 생활비로는 좀 빠듯했다.

그곳에 있는 사람들은 가난하고 쪼들렸지만 주민들은 이상향을 가지고 자기들이 새로운 미래를 개척한다고 믿고 있었다. 또 그곳에 자주 오는 운동권 학생들은 더 나은 세상을 향해 젊음을 아낌없이 불태우려는 의지에 찬 이들이었다. 가난에 대한 두려움은 그들 모두에게 없었다. 신변의 위협도 무릅쓰고 옳은 길을 추구하는 사람들이 곁에 계속 보였다. 남들은 그들을 비현실적인 이상주의자들로 볼지 모르지만 그는 그 속에 타오르는 굉장한 열정에 공감이 되고 좋았다.

"내가 모르는 세상을 알게 되는 거고, 뭔가 거기서 느껴지는 분위기 속에 나도 모르게 막 동화되는 거예요. 남들이 보면 초라하고 빈곤할지 몰라도 거기 있는 사람들은 별로 그렇게 생각 안 하는 거예요. 청계천에서 온 사람들도 희망에 들떠 있었고 투쟁하다가 쫓기고 감옥살이했던 청년들도 거침없이 정정당당하게 의견을 얘기했지요. 앞으로 어떻게 할 것인가 그 이야기가 끊이지 않았어요."

크리스찬아카데미*에서 나온 〈대화〉라는 잡지도 열심히 보면서 영향을 많이 받았다. 그 잡지를 읽으며 사람들과 자주 토론을 했다. 강원용(1917~2006) 목사가 대화로써 서로 이해하고 사회의 갈등을 해결하며 민주적 공동체를 만들자는 취지에서 내는 잡지였다.

인간화는 '자율적이고 주체적인 인간이 되는 과정'을 뜻하는데, 이를 위해서는 무엇보다 건설적인 저항 의식이 필요할 뿐 아니라 이 같은 의식을 가진 일반 대중이 정책 결정에 민주적으로 참여할 수 있어야 한다. 동시에 지식인과 대중 사이의 격차를 줄이려면 무엇보다 '아래에서 자발적으로 형성되는 중간집단'이 시급히 필요하다. 이런 방향성이 1970년대의 중간집단의 교육이라는 아카데미 운동으로 발전했다.**

〈대화〉를 통해 조옥화는 사회의 구조적인 측면을 많이 알게 됐고 농촌과 도시, 빈민 문제에 대한 지식과 자기 생각을

---

* '한국크리스찬아카데미'는 1965년 5월 창립되었다. 그 전신은 1959년 강원용이 인문사회과학자 및 신학자들과 함께 창설한 '기독교사회문제연구소'이다. 크리스찬아카데미는 1968년 자체 프로그램을 3대 단원(대화모임-연구조사-교육훈련)의 삼정립 형태로 구성함으로써, 타 학술연구소나 대학연구소들과는 달리, 목표로 하는 새로운 사회건설과 새로운 역사창조에 관련된 현실적이고 구체적인 해결책과 대안을 찾는 것을 핵심과제로 삼았다. "한국크리스찬아카데미", 〈한국민족문화대백과사전〉.

** 여해와 함께 엮음, 『사이·너머』, 대화문화아카데미, 2011, p.195.

가지게 됐다. 읽은 내용이 그대로 '머리에 쏙쏙 다 들어와 박혔다'고 할 정도로 의식이 깨어나는 느낌이 들었다.

"사회 구조적인 문제에 대해 확실히 알게 된 거죠. 개인이 가지고 있는 여러 가지 문제 중에 개인의 의지로 해결할 수 없는 것들이 꽤 있다. 사회 구조적인 문제에서 기인하는 것도 상당히 있다. 그러니까 개인이 노력하는 것도 있지만 그 문제를 극복하려면 구조적인 문제일 경우 집단적으로 대처할 수밖에 없는 것도 많다. 이런 걸 느꼈어요. 우리 사회의 발전을 저해하는 장해물은 극복을 해야 되는데 이것은 집단적으로 해야 된다, 이런 생각을 한 거죠. 말하자면 사회 의식화죠. 그전에는 개인적으로 뭔가 내가 운이 좀 없고 가지고 있는 능력보다 안 풀리는 것 같다는 답답함이 있었는데 시야가 트이는 느낌이 들면서 또 다른 세계가 있다는 걸 느꼈죠."

소외된 사람, 가난한 사람은 피상적으로 볼 땐 각박하고 불만에 가득 차 있는 사람으로 여겨지기 십상이지만 조옥화가 볼 때는 대형 병원에서 겪었던 냉정하고 몰인정한 사람들보다 차라리 훨씬 더 인간적이었다. 하지만 차츰 시간이 지나면서 조옥화는 간호사로서 자신이 할 일을 현실적으로 고민하기 시작했다. 아이들을 위해 돌봄을 하고 보건 교육을 하면서 상담도 진행했지만 자신이 이곳에서 할 수 있는 역할은 아무리 노력해도 제한적이라는 생각이 들었다. 간호사로서의 정체성이 분명했기에 이곳에 계속 있으면서 간호사로 일하겠다는 원래 목적을 이룰 수 있을까 자문해보았다. 병원이 세워질 것이라는 예상을 하며 이곳으로 내려왔지만 그 일에 진척이 없어 인천기독병원 원장에게 앞으로 어떻게 진행이 되는건지 물어보기도 했다. 별로 긍정적인 대답은 듣지 못했다. 일이 잘 되어가지 않는 모양이었다.

"그때 내가 뭘 뼈저리게 느꼈냐면 병원 바깥에 나오니까 간호사로서 할 일이 없다, 병원 안에 있는 온갖 시설을 이용하지 않으면 나와서 할 일이 없는 것 같아 고민을 한 거죠. 자발성을 가지고 스스로 생각해본 거죠. 원장님과 목사님이 얘기했던 프로젝트는 아마 진행이 잘 되지 않는 듯하고 그럼 나는 어떻게 해야 될까? 여기 계속 있는 게 맞을까? 근데 여기에 계속 있는 것은 의미가 없어. 결국 나는 이제 의료인이잖아요."

이곳에 의료기관이 세워지지 않는다면 간호사인 자신이 계속 있을 수 있는 명분은 없다는 결론을 내렸다. 자신이 어디에 있어야 하는지 더 이상 다른 이들에게 묻지 않았다. 이제 조옥화는 스스로 생각하고 선택할 수 있을 만큼 경험과 자신감이 자라나고 있었다.

"간호사는 하나의 미래를 개척하는 수단일 수 있고 무기일 수도 있어요. 말만이 아니라 실제적인 하나의 기술이기도 하고요. 어쨌든 지역사회의 민중 속으로 들어갈 때 건강과 의료라는 화두를 가지고 갈 수 있지요. 특히 여성의 삶과 일을 연결하는 접점이 뭘까, 전문성과 여성을 위한 일에 같이 겹치는 게 뭘까 생각을 하면서 길을 찾아본 거죠. 간호사라는 직업이 봉사할 수 있는 수단으로 되게 좋은 직업이에요. 간호사는 병원 안에서뿐만 아니라 바깥에서도 훨씬 더 활동 영역을 넓힐 수 있어요. 간호사는 의사의 지시하에 그냥 주어진 일을 한다는 관념에서 벗어나면 의사보다 훨씬 폭넓게 자율적으로 일할 수 있는 직업이라고 생각해요.”

그리고 나름의 결론을 찾았다.

조산사의 나날들

조옥화는 조산사가 되기로 마음먹었다. 당시 조산사 자격증은 간호사 자격증을 가지고 있는 사람만 취득할 수 있었다. 병원 바깥의 지역사회에 있으면서 간호사로서 할 수 있는 일이 뭘까 고민을 한 것이다. 당시 여성들은 가정 분만을 주로 했기에 조산사가 분만에 실질적인 기여를 했다. 그때는 조산사가 개업도 흔히 하는 분위기였고 벌이도 괜찮았다. 의료인으로서 구체적으로 지역사회에 기여할 수 있는 방법을 하나 찾은 것이다. 그는 앞으로 어떻게 살지 고민하면서 간호사로서의 능력을 계속 살려나가 보자고 마음먹었다. 또한 여성을 위한 일을 하고 싶었다. 여자라는 이유로 가족 속에서 차별 대우를 받고 원하는 교육의 기회도 제대로 얻을 수 없는 이들이 많았다. 여성이 구조적으로 차별받고 있다는 걸 알고 나니 여성을 위한 일을 하고 싶다는 생각이 들었다. 그는 여성이었고 다른 여성을 위해 일하는 것은 여성인 자신을 위해 일하는 것과 같았으니까.

조옥화는 조산사 훈련을 할 수 있는 곳을 찾아보면서 어차피 배울 거면 하드 트레이닝을 하는 곳으로 가겠다고 마음먹었다. 그리고 부산일신부인병원(현 일신기독병원)을 찾아냈다. 그곳은 한국전쟁 시기인 1952년에 호주 장로교 한국선교회에 의해 세워진 곳으로, 당시 실력 있는 조산사를 양성하는 곳으로 유명했다. 부산 시내에 사는 사람들 중 이 병원에서 태어났다는 사람들이 많았다. 어쩌면 자신이 다시 남양만에 돌아올 수도 있다고 생각했다. 지금은 기여하는 바가 별로 없으니까 배우기 위해 떠나지만, 좀 더 실력을 쌓아가지고 오면 좋겠다 싶은 마음이 있었다.

부산은 처음 가보는 낯선 도시였다. 남양만과 또 다르게 푸른 바다의 기운이 거침없이 불어오는 바람 속에서 느껴졌다. 병원의 간호과장이 의자에 똑바로 앉은 그에게 면접을 하면서 물었다. "왜 여기에 지원했어요?" 조옥화는 자신이 남양만에 있다가 오게 된 이유를 솔직하게 말했다. 잠시 침묵이 감돌았다. 간호과장은 젊은 간호사를 슬쩍 바라보았다. "착하고 기특하네……" 그는 조옥화의 지원 동기에 감동을 받았는지 그다음에도 다른 사람들 앞에서 칭찬을 해주곤 했다. 부산일신부인병원이 처음에 생길 때 선교회에 의해 설립되었으니 그 병원의 목적과도 맥이 닿아 있다고 여겼는지도 몰랐다. 부인병원이니까 분만과 제왕절개, 외래 부인병을 주로 다루었다.

기숙사는 2층 침대로 빽빽하게 채워져 있었다. 자리가 넉넉지 않으니까 기존 수련생이 나가는 날짜와 신입생이 들어오는 날짜를 동시에 맞췄다. 한 기수는 20명이었다. 3월 1일부터 그다음 해 2월 28일까지 1년이 한 코스였다. 일러준 대로 1978년 2월 28일 날 갔더니 먼저 훈련하던 사람이 나가고 새로 온 이들이 그 자리를 바로 메꾸었다. 톱니바퀴처럼 잠시의 쉴 틈도 없이 일정이 진행되는 곳 같았다. 그는 45기생이었다. 첫날 조옥화는 좁은 기숙사 침대에서 뒤척였다. 남양만 생활의 기억, 벌써 아득한 인천의 기억, 낯선 지역의 말들, 간호과장의 섣부른 칭찬까지 모두 머릿속에 뒤엉켜 떠올랐다. '잘할 수 있을까?' 사실 그전에는 산부인과를 싫어하는 편이었다. 출산의 현장인 산부인과의 분위기는 굉장히 긴박했고 의료진으로서 두 명의 생명을 한꺼번에 책임져야 한다는 부담감도 컸다. '잘 되겠지. 잘할 거야.' 부산일신부인병원은 전국적으로 유명세를 탄, 실력 있다고 알아주는 곳이었다. 그곳의 조산사들은 많은 케이스를 현장에서 보고 다 대처할 수 있도록 훈련되었다. 조산사들을 훈련시켜서 지역사회에 내보내는 주된 역할을 하는 곳이니 믿어보기로 했다.

그다음 날 현장과 맞닥뜨린 조옥화는 놀랐다. 이론 교육이 아니라 바로 병원에 투입되어 보고 배우고 일하는 식으로 훈련이 이루어졌다. 일반 산부인과 병원에는 분만실에 분만대가 두 개 정도 있었다. 하지만 그곳에는 열여섯 개가 나란히 놓여 있었다. 그 분만대에서 열여섯 명의 산모들이 한꺼번에 아이를 낳는 경우가 다반사였다. 그들이 아기를 낳고 나가

면 새로운 분만대가 바로 채워져 다른 사람이 이어 출산을 했
다. 그곳에서 끊임없이 아기가 태어났다. 한쪽의 수술실에서
는 제왕절개 시술을 계속하면서 아기들이 태어나고 있었다.
출산율이 높았던 70년대 풍경이었다.

부산일신부인병원 조산사 교육과정 수료 기념(1979)
맨 뒷줄 오른쪽에서 세 번째가 조옥화이다.

첫날부터 복잡한 풍경에 정신이 없었다. 새로 투입된 훈
련생들은 모든 광경이 낯선데 기존에 있던 직원들은 "관찰하
고 보고 배우라"고 하면서 분만실 자리 한켠에 훈련생들을 세
워놓았다. 새로 온 이들이 몸 둘 바를 모르고 우두커니 서서
보고 있는 사이 여기저기서 출산이 긴급하게 이뤄졌다. 정식
직원인 간호사들은 분주하게 뛰어다니며 분만 상황에 척척

대응했다. 다급할 때는 견학하며 관찰하는 이들을 대놓고 발로 막 차듯이 지나가기도 했다. "지금 바빠 죽겠는데!" 간호사가 훈련생을 야단칠 때는 목소리가 아주 컸다. "니 어디 학교 나왔노! 어디 출신인데! 어디서 일을 그래 배웠노!" 일을 가르쳐준다는 건지 이참에 혼쭐을 내겠다는 건지 알 수 없을 정도였다. 바짝 긴장해 위기 상황에 적응할 수 있게 하려고 하는 건지는 몰라도 훈련생들의 생활은 대체로 고달팠다. 쏟아지는 부산말이 귀에 쟁쟁거렸다. 근무하고 들어가서 자다 보면 콜이 급히 들어올 때가 있었다. 기숙사를 지키는 아주머니가 콜이 들어왔다며 다짜고짜 마구 깨웠다. "이제 가요!" 외치고 헐레벌떡 뛰어가면 별것도 아닌 일이 기다리고 있을 때도 있었다. 아기가 먹는 우유의 양을 적은 숫자 사이의 구두점이 쉼표인지 마침표인지 뚜렷하지 않다며 훈련생을 깨워 확인하기도 했다. 기존에 있던 간호사는 간호사대로 1년이나 가르쳐서 웬만큼 써먹을 만하면 다른 새로운 사람이 오니까, 훈련생의 존재에 스트레스를 받는 것 같았다.

일을 배우기 위해 긴장해서 집중했다. 하드 트레이닝이라 일이 끝나고 기숙사에 들어가 쓰러져 자고 나면 바로 또 병원으로 나와야 했다. 1년 동안 바짝 긴장된 상태가 내내 이어졌고, 함께 들어온 동기 20명 가운데 5명 정도는 중간에 포기하고 떠나갔다. 정식 직원하고의 관계 문제로 힘들었고 노동 강도가 꽤 세니 더 버티지 못하는 이가 생겨났다. 훈련생들은 속상한 마음에 '톡식(toxic)하다'는 말을 남몰래 썼다. 표독스럽다는 뜻이었다. "여기 먼저 있던 사람은 다 톡식하다"고 자기들끼리 속을 푸느라 수군거렸다. 어쩜 저리 뾰족하고 독할까 싶었다. 신입 입장에서도 안내 같은 것은 하나도 못 받고 바로 현장에 투입이 되니까 힘들었다. 뒤에서 욕을 잔뜩 한 간호사에게 나중에 궂은일이 생기자 욕을 해댔던 훈련생들은 찔끔했다. 혹시 자기들이 욕을 해서 안 좋은 일이 생겼나 싶었다.

그래도 조옥화는 훈련생일 뿐 최종적인 책임자는 아니어서 부담은 적었다. 인천기독병원에 있을 땐 신입 간호사였어도 정직원으로서 책임을 지며 바삐 뛰어야 했던 조옥화는 그럭저럭 견뎌냈다. 원했던 길은 어떻게든 끝까지 가보고 싶은 게 그의 근성이었다. 부산의 병원에서는 병원에서 가정으로 들어가 일해야 하는 간호사들이 현장에 적응해 일할 수 있게 교육시켰다. 실제적이고 실용적인 관점의 교육이 인상적이었다. 가정 분만의 상황을 이해하고 실전 중심으로 실질적인 트레이닝을 하는 곳이었다. 출산 현장의 다양한 상황에 대처하며 손을 단련시키는 곳이라 훈련생들은 일머리가 생기고 손은 단단해졌다.

"거기서 독특하게 얘기하더라고요. '당신들은 어차피 병원이 아니라 가정에서 일한다. 가정 분만에 가든지, 조산소를 차려놓고 산모들이 오는 상황일 거다. 집 안에서 일을 하니 병원에 있는 시설이나 기자재를 사용 못 한다.' 그래서 실무에 바로 쓸 수 있게 그대로 훈련하는 거죠. 작은 크기의 냄비, 양재기, 알루미늄 그릇을 활용해 출산용품으로 써요. 조그마한 빈 유리 약병, 수저도 활용하죠. 소독할 때도 소독기를 쓰지 않고 끓는 물에 삶아 소독해요. '가정에서 흔하게 쓸 수 있는 것으로 바로 소독해서 써라.' 그렇게 배웠어요. 실제로 병원에서도 그렇게 썼어요."

출생아가 많으니 미숙아도 다른 병원보다 많았다. 다른 병원에서는 작은 인큐베이터 하나에 미숙아 한 명씩을 넣고 따로 케어한다면 이곳에는 방 하나 크기만 한 거대한 인큐베이터 안에 모든 미숙아들이 들어 있었다.

"그 안에 서른몇 명씩 들어가요. 유리 온실같이 인큐베이터를 크게 만든 거예요. 거기서 아기들을 키워야 하니 인큐베이터의 온도가 높잖아요. 거기 들어가는 간호사는 소독복을 입고 마스크를 하고 들어가는데 더운 거죠. 애들이 많으니까 헷갈리면 안 되어서 이름과 주요사항을 따로 표기해 놨었어요. 세 시간마다 우유를 먹여야 된다고 하면 그걸 실행하면서 표의 해당 칸을 지워갔어요. 시스템에 따라서 움직이는 건데 그곳에서 애들이 너무나 잘 커요. 보통 2.5kg 미만 되는 애들이 미숙아라고 여겨지는데 그보다 더 작은 아기들도 있었어요. 1kg도 안 되는 애들이 있었고 나는 900g 되는 아기까지도 살려봤어요. 그 아이는 7개월 정도밖에 안 되었는데 다른 곳

같았으면 포기를 했겠지요. 그런데 이 병원은 그런 애도 인큐베이터에 넣어서 시간 되면 작은 병에 담긴 우유를 빠짐없이 먹이고 기저귀를 갈아주고 체온에 맞게 온도를 조절해주죠. 그러면 아기들이 다 살아났어요.”

조옥화는 작은 유리 약병을 소독해서 작은 꼭지를 끼웠다. 데운 우유를 유리병에 넣고 아기들에게 그 작은 꼭지를 빨게 했다. 그러면 아주 작은 입이 그 꼭지를 빨아서 우유를 삼켰다. 그렇게도 먹지 못하는 아기들을 위해서는 가는 고무호스 줄을 아기 콧속에 넣고 주사기로 우유를 넣어 줬다. 우유는 코를 통해 식도로 들어가야 하는데 혹시라도 폐로 들어가면 안 되니까 철저히 신경 쓰며 일해야 했다. 그렇게 우유를 먹일 때 아기에게 혹시 호흡곤란으로 청색증이 생기지 않는지 주의 깊게 관찰해야 했다. 한 번에 먹는 양이 5cc, 10cc에 지나지 않는 아기들도 많았다. 더워서 땀이 흘렀지만 아기들만 주목했다. 아기들을 돌볼 때는 뭐든 정확히 해야 하니까 다른 무언가를 느끼고 생각할 새가 없었다.

아기와 산모의 안전을 위해 정확히 대처하고 치료하고 개입해서 건강을 호전시키는 것. 둘 다 살려내는 것. 그것 외엔 다른 생각이 들 여지가 없을 만큼 순간순간 최선을 다했다. 앞으로 실력 있는 조산사로서 사람들에게 다가갈 수 있는 힘을 기르기 위해서 그는 그 자리에서 일을 배웠다. 병원은 3교대로 돌아갔고 훈련생들도 다 3교대로 근무해야 했다. 분만과 응급상황이 늘 발생했다. 자기 일의 의미를 되새기기도 어려울 만큼 시간에 쫓겼다. 뒤돌아봐도 돌아갈 곳이 없고 앞만 보고 직진하는 삶이었다. 1년이라는 기간이 정해져 있으니까 참을 만하다고 스스로 다독였다. 병원에서 조금만 걸어 나가면 바다와 공원이 있어서 훈련받는 짬짬이 휴일에 시간이 날 때 바닷가를 걷기도 했다. 하지만 생활의 고달픔이 없을 수 없었다.

"기숙사에서 병원으로 갈 때 두 건물을 이어주는 다리가 있었어요. 거기를 지나갈 때 그 시간에 하는 라디오 연속극의 음악이 복도에서부터 꼭 울려 들렸어요. 연속극이 시작할 때 나오는 노래로 나이트 나갈 때마다 항상 듣는 거예요. 서유석 가수가 부르는 〈그림자〉* 그 노래 있잖아요. 밤 근무 갈 때 기분도 안 좋잖아요. 맨날 그 노래가 나오는데, 그 노래가 밝고 명쾌한 음색도 아니잖아요. 지금도 어디에서 그 노래가 나오면 그때 생각에 인상이 찌푸려져요."

그림자, 내 모습은 거리를 헤매인다. 그림자, 내 영혼은 허공에 흩어지네. 어둠이 내리는 길목에 서성이며 불 켜진 창들을 바라보면서. 아, 외로운 나 달랠 길 없네. 그림자, 내 이름은 하얀 그림자.

---

* MBC 라디오 대공수사 연속극 〈그림자〉의 주제가로 쓰였다.

보건소에서 일어난 일

조옥화는 조산사 훈련 과정을 마치고 조산사 자격증을 취득했다. 몸이 너무 지쳤던 그는 일단 인천으로 돌아왔다. 집을 오랫동안 떠나 있었고 혹독한 객지 생활로 지쳐 있었다. 집안도 사정이 어려웠다. 나중에 오빠가 한숨을 섞어 말했다. "너는 그사이에 바깥으로 떠돌았으니까 집에 없어서 사정을 잘 몰라." 가난한 집의 장남인 오빠가 묵묵히 집을 지키는 선택을 했다면 조옥화는 집 밖을 나가 자기 삶을 선택하고 세상에 길을 내보는 쪽으로 선택했다.

"오빠가 그 감당을 한 것 같은데, 화목한 집안이 아니니까 안 봐도 힘들었던 건 뻔하지요. 나는 나도 모르게 집을 떠나고 싶은 내적 욕구가 있었던 것 같아요. 그럴 명분을 찾은 것 같기도 하고. 내 동생들도 다 힘들었지요. 걔들은 학교 다니고 있었는데 그때는 이미 집안이 풍비박산이 나서 아버지는 완전히 집안일에 손 놓고 있었으니까. 나도 사실은 돈을 벌어 내 입만 덜었지, 집에 갖다주지를 못했어요. 오빠가 군대 갔다 와서 복학한 다음엔 남동생이 나이도 어린데 사우디아라비아인가 거기에 일하러 갔어요."

조옥화는 일단 쉬면서 집과 가까운 데에서 일을 찾았다. 어렵게 딴 조산사 자격증을 가지고 취업해 고갈된 에너지를 채우고 싶었다.

"근데 나는 돈하고는 인연이 없나 봐요. 그때 1979년도쯤 되니까 슬슬 조산사의 시대가 사라지고 산모들이 병원으로 가기 시작해요. 나랑 같이 트레이닝했던 애들 중에서 개업하는 애들도 있었는데 그때만 해도 조산소 숫자가 확 줄어들더라고요. 그만큼 산파를 찾는 사람이 적은 거였죠. 그래서 나는 산부인과에 취업하기로 했어요."

조산원의 쇠퇴는 종합병원의 증가와 대형화, 조산사의 재생산 방식, 제도적 미비 등에 따른 것이었다. 조산사에 대한 의료기술과 지식의 통제도 있었다. 시간이 흐르며 조산사는 의료시장에서의 경쟁력을 상실하고 조산원은 폐원되는 상황에 이르게 된다.[*] 인천에 있는 K병원은 산부인과를 중심으로 하고 외래로 내과나 소아과 진료를 보는 일종의 준종합병원이었다. 조옥화는 그곳에 간호사로 취직했다. 조산사에게 책정된 별도의 대우가 당시 병원에 없었다. 간호사만 필요로 할 뿐 조산사 자격을 가진 이에게는 별도의 인센티브도 주어지지 않았다. 산부인과에서는 조산사를 고용하더라도 이들에게

---

[*] 이임하, 「출산에서의 여성전문직 조산사의 기능과 쇠퇴에 관한 연구」, 『구술사연구』 제6권 1호, 2015, pp.121-161.

조산업무보다 간호업무를 수행하도록 했다. 조산사의 임금이 간호사보다 높기 때문에 그렇게 한 것이다.[*] 하지만 그곳에서 그는 열심히 일할 작정이었다.

"보통 아기가 3kg 정도가 평균 체중인데 한번은 내가 분만에서 거의 5kg 가까운 아기를 받았어요. 원장이 분만실에 왔다가 (상황을) 보고 간호과장을 시켜 나를 불렀어요. 수술을 권장해야지 자연분만했다고 (뭐라고) 하는 거죠. 하지만 그건 의사의 진찰을 받아서 분만실에 온 거니까 간호사인 내가 판단한 것도 아니죠. 의사도 그 산모가 체격이 크고 건강하니 자연분만이 가능하다고 생각한 거거든요. 그래서 문제없이 잘 낳은 거예요. 수술 안 했다고 질책하는 건, 그때 내가 판단해볼 때 자연분만과 제왕절개 수술은 병원 수입이 10배는 차이가 나요. 그러니까 병원 입장에선 자연분만보다는 수술하는게 훨씬 낫죠. 우리나라가 그 당시쯤에 제왕절개 시술 사례가 늘어나고 있었어요."

일부 사람들은 제왕절개 수술을 해달라고 먼저 요구했다. 사주팔자가 좋은 날과 시간에 맞춰 출산해야 한다며 의사에게 그런 부탁을 하는 경우도 있었다. 간호사로 일할 때 원장을 복도에서 한번 마주쳤다. 원장은 꽃장식이 달린 분홍색 실내화를 신고 옆에 하얀 스피츠 강아지를 안고 엘리베이터 안

----

[*] 위의 글, p.139.

으로 싹 들어갔다. 흰 가운을 입은 남자 의사들 서너 명이 나란히 서서 구십 도로 허리를 굽히며 인사를 했다. 왕족 같다는 생각이 들었다. 원래 의료기관에는 강아지를 데리고 들어가지 못하는데 원장이라고 해서 자기 식대로 행동을 하니 의아한 생각이 들었다.

당시 그 병원은 '소파수술'로 돈을 벌었다는 소문이 돌았다. 출산뿐 아니라 임신중절 시술도 그 병원에서 공공연히 함께 이루어졌다. 산모들은 아이를 낳으러 올 뿐 아니라 때로 임신한 아이를 양육할 상황이 되지 않아 남몰래 이 병원을 찾아왔다. 미혼 여성뿐 아니라, 피임에 대해 잘 알지 못하고 피임을 하지 못한 기혼 여성들도 시술을 받으러 자주 왔다.

다른 조건에서라면 살 수 있는 미숙아가 죽임을 당하는 일도 벌어졌다. 달수가 덜 찬 아기를 강제로 출산시킨 다음 물을 채운 양동이에 바로 넣어 질식시켜 죽이는 일도 병원에서 벌어졌다. 그 사실을 알게 된 이상 도저히 이런 일이 벌어지는 병원에서 일할 수 없었다. 병원은 사람을 살리는 곳이어야 하는데 이런 일은 사람을 죽이라는 것이나 다를 바 없지 않은가? 악몽을 매일 꿨다. 바다에 수많은 아기들이 코와 입만 겨우 수면 밖에 내밀고 붕어처럼 뻐끔거리며 떠 있는 꿈이었다.

병원에서는 불합리한 조치를 내리기도 했다. 한번은 산모가 있어야 할 베드에 보호자가 술에 취해 자고 있어 간호사로서 조옥화가 자리를 비우라고 요구했다. 그게 화근이 되어 그는 그다음 날 간호과장에게 호출되어 주의를 받고 일주일 후엔 시말서를 요구받았다. 조옥화는 따졌다. "왜 일이 지난 다음에 똑같은 일을 가지고 자꾸 그래요?" 간호과장은 하여튼 시말서를 쓰라고 하면서 '병원 윗분들이' 반드시 시말서를 받아 오라며 다그쳤다고 말했다. 보호자 측이 병원 운영진과 아는 사이어서 계속 컴플레인을 넣었다. 그는 못 쓰겠다고 거절했다. 일을 하면서 내가 뭘 잘못했냐고 항의했다. 간호과장은 지금 원장이 개인병원 산부인과의 때 간호조무사로 같이 일했다. 원장이 K병원을 개원하면서 이곳에 와서 원장 덕에 간호과장이 된 이로, 완전히 병원 측의 입장만 고수했다. "시말서를 쓰라고 하면 쓰는 거지, 말이 많다!" 버럭 야단치는 소리가 들렸다. 그렇지 않아도 병원에서 암암리에 일어나는 행위에 진저리를 치던 참이었다.

"간호사는 때와 장소를 가리지 않고 친절해야 됩니까?" 항의했다. "잘못했잖아! 병원에서 그렇게 행동하면 안 되지!" 상대는 무조건 다그치며 목청을 키웠다. "좌우 사정 막론하고 뭐 잘못했다고 쓰면 되지, 뭐 그렇게 말이 많아!" 이젠 그도 더 참을 수 없었다. 목청껏 소리쳤다. "간호사가 아무 때나 시도 때도 없이 웃음 팔아야 돼요? 난 잘못한 게 없어요! 여기서 일 더 못 해요!" 이런 권위적이고 불합리한 지시를 받으며 일해서는 안 되겠다 싶었다. 그는 간호사 캡을 그 자리에서 벗어 던졌다. 자리를 박차고 병원에서 뛰쳐나왔다. 그리고 거리에서 한참을 울었다. 걷잡을 수 없는 눈물을 펑펑 쏟았다.

현실은 생각과 너무 달랐다. 꿈을 쫓기에는 생활이 너무 절박했다. 아는 것도 보이는 것도 바라는 것도 커졌지만 제대로 할 수 있는 일은 잘 보이지 않았다. 잠시도 쉬지 않고 일했는데 손에 잡히는 것이 없었다. 기댈 곳도 없었다. 화가 나고 두렵고 괴롭고 힘들었다. 잘 살고 싶었고 떳떳하게 일하고 싶었고 좋은 사람이고 싶었다. 그걸 바랐을 뿐인데, 발이, 발이, 세상에 붙어지지 않았다. 이제는 뿌리를 내려보려 했는데, 발 붙이려는 자리가 모래더미처럼 허물어지는 것 같았다. 이 일을 하려고 애쓴 것, 남들을 위해 노력한 것, 자신에게나 남에게 좀 더 나은 사람이 되려고 노력한 세월이 한꺼번에 눈앞에 스쳐 지나갔다.

"세상에 내가 이렇게 적응을 잘 못 하나. 남들은 잘만 적응을 하는데 왜 나는 이 모양인가? 내가 진짜 반사회적 인물인가? 내가 뭐가 잘못된 건가? 말하자면 제대로 된 제도권에 적응이 안 되는 거잖아. 제도권이 너무 나빠서, 하는 짓이 너무 악해서…… 왜? 남들은 다 다니잖아! 캡을 벗어 던지고 나와서 한참을 울었어요. 자괴감이 들어서."

그다음 조옥화는 인천 동구 보건소에 취업했다. 당시 보건소는 간호조무사들이 많이 갔는데, 말단 공무원 취급을 받고 보수가 많지 않았기 때문에 간호사는 별로 가지 않았다. 간호사는 간호학교를 졸업하면 외국으로 나가거나 병원으로 가는 분위기라 보건소는 간호사를 구하기 어려웠다. 그래도 가족계획 등 사업을 해야 하고 책정된 예산으로 사람을 써야 하니 대신해서 간호조무사를 채용했다. 조옥화는 간호사로서 1979년 5월 보건소에 취업했다. 보건소에 가서 보니 자신과 같은 간호사 출신은 없었다. 보건소에 있을 때는 그나마 안정된 직장을 구했다고 주변에서 한시름을 놓았다. 자리가 잡힌 신붓감이라고 여겼는지 아는 이의 소개로 공무원 남자라며 선도 들어왔다. 그럭저럭 당분간 있을 수 있는 자리 같았다.

조옥화는 착잡한 마음으로 가족계획실 사무실에 앉아 있었다. 보건소에 들어오기 전에 있었던 면접을 떠올려보았다. 보건소는 시청 위생과 담당이라고 해서 담당 공무원에게 면접을 보려고 찾아갔다. 그 공무원이 과장되게 반겨 인사하며 자리를 권하더니 씩 웃으며 본론을 꺼내었다. "얼마 전까지 병원에서 근무했다면서요?" 그렇다고 대답했다. 선선한 대답에 그가 자기 책상을 슬그머니 열어 보였다. 그 안에는 봉투가 수북이 쌓여 있었다. 그게 다 이력서라면서 공무원이 생색내듯 말하며 서랍을 닫았다. 간호조무사들이 낸 이력서가 많은 것 같았다. 그 말에 당황했을 뿐 그게 도대체 무슨 뜻인지 제대로 알 수 없었다. "뭐를 잘하세요?" 그는 특별하게 할 말도 없는데 자기에게 그런 말을 했다. "요즘에는 취업하기 좀 어려워서 알게 모르게 한 달 치 월급은 뭐 일부러라도 여기에 쓰는 것 같다." 이런 얘기도 귀띔하듯 흘렸다. 담당자는 인사권이 있다는 알량한 이유로 면접 보는 이에게 한 달 치 월급을 자기 몫으로 달라고 하며 관행으로 받고 있었다.

그런 일로 가뜩이나 실망스러운데, 근무를 하면서 그 실망은 커져만 갔다. 보건소 직원들이 설렁설렁 일하거나 대놓고 잘못된 행동을 할 때는 '도대체 하는 일이 뭘까, 어떻게 월급을 받아 갈까' 하는 생각에 마음이 어지러웠다. 약 관리를 하는 직원 하나는 오전에 일한다고 밖에 나갔다가 오후쯤에 터덜터덜 들어왔다. 그럴 때 뒷주머니에는 봉투가 몇 개씩 꽂혀 덜렁거렸다. 그걸 본 나이 많은 간호조무사 출신 실장이 어느 날 "그래도 그렇지, 그거 좀 숨기고 들어와"라고 반 농담처럼 말을 던졌다. 그 직원은 의료기관이나 약국을 다니면서 약 단속을 한답시고 되레 뇌물을 받고 다닌 것이다. 노골적인 행태가 공공연히 일어나는 모습을 보면 '이곳은 완전히 썩었다' 하는 생각이 들었다.

"보건소에 관리 담당 약사들이 있는데 이 사람들은 약국이나 개인 병원을 쭉 다니면서 마약 관리를 하는 거예요. 마약이라는 게 진통제지. 그래도 의사 처방이 있어야만 쓰는 거니까 별도로 보관을 해야 해요. 그래서 약국이나 개인 병원에서 진료로 그 약이 몇 개 나갔고 그래서 남은 재고가 몇 개인지 수량이 딱 맞아야 되는 거죠. 관리 대장이 있어요. 근데 현장에서 이제 잊어먹거나 수량이 빠지기도 하고 막 이러잖아요.

하여튼 보건소에서 약 관리를 하는 그 사람이 한 바퀴 돌고 오면 관리는 그냥 형식적으로 하는 거고, 약국이랑 병원에서 보건소 관리 담당자한테 자기들 귀찮게 하지 말라고 봉투를 하나씩 준다고 얘기를 들었어요. 그래서 마약 감시하러 나갔다가 들어오는 약사 뒷주머니에 하얀 봉투가 몇 개씩 있었어요. 날마다, 갈 때마다 들어올 때마다. 그런 걸 대놓고 저질렀어요. 그때 공무원들이 박봉에 시달린다며 암암리에 부수입을 그런 식으로 챙긴 것 같아요."

보건과장이나 사무장은 습관처럼 출퇴근만 하고 제 일을 보는 듯했다. 신문을 들추고 결재를 적당히 형식적으로 하다가 점심시간이 되기 전에 나가 식사를 하고 천천히 돌아왔다. 자리에 없을 때가 태반이었고 그사이에 사우나를 간다는 소리도 들렸다. 그들은 퇴근할 시간에 어슬렁어슬렁 돌아왔다. 보건소에는 앰뷸런스가 하나씩 있는데 방역을 나가거나 간호 담당 직원들을 태우고 외부 일정을 나갈 때 쓰였다. 이외에도 보건과장이나 사무장이 점심을 먹으러 갈 때에 쓰였고 몇 시간 후 그들이 들어올 때도 쓰였다. 응급 환자를 싣고 다니는 건 잘 보지 못했다. 조옥화는 말단직이었지만 그런 분위기를 지켜보는 게 불편해 먼저 대걸레를 들고 바닥을 청소하며 바쁘게 움직였다. 일이 많지 않을 때 되레 미안한 생각이 들어 다른 일을 열심히 찾는 그에게 실장이 만류했다.

"하다못해 다른 데서 일이 바쁘다고 해서 내가 도와주려고 뭔가를 열심히 하면 실장이 나한테 '조 양, 이리 와. 일 더 한다고 월급 더 주지 않아' 그런 식이었어요. 아쉬웠죠. 나는 뭔가 좀 일을 더 해야 되지 않을까. 예를 들어 방문을 해 대상 자를 발굴한다거나 아무튼 좀 적극적으로 지역 보건 사업을 해야 되지 않나 애를 태웠어요. 그때는 내가 거기서 초짜 취급 을 받았죠. 그런데 당시 보건소에 있는 사람들은 너무 무사안 일주의에 빠져 세금이 아깝다는 생각이 들었어요. 솔직히 월 급을 받으니 내 역할을 좀 더 해서 국민들한테 도움이 될 수 있게 뭔가 적극적으로 하려면 할 수 있지 않을까 싶었는데 잘 되지 않았어요. 말단 공무원인 내가 뭘 주도적으로 어떻게 할 수도 없는 구조였죠." 주변 동료들과 상급자들은 하루하루 별 일 없이 지내면서 '철밥통을 지키며' '보수도 적은데 굳이 열 심히 일할 필요가 없다'는 듯 굴었다.

"이게 다 제도권의 모습이었던 거죠. 인천기독병원이나 동인천의 K병원이나 보건소나 이런 쪽은 소위 말하면 제도권 이고 그게 세상의 주류였죠. 나는 아웃사이더로 살았지만 어 떻게 거기에 좀 끼어보려고 하는데 잘 안 맞는 거예요."

그냥 살자고 마음먹기만 하면 당시 보건소 같은 곳은 아 주 편한 곳이었다. 직장 생활하기에도 편안해 그다지 문제가 생길 일도 없었고 월급은 꼬박꼬박 나왔으며 출퇴근이 정해 져 있었고 그 지긋지긋하던 3교대도 없었다. 남들은 잘 적응 하고 아무 일 없이 지내는 것 같은데 조옥화는 그 평온의 대가로 치러야 하는 침묵과 순응이 힘겨웠다. 제도권에서의 삶을 바라보기도 했지만 막상 그 안에 들어가서 본 모습은 바깥에서 보는 것과 판이하게 달랐다. 차별과 권위주의, 불법과 순응을 눈감아야 하루하루 아무 일 없는 듯 지낼 수 있었다. 하지만 내면에 있는 거부감과 비판적 시각 때문에 그렇게 할 수 없었다. 그것은 환경과 조응하며 애써 키워낸 방향키였다. 넓은 세상으로 나가려는 발돋움 끝에 얻어낸 시각이었다.

조옥화는 보건소에서 주로 가족계획실에 있었다. 산아제한 캠페인을 할 때였다. 1970년대 구호인 '딸아들 구별 말고 둘만 낳아 잘 기르자'에서 1980년대 구호인 '둘도 많다', '잘 키운 딸 하나 열 아들 안 부럽다'가 드러내듯 더 강력한 산아제한 정책이 일어날 때였다. 역전이나 시장통에 가서 파라솔을 펼쳐놓고 가운을 입고 앉아서 '가족계획 상담'이라고 써 붙였다. 대민 상담을 하면서 상담받은 본인이 동의하면 피임약을 주기도 했다. 여자들은 자궁 내 장치인 루프 시술 관련, 남자는 정관 수술 관련 쿠폰을 떼어 주었다.

"남자들 같은 경우는 정관 수술을 권하는데 나는 이제 아가씨니까 그 일에서 제외를 시켰어요. 그 가족계획실 실장이 간호 쪽이었고 기혼에다 연세가 많았는데 그 양반이 예비군 훈련장에 가서 정관 수술에 대해 설명을 해주는 거죠. 그래서 정관 수술하면 그날 훈련에서 빼주었어요. 예비군 훈련장에서 정관 수술할 사람들을 모집해서 비뇨기과로 단체로 데리고 갔지요."

가족계획 사업은 국가 시책 사업이었고, 결핵관리 사업과 함께 보건소의 주된 사업이었다. 치과와 기생충 박멸 일도 있었다. 보건소에서는 주민들을 위한 예방접종 사업을 했고 방역 관리와 지역 위생을 위해 연막 소독차가 흰 연기를 뿜으며 해충방제를 했다.

인천 동구 보건소 가족계획실
근무 시절(1980)

"가족계획실에서 그렇게 실적을 올렸고, 그때 결핵관리실과 모자보건실이 있었어요. 모자보건실은 주로 아이들 예방접종을 했어요. 기생충 구제를 하는 사업도 있었는데 그 사업 비중을 줄이는 추세였어요. 옛날에는 기생충을 박멸하자는 포스터를 많이 그렸는데 이제 기생충 감염률이 많이 줄어

들어서 보건소의 주요 사업에서 빠졌지요. 보건소에는 치과 선생이 있어서 무료로 이를 뽑아주는 사업도 했어요. 단순한 발치만 했지만 가난한 사람들은 치과를 제대로 못 가 그런 치료도 못 받을 때였으니까요. 전염병 예방 사업으로 여름에 모기 퇴치를 하려고 방역차가 동네 골목골목마다 다녔죠. 그다음에 보건소에는 음식점 조리 일하는 분들 등에게 보건증을 발급하는데, 접객 업소 종사자도 대상이 되어 그들의 검진 일 중에 성병 검진도 있었어요. 그 당시만 해도 인천 학익동에 집창촌이 있고 '접대부'들이 있었는데 거기도 집단적인 검진이 있어 두어 번 쫓아갔어요."

인천도시산업선교회와
만나다

동구 보건소에 근무할 때 조옥화는 무료 진료 봉사활동을 하고 있었다. 일반 진료 봉사활동은 인천기독병원에 있는 레지던트 의사 양요환의 주도로 이루어졌다. 서울대 의대에 사회의학연구회*가 있었는데 그 일원이었던 양요환은 인천기독병원에서 수련을 받고 있던 중이었다. 양요환의 주말 진료 봉사활동에 조옥화도 함께하고 있었다. 그 일을 권해준 이는 인천기독병원의 외과에서 근무하던 간호전문학교 동기 윤희순이었다. 자원봉사자가 필요하다는 양요환의 말에 윤희순이 친구에게 제안을 했다. "옥화야, 동구 화수동에 인천도시산업선교회라는 곳이 있어. 거기서 서울대 의대 학생들이 와서 주말마다 무료 진료를 하는데 손 좀 거들래? 자원봉사 좀

---

* 사회의학연구회는 1970년 서울대 의과대학 내 학생운동 단체로 출발하여 활발한 사회활동을 전개했다. 1975년 유신 정권의 공안 조작 사건으로 의대 학생 70여 명이 연행되었다. 당시 사의연의 핵심 인사였던 황승주, 서광태, 이근후, 양요환, 양길승, 홍영진, 전성환, 황혜헌 등이 연루되어 대부분 고초를 겪었다. 홍수현, 「1970~80년대 '사회의학'의 실천과 신천연합의원의 설립」, 『인문논총』 81권 3호, 2024, pp.137-170.

할래?” 조옥화는 그 제안에 하겠다고 승낙했다. 동구 보건소는 인천도시산업선교회와 멀지 않은 곳에 있었다. 조옥화는 양요환, 윤희순과 함께 주말 진료 봉사활동을 두어 번 나갔다. 서울대 치대에 있는 학생들도 주말마다 인천도시산업선교회에 와서 치과 진료 봉사활동을 하고 있었다.

그때는 광주에서 5·18민주화운동이 일어난 직후였다. 보건소에서 공무원으로 근무하던 조옥화는 광야서점에서 그 충격적인 사건 소식을 들었다. 어떻게 이런 일이 일어날 수 있을까? 광주의 소식은 평범한 공무원으로 살던 조옥화의 삶을 온통 뒤흔들었다. 이야기와 함께 사진도 보았는데 눈앞이 아찔했다.

“처음에는 믿을 수 없었어요. 광주를 고립시켜놓고 시민들을 완전히 잔인하게 학살하고 있다는 얘기를 들었죠. 이거 너무 심하다, 어떡하면 좋냐, 안타까워하며 막 그랬었어요. 1980년이에요. 백주대낮에 군대가 자기네 나라 국민들에게 총포를 겨누고 잔인하게 사람들을 살상하고 총으로 쏘아 죽이고. 애들까지 막 그렇게 한다는 소리를 들은 거예요. 막 젊은이들은 분개하고. 신문 같은 데는 기사가 안 나오니까 우리는 광야서점에서 소식을 다 들었어요. 광주에서 희생된 사람들의 사진도 몰래몰래 돌려 보고 어떻게 해야 되나 할 때였죠. 광주 소식을 듣고 굉장히 충격을 받았지요. 우리나라 군인이 동족을 무차별 학살했단 말이에요. 이 광명 천지에 이게 말이 되냐고 막 흥분하던 때였어요."

어느 날 양요환이 조옥화를 따로 불러 제안을 했다. 자원 봉사자로 일하지 말고 인천도시산업선교회의 의료팀 실무자로 직접 일해보라고 했다. 원래 그 자리에 오기로 한 간호사가 못 오게 된 상황이었다. 안정된 보건소 공무원 일을 그만두고 비제도권 활동 쪽으로 오라는 제안이기에 듣기에 따라 무책임한 말일 수 있었다. 제안받은 사람 입장에서 제도권 속의 직장을 놓고 비주류의 일을 하라니 불쾌할 수도 있었다. 어쩌면 제안한 사람도 그 제안이 바로 받아들여지지 않을 거라고 생각했을지 모른다. 하지만 조옥화는 조금도 망설이지 않고 그 자리에서 제안을 대뜸 수락했다.

5·18민주화운동 때문이었다. 이젠 자기도 뭔가 해야 했다. 광주 시민들이 총칼 앞에서 무참하게 죽임을 당하지 않았던가. 아무것도 하지 않고 가만히 있으면서 안일하게 공무원 생활을 계속할 수는 없었다. 광주에서 민주주의를 위해 싸우다 죽은 이들을 대신해 살아남은 이들은 인생을 걸고 무언가를 해야 하는 시대가 되었다. 대학생들도 큰 충격을 받았고 광주의 진실을 알리려다 투신으로 죽음을 맞는 학생도 있었다. 시대는 위험해지고 있었다. 조옥화는 그동안 나름대로 사회 비판 의식을 키워왔고, 공무원으로서 월급만 받으며 편안히 생활하는 것에 마음이 편치 않았다. 보건소 안에서는 공무원 신분이니까 그런 얘기는 전혀 못 하는 상황이었다. 직장에 가

서는 전혀 내색을 할 수 없었다. 그러한 생활이 양심적이지 않은 것 같았고 감정적으로도 격해져 이제야말로 무엇이든 해야 한다는 생각이 들었다.

당시 인천도시산업선교회는 정권의 감시 대상이었다. 그동안 노동자들의 편에 서서 그들의 권리를 주장하는 활동을 했다고 '불순세력'이라는 낙인이 찍혔다. 신군부가 5·18민주화운동을 학살로써 진압하자 인천도시산업선교회 측에서도 긴장을 했다. 노동자 운동을 지원하는 기관이지만 지역 주민 활동을 하고 있다는 완화된 인상을 외부에 줄 필요가 있었다. 지역 주민의 건강 활동 증진에 초점을 두어 기존의 강경한 이미지를 바꿔야 했다. 노동자들이 인천도시산업선교회에 들락거리는 것 자체로 감시의 대상이 되었기 때문에 드러내놓고 활동하기가 쉽지 않았다. 오직 노동자 중심의 현장 사업만 하기는 현실적으로 힘들게 되었다. "도산(도시산업선교회)이 들어오면 도산한다." 기업에 그런 유언비어가 공공연히 퍼져나갈 때였다. 노동자가 직접적인 대상인 사업은 줄이는 대신 지역 주민 대상의 의료 사업을 막 시작할 때였고 그 실무책임자로 조옥화가 일을 맡게 되었다. 지역 주민 활동도 중요한 부분이었다.

"인천도시산업선교회는 감리교 재단인데 특수선교라고 해서, 산업사회에서 교회가 할 역할을 찾다가 산업 현장에 대한 선교를 시작했어요. 노동자와 사용자를 대상으로요. 말 그대로 여기서 일하는 사람들은 민중 신학을 기본적인 토대로 해서 약자 편에 서는 것을 입장으로 했지요. 그러다 보니 노동자 편의 친노동자적 입장을 취할 수밖에 없었던 거고 국가 권력으로부터 눈엣가시가 되어 불온집단으로 여겨진 거죠."

당시 인천도시산업선교회에는 김동완 목사(1942~2007)가 총무로 있었고 조화순 목사(1934~)가 있었다. 동일방직 공장 근처에 선교회가 있었는데, 그 인연이 깊었다.

"동일방직은 오래된 방직 공장인데, 그동안 어용 노조가 있었고 노동자 중 남성의 숫자는 얼마 안 되는데 노조 간부는 대부분 남성이었죠. 여성 노동자들의 권익을 생각 안 하고 어용으로 가니까 1970년대 초에 이제 여성들이 노조를 민주화시키자고 해서 여성 간부들이 생겼고 노조 위원장도 여성이 된 거죠. 1972년에 최초 여성 노조 위원장이 생기고 그 후로 계속 여성 노조 간부들이 일을 해왔죠. 인천도시산업선교회에 그 여성 노동자들이 와서 클럽 활동을 하면서 취미반으로 꽃꽂이도 하고 교양 강좌도 들으면서 자연스럽게 노동법 공부도 하고, 점점 자기 권리를 찾아갔어요. 산업선교로 노동자의 권익을 향상시키게 된 거지요. 그러다가 1978년에 충돌이 일어난 거예요."

1978년 2월 21일에 대의원대회를 할 때 구사대(노조 활동을 막기 위한 직원이나 용역)가 인분을 퍼다가 회의장에 뿌렸다. 이 사건을 알리기 위한 여성 노동자들의 움직임은 1979년 부활절 사건으로 이어졌다. 여의도에서 부활절 연합예배를 하는데 여섯 명의 여성 노동자들*이 단상에 뛰어올라 자기네의 문제를 알리고 끌려갔다. 그래서 이 일이 사회적으로 여론화되었다. 인천도시산업선교회의 조화순 목사는 이에 적극적인 관심과 지지를 보내고 있었다. 이렇게 노동조합의 편을 든 것이 불순세력으로 오도되고 정권과 중앙정보부에서 개입해 노동조합을 일방적으로 억압했다. 도시산업선교회가 빨갱이 집단이라는 흑색선전도 펼쳐졌는데, 신군부가 쿠데타로 집권하고 계엄령을 선포하면서 5·18민주화운동을 탄압한 다음 도시산업선교회는 노골적인 감시의 대상이 되었다. 도시산업선교회에 드나드는 노동자들을 대놓고 검문 검색했다. 정당한 투쟁을 억압하고 사회를 혼란시킨다는 오명을 씌웠다.

"내가 1981년 초에 인천도시산업선교회에 갔어요. 분위기가 살벌했죠. 입구를 경찰이 지키면서 다 체크하고 있었지요. 그때는 중앙정보부라고 그랬는데 거기서도 정기적으로 와서 확인하고 동태를 살폈어요. 인천도시산업선교회에서 그 상태로는 어떻게 할 수가 없고 노동자들도 올 수 없는 형편이

---

* 동일방직의 정명자, 방림방적의 김정자, 남영나이론의 김현숙과 진해자, 삼원섬유의 김복자(김지선), 원풍모방의 장남수였다. 여성 노동자들이 교회의 대규모 집회에서 노동문제를 호소하고 정권퇴진을 요구한 것은 한국 교회 역사상 없었던 '하나의 사건'이었다. 그들은 예배 방해와 집회 및 시위에 관한 법률 위반 혐의로 구속되었고, 9월 16일 2심에서 '징역 1년 집행유예 2년'을 받고 모두 석방되었다. 이총각·박민나, "'부활절 연합예배' 여성 노동자들의 외침", 〈한겨레〉, 2013.7.29.

니까, 안 되겠다 싶어서 그때 노동자 말고 그 지역 주민 대상
으로 사업을 해야겠다고 약간 방향을 바꾼 거지요. 주민 선교,
근데 그 동네도 다 노동자들이 사는 거주 지역이니까 가난한
동네예요.”

그는 주변에 별다른 말을 하지 않고 자리를 옮겼다. 1981
년 1월 31일에 사표를 내고 1년 반 정도 근무했던 보건소를 그
만두었다. 조옥화의 입장에서도 인생의 항로가 크게 바뀐 셈
이었다. 오히려 인천도시산업선교회에 있던 사람들이 나중에
조옥화가 공무원 생활을 했다는 사실을 알고 놀랐다. 제도권
에 있다가 어떻게 이곳에 오게 됐냐는 거였다. 김동완 목사는
면접을 보러 온 조옥화를 보고 깜짝 놀랐다고 했다.

“그때 내가 부츠를 딱 신고 머리를 꼬불꼬불하게 하고 립
스틱을 입술에 탁 바르고 왔더래요. 그땐 공무원 생활을 하니
까 직장인이라 그런 차림을 했는데 운동하는 사람들은 그런
차림이 아니었잖아요. 나도 보건소 다니면서 전형적인 직장
인이 되어가던 중이었기 때문에 아마 그랬던 것 같아요. 근데
이쪽에서 보기에 다른 부류의 사람이 와가지고 놀랐다고 했
죠. 김동완 목사님이 그때 일을 과장해가지고 ‘입술을 막 빨
갛게 칠하고 말장화를 신고 왔더라’ 하면서 나중에도 놀렸죠.
‘옥화 씨, 그때 처음 자기 면접 보러 왔을 때 되게 웃겼어요’ 하
면서.”

조옥화는 제도권에 속하고 싶었던 마음속의 마지막 미련

을 내려놓고, 하지만 이곳 운동권의 세계에서 보기에는 아직 경계에 선 이방인 같은 모습으로 그 자리에 섰다. 다른 길을 꿈꾸며. 만약 신군부가 들어서서 5·18민주화운동이 벌어지지 않았다면 조옥화는 공무원으로서 보건소를 직장 삼아 삶의 방향을 이어나갔을지도 모른다. 하지만 그는 세상이 변하는 데 민감하게 반응했다. 그건 약한 사람들의 편에 서겠다고 마음과 한 약속이었다. 그렇게 걸음을 옮겼다. 더 약자의 자리로. 더 힘든 자리로. 그곳에 가서 조금 더 힘을 채울 수 있겠다고 여겨지는 자리로. 조금이라도 더 힘센 곳, 영향력 있는 곳으로 달려가는 세상에서 그는 문득 걸음을 멈췄다. 방향을 바꿔 더 약한 곳, 힘이 없는 곳으로 달려가기 시작했다. 경계에서, 언저리에서 그는 양쪽 세계를 보았고 안정된 제도권에 속하고 싶다는 은밀한 갈망도 떨칠 수 없었지만, 결국은 자신의 길을 찾아가기로 했다. 죽었기 때문이다. 광주에서 무고한 시민들이 죽임을 당했기 때문이다. 그리고 자신은 살아 있었기 때문이다. 무언가 해야 했다. 가만히 있을 수 없었다. 오직 자신이 그 길을 선택했다는 이유 하나로, 그는 모든 힘을 그곳에 바쳤다. 함께하는 사람들을 힘껏 믿었고 그들의 모습에서 새로운 믿음의 씨앗을 얻어 눈을 조금씩 넓혀갔다. 동시대의 친밀한 벗들이 만들어준 시야를 통해 세상을 보고 세상을 바꾸기 위한 일에 동참했다.

“인천도시산업선교회를 만난 건 내 인생의 전반적인 방

향에서 거의 결정적인 계기가 됐어요. 5·18민주화운동이 일어난 사회적 분위기가 있었고 운동권의 열기와 열정이 있었고, 나는 그때 거기에 본격적으로 동참할 수 있게 되었죠."

한 인간으로서 그는 자신에게 성실했다. 이십 대의 조옥화는 십 대의 옥화가 한 생각을 지켜내었다. 꿈을 행동으로 옮겼다. 조옥화가 사랑했던 윤동주 시인의 시처럼, 잎새에 이는 바람에 괴로워하면서, 자신에게 주어진 길을 걸어갔다. 그는 소리 없이 죽은 옛 시인의 노래에 삶을 실으면서, 세상에 보이지 않는 이들에 대한 사랑도 지켜냈다. 그렇게 그 자리에 '공무원 차림'으로 헐레벌떡 면접을 보러 온 조옥화는 가지고 있던 마지막 것까지 비로소 놓아버리고 텅 빈 몸으로 자신의 소명과 마주 서기 위해 용감하게 달려온 것이다.

"80년 광주, 이걸 몰랐으면 나도 그냥 싫다고 그랬을 것 같은데. 광주에서 그런 일이 있었는데, 내가 몰랐으면 모르는데, 아는데 그냥 모른 척 사는 게 맞나 하는 생각이 드는 거예요. 공무원이 보건소에서 무사안일주의로 월급이나 받고 세금이나 축내면서 사는 것도 마음에 안 들고. 원래부터 나는 가난한 집 출신이기 때문에, 다른 사람보다 약간 공부는 했지만 같은 편이라고 생각해요. 내가 뭐를 도와준다 또는 뭐를 지원한다 이런 게 아니라 나도 그중에 그냥 하나야. 소외되고 없고 가난한 사람, 이쪽이랑 나는 같아. 그렇게 크게 정체성에 혼란이 있거나 그러지 않았어요. 난 이질적인 존재는 아니야. 단지

이제 같이 있으면 그나마 내가 뭐 도울 수 있는 게 있는 거잖
아, 생각했죠."

이제 같이 있으면 그나마 내가 뭐 도울 수 있는 게 있는 거잖

3부

별을 노래하는 마음

민들레의료협동조합의
노래

만석동 9번지는 무허가 판잣집으로 이뤄진 바닷가 부두의 동네였다. 좁은 골목길이 미로처럼 이어져 있는 동네였다. 공중변소를 다 같이 썼고 집들이 다닥다닥 붙어 있었다. 문을 열면 이웃집도 훤히 보이는 동네였다. 앞집에서 문을 열고 무언가 말하면 그 맞은편 집에서도 바로 문을 열고 대꾸하며 말을 나눌 정도였다. 길이 좁으니 밖에 나가 걸어다니는 것도 쉽지 않았다. 만약 불이 난다면 속수무책일 것만 같은 동네였다.

조옥화는 만석동에서 한 판잣집에 세를 들어 살았다. 주민운동을 하려면 주민 속으로 들어가 일해야 했다. 전세 50만 원에 세를 들어 살았다. 주인이 방 하나를 반으로 잘라 칸막이를 치고 세를 놓은 방이었다. 방의 나머지 반 칸에는 주인집 식구가 모여 살았는데 주인 부부 둘에다 결혼했다가 친정에 돌아온 딸과 손주까지 함께 살고 있어서 방이 북적거렸다. 얇은 베니어합판을 사이에 두고 칸을 나눴기 때문에 웬만한 소리는 다 들렸고, 시끄러운 편이었다. 조옥화는 낮에는 주로 일하러 나가느라 집에 없었다. 어느 날 밤에 집에 들어가 자려고 누웠다가 이런 생각이 들었다. '똑같은 공간인데 저쪽에는 지금 몇 사람씩 모여 복작복작하고 있잖아. 여긴 나 혼자 있잖아. 미안한 일이다.'

아궁이에 불을 때고 냄비로 밥을 해 먹는 집이었다. 어느 날 집에 들어갔는데 이상한 냄새가 나서 바닥을 내려다보니 아궁이 안쪽에 쥐가 타 죽어 있었다. 그는 쥐를 무서워했다. 판자촌이니 쥐가 사방으로 들락날락거리며 시궁창을 오가다가 사람이 사는 곳의 아궁이 안쪽까지 기어 들어와 죽은 것이다. 사람들도 먹고살기 힘든 살림에 쥐라고 다를 것 없었는지도 모른다. 위생 상태 개선도 필요했다. 주거 환경이 열악했다.

주민들 중에는 무직이 많았고 날품팔이 일을 하는 이들도 있었다. 그들은 일이 없어 집에서 노는 날이 많았지만 별로 싸우지 않고 이웃끼리 가깝게 정을 나누며 살았다. 전쟁 때 남한으로 피난을 내려온 실향민들이 많았다. 전쟁이 나고 삼십 년 정도 지났을 때니 젊어서부터 이곳에서 산 이들이 어느새 중년이 되어 같이 살아가고 있었다. 그들은 서로 의지하고 사는 분위기가 강했고 동료 의식도 상당히 있었다. 자신들끼리 세상 돌아가는 얘기를 쉴 새 없이 나누고 뭐든 조금씩 나눠 먹었다. 집들이 붙어 있고 출입문이 앞뒤가 가까우니까 사는 얘기도 나누고 같이 막걸리도 한잔하며 팍팍한 세상을 견디고 살아나갔다. 조옥화는 그 속에 이질감 없이 섞여들었다.

"근데 나는 남양만 생활에서도 그랬듯 이곳 생활에도 잘 적응하고 긍정적으로 받아들였어요. 그 속에서 가난이 누추하다거나 비참하다, 또는 피로하다, 참혹하다는 느낌이 별로 안 드는 거예요. 남들 생각처럼 판자촌이라고 해서 사건이 많고 부부 싸움하고 누가 도망가고 그런 게 별로 없었어요. 실향민들이 많았고 고향을 잃고 이곳에서 같이 의지하면서 사는 거니까…… 그런데 지금 생각해봐도 그 사람들이 뭘 먹고 살았을까 싶네요."

노동운동가 하종강 씨는 그 당시에 본 조옥화의 모습을 이렇게 기록해놓았다.

어깨를 옆으로 돌려야만 겨우 빠져나갈 수 있을 만큼 좁은 판자촌 골목길을 환등기와 교육 자료를 무겁게 챙겨 든 조옥화 씨가 누비고 다니던 모습이 아직도 눈에 선하다. 조옥화 씨는 '그들을 위해서 뭔가 하는 것'보다 더 중요한 것은 '그들과 같아지는 것'이라고 생각했고 끝내는 철길 옆 다 쓰러져 가는 판잣집에 들어가 스스로 도시 빈민이 되었다. 군불을 때는 그 방에 사람들이 참 자주 모였는데, 새벽녘이 되면 바로 3~4미터 옆으로 지나가는 기차 소리가 마치 자신의 몸 위를 밟고 지나가는 것처럼 느껴져 화들짝 잠을 깨곤 했다. 아침부터 아래위 옆집에서는 등교하는 아이들이 학용품 살 돈을 부모에게 조르다가 야단맞는

소리가 들렸다.[*]

조옥화는 이곳에 온 첫 간호사였다. 그는 적십자사에서 나온 여러 자료로 주민 보건 교육을 했다. 환등기를 가지고 동네를 다니며 소그룹별로 사람들을 모아 방이 큰 집에서 교육을 했다. 벽에 슬라이드 자료를 찍어 보이며 매번 다른 주제를 가지고 보건 교육을 했다. 그 자리에서 주민들의 질의응답도 받았다. 마르고 지친 얼굴이었지만 웃음을 잃지 않고 맞아준 주민들은 낯선 간호사를 보고 "아유 고생하시네요. 고마워요" 하고 인사를 건넸다. 그중에는 "아이고, 간호사님 어떻게 이거. 고생해서 어떡하나!" 하고 손을 덥석 잡는 이도 있었고 "맞아, 맞아!" 하면서 설명에 맞장구를 치며 고개를 끄덕이는 이도 있었다. "고마워요." 처음에 그런 인사를 많이 받았다.

"환등기를 켜서 슬라이드를 찰칵찰칵 넘기면서 설명했어요. 주제별로 고혈압, 당뇨, 감염병, 예방접종, 응급 처치 같은 내용의 교육을 했어요. 어떤 사람이 어떻게 아픈지 대충 파악이 되었기 때문에 같은 질환을 가진 이들을 따로 모아 교육을 하기도 했어요. 방이 그래도 다른 곳보다 넓은 집을 찾아 그곳에 모이게 하고 거기서 교육하고 질문에 답하는 식으로 활동

---

[*] 하종강, 「마음이 편한 곳으로 가라!-조옥화 편」, 『길에서 만난 사람들』, 후마니타스, 2007, pp.99-100.

을 했어요."

　사람들 중에는 교육받을 때 환등기를 처음 본 이들도 있었다. 환등기는 인천도시산업선교회에서 독일 단체의 외원을 받아 마련할 수 있었다. 누가 어디가 아픈지, 어떤 집에서 무슨 일로 고민하는지 훤히 꿰뚫을 수 있을 만큼 조옥화는 그들과 가깝게 어울리며 늘 함께 지냈다. 가정 방문을 다니면서 문제가 발견된 집을 살피고 의료적 지원과 상담 활동을 펼쳤다. 집집마다 다니면서 건강문제가 있는 집을 찾고 문제가 있는 집에는 더 자주 방문했다. 무거운 가방을 메고 어깨를 돌려야 지나갈 수 있는 좁은 길목을 쉬지 않고 다녔다.

　주민들은 전체적으로 영양 상태가 좋지 않았다. 먹는 게 부실했기 때문에 주로 마르고 여윈 편이었고 치아 상태도 좋지 못했다. 평소에 건강검진을 받지 못하니 질환이 생겨도 증상을 못 느끼면 병원에 가지 않았다. 조옥화는 귀에 꽂고 재는 혈압기를 갖고 다니면서 혈압을 쟀는데, 고혈압 환자들이 많아도 병증을 모르는 이들이 다수였다. 조옥화는 가정 방문을 하면서 가족 단위로 건강을 살폈다. 이전에 강화도에서 지역 사회 의료를 실습받은 경험을 살려 가족 건강을 관리하는 차원에서 접근했다. 가족 구성원의 건강을 제각기 체크하고 그들의 건강 특성도 꼼꼼히 기록했다. 신체뿐만 아니라 정신 건강과 음주 문제도 살폈다. 혈압과 당뇨 등 만성질환자들을 모아 따로 교육하고 아이들을 위해 예방접종과 전염병 관리도 했다. 병의 경과를 살피고 정기적으로 건강상태를 주시하며 심한 병증은 병원을 이용할 수 있게 의뢰를 했다. 주말 진료 봉사활동을 하는 레지던트나 의대생들도 조합원들의 병증에 관심을 가지고 살펴보았다. 진료에서 병이 발견된 이는 다른 병원에 의뢰하고, 주말에 진료받는 조합원들에게 건강 교육을 하면서 관리를 진행했다. 보건소에 지역 방역을 요청해 위생 방역을 시행하기도 했다.

화수동의 인천도시산업선교회는 같은 건물의 2층에 있는 일꾼교회를 중심으로 활동했는데, 산우신용협동조합과 민들레선교원 사업, 주말 진료 사업이 그곳에서 이루어졌다.

"주민 대상으로 하는 사업이니까 어린이집인 선교원 그리고 주말 무료 진료, 신용협동조합, 교회 예배, 그런 식으로 참여를 하게 했어요. 2층의 교회는 일꾼교회로 부르며 예배를 중심으로 가고 교회당을 활용해 낮에 민들레선교원을 운영했어요. 지하실에서 토요일, 일요일 무료 주말 진료를 하고 1층 창고에서 노동자와 지역 주민 대상으로 신용협동조합 사무실을 운영했어요."

조옥화는 일꾼교회에 출근했으며 여러 지역으로 가정 방문을 다녔고 만석동에 돌아와 생활했다. "평일 일꾼교회로 출근을 하고 난 다음 각각 가정 방문을 다니면서 건강 체크를 하고 보건 교육을 준비했어요. 가정 분만으로 아기도 받은 적 있어요." 만석동에는 다른 단체에서 운영하는 공부방도 있었다.

한국여성민우회의 전신인 여성평우회에서 그곳에 방을 하나 얻어서 동네 어린이 공부방을 꾸렸다. 활동가 홍미영은 나중에 부평구청장이 된 인물인데 당시에 그곳에서 일을 했다. 그때는 공부방에서 일하면서 빈민운동을 하는 이들도 꽤 되었다. 이곳의 아이들은 지역사회의 힘을 통해 건강하게 자라났다. 그 아이들의 성장을 지켜보는 것도 일에 숨어 있는 보람이었다.

주말 진료*는 일꾼교회에서 아침 열 시부터 시작해 오후 다섯 시에 끝났다. 토요일은 일반 진료를 보고 일요일은 치과 진료를 보았다. 치과 주말 진료는 서울대 치대 고학년 학생들(전동균, 조영수, 김옥희, 백정훈, 김원범 등)이 맡았고 일반 진료는 인천기독병원에 있는 양요환과 서울백병원의 안용태가 와서 했다. 조옥화는 1981년부터 1984년까지 일했는데 그동안 그들은 한 주도 빠지지 않고 성실하게 의료봉사활동을 했다. 의대생들은 수업을 받지 않는 주말마다 인천으로 왔다.

취급에 주의가 필요한 약품은 진열장에 넣어 자물쇠로 잠갔고, 자주 쓰는 소모적인 약은 캐비닛에 넣어 필요할 때 꺼내 썼다. 조옥화는 일꾼교회가 있는 화수동과 일상을 보내는

---

* 일꾼교회 주말 진료로 치과·의료 무료봉사를 했으며 이는 의료협동조합의 시초가 되었다. 〈인천도시산업선교회〉 홈페이지.

만석동 사이를 오가며 인천도시산업선교회의 실무자로서 활동했다. 주말에는 일꾼교회에서 진료봉사활동 업무를 주관했다. 집기를 그 자리에서 소독하고, 소독기가 마땅치 않을 때는 부산일신부인병원에서 배운 대로 압력밥솥 같은 데다 집기를 넣고 때맞춰 소독을 해냈다. 봉사활동하는 치대 학생들도 비싼 치과용 의자를 구입하지 못하자 기지를 발휘해 무거운 이발소 의자 두 개를 끙끙대며 가져다 놓고 진료의자로 썼다. 치과에서는 기본적인 신경 치료나 발치를 주로 했다. 1982년의 경우 보건상담은 3,541건으로 하루 평균 12건이었는데, 이는 주민과 관계를 맺고 보건문제를 다룰 수 있는 기회이기도 했다. 일반 진료는 하루 평균 30명으로 한 해 1,446명이 진료를 받았고 치과 진료도 하루 평균 28명으로 한 해 1,017명이 진료를 받았다. 열악한 식생활과 생활환경으로 인해 소화기 계통 질병과 피부병이 많은 수를 차지하고 있었다. 특히 강도가 심한 노동과 부족한 휴식, 잡다한 일상의 걱정 등으로 두통 환자가 많으며 빈곤병이라고 부르는 결핵도 상당수 발견되었다. 좀 더 전문적인 검사와 치료를 위해 다른 의료기관으로 의뢰하는 경우도 상당수 있었다.[*] 특히 영유아건강관리 사업을 해서 사업의 대상 지역 내의 영유아는 혜택을 받았는데, 첫해

---

[*] 「일꾼교회의료봉사부 보고서」, 1981, 민주화운동기념사업회 자료.

는 85명이 등록해 예방접종 309건을 기록했다.[*]

동구 보건소에서 단속을 나온 적도 있었다. 의료기관도 아닌데 왜 진료를 하냐고 하면서 트집을 잡았다. 진료비를 받는 불법진료라면서 법적조치를 하겠다고 동구 보건소에서 으름장을 놓았으나 당시에는 무료 진료 사업 초기라 약품비를 인천도시산업선교회에서 지원받고 있었다. 의사도 전문의인데 보수를 받지 않고 순수 자원봉사를 했다. '마약 감시를 하던 약사'가 와서 약장 캐비닛에 노란 띠를 붙여 압류를 했다. 약장을 못 쓰게 만들자 조옥화는 싸웠고 그 노란 띠를 찢어버렸다. 얼마 전까지 같이 근무하던 간호사가 '도산'에서 활동하고 있으니 그 약사도 기가 막혔을 것이다. 그가 사납게 쳐다보았다. 자신을 어떻게 매도하는지 눈에 보였지만 조옥화는 맞서 싸우며 한 치도 물러나지 않고 그 약장을 지켜내었다.

조옥화는 의료실무자로서 일을 차근차근 준비하고 꾸려가면서 그곳에서 2년 만에 '민들레의료협동조합'을 세웠다. 민들레의료협동조합은 1982년 4월 23일 오후 7시, 186세대가 참여하는 가운데 발기총회를 열었다. 지역 주민이 주체적이고 대등하게 참여할 수 있는 공식적인 주민조직이 필요하다는 취지에서 생겨난 것이었다. 아직 전국민 건강보험이 이루어지지 않고 지역사회에 주민이 주축이 된 협동조합이 거

---

[*] 「민들레협동조합사업보고서」, 1982, 민주화운동기념사업회 자료.

의 없던 시절, 그것은 말 그대로 척박한 땅에서 제힘으로 피어
난 민들레 같은 조합이었다.

　　모두 한 걸음 더 나가자 모두 한 걸음 더 나가자
　　낡은 것을 버리고 손에 손을 잡고 나가자
　　낡은 것을 모두 벗어버리고 손에 손을 잡고 나가자

　　민들레의료협동조합에서 함께 부르는 조합가였다. 그 노
래를 부를 때 사람들은 목에 힘을 주고 웃음을 띠며 때로 옆
사람의 손을 잡기도 했다. 한 걸음을 더 나가는 것이 중요했
다. 낡은 것에서 등 돌리고 한 걸음씩 더 나가는 것. 손과 손을
잡고 함께 나가는 것. 그래서 낡은 것을 버리고 새로운 자리를
만들어가는 것이 소중했다. 새로운 곳에서 새로운 얼굴이 되
어 새롭게 만날 수 있는 사람들, 그들이 모두 함께 이룩할 이
전에 없었던 영토. 그것이 민들레가 뿌리내릴 땅이었다. 그 자
리에서 조옥화의 삶도 바로 세워질 것이고 그가 꿈꾸고 원했
던 낮은 자리의 연대가 만들어낸 평등한 세상도 가능해질 것
이다.

주민의 힘으로
꽃핀 자리

민들레의료협동조합은 1982년에 생겼지만 회장 박성근이 〈민들레 회보〉 창간호에 쓴 것처럼 "회원들의 조합에 대한 깊은 애착과 어려운 난관들을 극복하는 단결 정신, 그리고 운영에 대한 성의 있는 참여 덕분에" 자리를 금세 잡을 수 있었다. "회원들 서로 간의 친목을 도모하고 지역사회의 총화를 이룩하고 더 명랑한 사회를 이룰 수 있는 마룻돌이 되기를 바라며" 민들레의료협동조합은 발전해갔다.[*]

김동완 목사는 1983년 새해에 이런 인사를 한 적이 있다. "낡은 것이 사라지고 새것이 나타난다. 이를테면 기어다니기만 하던 애벌레가 꽃밭 사이를 날아다니는 변화를 가르치는 것과 같다. 우리는 이러한 변화를 원한다. 자기 아집의 터에서 벗어나야 한다. 부디 이 새해에서는 남을 살찌게 하는 돼지꿈을 꾸어서 우리의 삶이 발전으로 향하는 큰 변화가 생겨나 신

---

[*] 〈민들레 회보〉, 1982.12(창간호), 민주화운동기념사업회 자료.

명 나게 살기를 우리 모두 바란다."*

민들레의료협동조합 창립총회에서 선출된
임원진(1982)

주민들은 가슴에 있던 이야기를 자기들의 목소리로 두런두런 꺼내놓았다. 그중에서도 그동안 많은 것을 참고 견디며 살아왔던 여성들의 목소리는 단연 돋보였다.

"우리 여자들은 하루종일 힘겹게 일을 해도 하나도 표시가 안 납니다. 매일같이 다람쥐 쳇바퀴 돌 듯 반복되는 일뿐이니까요… 우리 여자들은 요리조리 짜임새 있게 한 달 동안 적자 없이

---

* 〈민들레 회보〉, 1983.1, 민주화운동기념사업회 자료.

118

살림하느라 여간 애쓰는 게 아닙니다. 그래서 더 짜증도 나고 힘들고 하루하루가 지겨울 때도 있습니다."(김정애)[*]

"우리는… 남들같이 부유한 가정이 되지는 못합니다. 허나 민들레조합 덕분에 온 가족이 협동심을 갖고 부지런한 가정이 되었답니다. 민들레유아원을 실시했다는 소식을 듣고 우리 막내를 선생님께 여쭌 끝에 유아원에서 받아주셨지요. 그래서 나는 자유활동이 되더군요. 이곳저곳 일자리를 찾다가 처음에는 너무나 애로가 많았는데 지금은 자신이 생겨서 열심히 직장생활도 한답니다. 아빠도 민들레협동조합 덕분에 건강하시고요. 우리 가족은 민들레 가족입니다."(박점선)[**]

"저도 어떻게 하면 남편이 술을 덜 마시고 집에 일찍 들어오게 할까 하고 여러 번 고민도 했답니다. 결혼한 지 아무리 오래됐다 하더라도 항상 재미있게 살 수만은 없는 것입니다. 아내가 된다는 것도, 남편이 된다는 것도 한없이 어렵기만 한가 봅니다. 그러기 위해서는 서로가 서로를 위해 모든 것을 이해하고 친밀하기 위해 노력을 하는 게 중요하지요."(최병주)[***]

---

[*] 〈민들레 회보〉, 1982.12(창간호), 민주화운동기념사업회 자료.
[**] 위의 자료.
[***] 〈민들레 회보〉, 1983.5, 민주화운동기념사업회 자료.

“제가 회원이 된 지는 비록 수개월에 지나지 않지만 우리 조합을 발전시키고 싶은 마음은 간절합니다. 영세한 우리 주민들을 위하여 무료봉사를 해주시는 조합 간부 여러분들과 의료담당 선생님들께 감사드리며 우리 조합을 키워나가는 데 다 같이 협조해주시길 부탁합니다.”(문현경)*

각 지역 대표들로 꾸려진 운영위원회에서는 협동조합 진료실에 벽시계를 기증해 달아놓기도 하고, 일꾼교회에서 추수감사절을 보내는 등 관심 있어 하는 동네 주민들과 같이 예배를 보기도 하였다. 직장 일로 진료에 오지 못하는 주민을 위해 1983년 5월부터 매주 토요일 저녁 8시에서 밤 11시까지 야간 진료를 실시하기도 했다. 거리가 멀어 불편한 주민들을 위해서는 매주 금요일 오전 10시부터 오후 1시까지 조옥화 간호사의 집을 개방하기도 했다.** 만석동 지역의 주민들은 조합에 대한 사항을 논의하거나 건강문제를 상담하려고 조옥화의 집을 방문했다. 그날이 되면 좁은 방은 상담을 하거나 의견을 나누려는 사람들로 붐볐다. 조옥화는 큰 목소리와 활짝 웃는 낯으로 그들을 선선히 반기며 소탈하게 이야기를 나누고 함께할 일을 찾았다.

---

* 위의 자료.
** 〈민들레 회보〉, 1982.12(창간호), 민주화운동기념사업회 자료.

우리가 살면서 부딪치는 여러 가지 문제 중, 가족 중에 아픈 사람이 있는 것처럼 당황하고 걱정스러운 일도 없습니다. (…) 특히 경제적으로 넉넉지 못하고, 더구나 의료보험의 혜택마저도 받지 못하는 우리네 형편에서는 더욱 더 야속한 일이 아닐 수 없습니다. 게다가 걱정을 같이 나눌 이웃마저도 변변히 없고 보니, 정말 이런 처지의 사람끼리만이라도 서로 위로하고, 도움을 주고받는 기회가 주어졌으면 하는 것이 평소의 생각들입니다. 병이 생기면 시초에 부담 없이 치료받고, 기회가 닿는 대로 건강에 대해서 공부하고, 또 적은 돈이나마 같이 보태서 나중에 생길지도 모를 일들을 대비하는 여러 일들을 통해서, 동네의 걱정과 즐거움을 같이 나누는 작은 모임, 그것이 바로 우리들의 민들레 협동조합인 것입니다.*

손으로 쓴 글씨가 빼곡한 〈민들레 회보〉의 둘째 장에는 조옥화가 감기나 설사 등 건강에 대한 의료상식을 경어체로 꼼꼼히 적어놓은 란이 있었다. 생활을 하면서, 자녀 양육에서 겪는 건강문제를 당사자의 눈높이와 관심에 맞게 적어놓은 것이었다. '의료혜택에서 소외된 지역 주민에게 의료봉사자들을 통한 직접적인 의료 서비스를 제공하고 그 과정에서 건강문제에 대한 의식 변화를 추구했던' 민들레의료협동조합의

---

* 위의 자료.

사업은 성공적으로 이루어졌다.

1982년 11월 기준으로 총 조합원 수는 267세대였다. 총 적립금은 56만 500원이었고 등록세대 수는 총 7개 지역으로 나뉘어 각기 27~48세대였으며 지역마다 운영위원회 위원이 두 명씩 조직되어 있었다.[*] 회원의 자격은 화평동, 화수1동·2동, 만석동, 북성동에 거주하는 주민으로서 의료보험이 없는 사람이며 5인 가족 기준 월수입이 30만 원 이하인 가구였다. 가정 방문 사업 초기에는 건강문제가 있는 집을 중점적으로 방문했지만 조합이 자리를 잡으면서 차츰 운영위원회 조직을 통한 만남도 이루어져 월 평균 28세대를 방문하고 한 해에 총 341가구를 방문했다. 주민총회에서 결의하여 조합원 회비 출자금은 가구당 매달 500원이었고, 진료를 받을 때마다 300원을 진료 비용으로 냈다.[**] 주민들이 중심이 된 조합은 결속력이 있었다. 주민들 입장에서는 진료를 받든 안 받든 매달 세대별로 500원씩 출자금을 내었는데 어려운 형편 속에서도 기꺼이 내는 가구가 많았다. 이를 기금화해서 약품 구입에 쓰고 일부는 조합원의 입원비나 수술비 등을 지원했다. 조합원 출자금을 모아서 중환을 앓거나 병원비가 많이 필요한 주민한테

---

* 위의 자료.
** 「민들레협동조합사업보고서」, 1982, 민주화운동기념사업회 자료.

도 일정 정도 후원을 한 것이다. 주민들은 자발적으로 그런 취
지를 살려나갔다.

민들레의료협동조합 임원 야유회(1983)
맨 뒷줄 모자 쓴 이가 양요환이고,
둘째 줄 왼쪽 네 번째부터 조옥화, 고 김동완 목사,
동일방직 출신 간호조무사 최연봉이다.

"여기에 의료 기관이 제대로 없다고 하더라도 그냥 일방
적으로 혜택만 받는, 대상화된 수동적인 수혜자로서만 남기
면 안 되겠다는 생각이 들어서 조합을 만들었죠. 처음에 할 때
는 250세대, 그다음에 거의 300세대 정도 되었어요. 민들레
의료협동조합은 가입비와 진료비를 받았고 그 돈으로 기금을
마련했어요. 약품은 지원도 받았지만 그중 꼭 필요한 약품을

기금으로 마련했고 병원비가 많이 필요한 사람에게도 기금을 썼죠."

민들레의료협동조합은 1984년에는 거의 300세대의 조합원이 있었으니 실제로는 더 많은 이들이 이용한 셈이었다. 가구 단위로 가입하면 그 집안 식구들이 다 민들레의료협동조합을 이용할 수 있었다.

조합원들은 주체적으로 문제 해결을 할 당사자들이었다. 그 사람들이 직접 자신의 일을 해야 했다. 하루아침에 되는 건 아니지만 주민들이 주체 의식과 역량을 키우면서 스스로 자신들의 앞날에 대한 대안을 내놓아야 했다. 만약 주민들이 그냥 와서 주말 진료만 받는다면 주민은 혜택 받는 사람이고 의료인은 능력 되는 범위 내에서 자원봉사를 하는 것이니 그냥 주고 마는 식으로 끝날 것이다. 그런 방식은 수혜자로서 의존심만 더 키울 수 있고, 의료봉사 활동 자체도 언제까지 일방적으로 지속될 수 있을지 몰랐다. 그러니 주민들이 자기 문제를 해결하기 위해 책임감을 가지는 리더십 역량을 키워야 했다. 그렇게 하려면 주민이 자발적으로 조직에 참여하고 직접 운영을 해보면서 훈련이 돼야 했다.

"어렵게 사는 사람들은 하다못해 무슨 감투 쓸 일도 없어서 책임감을 느낄 수 있는 일을 맡아본 적이 없잖아요. 주민들한테 어떤 직책이 주어지면 책임감이 생기고 자기가 그걸 수행을 해야 되잖아요. 과업이 없으면 와서 그냥 무기력한 환자로서 대상이 되어 무료 진료를 받고 가는 사람으로 끝나는데 직책이 주어지고 일정한 조직을 운영하게 되면 근거가 달라지죠. 자기가 최소한 회의를 진행하려면 뭔가 알아야 될 거고 조직의 돈 문제도 어떻게 보고할지 고민해야 되는 거고 사전에 어떻게 하면 좋으냐고 운영위원회에 안건을 내놓는 일도 해보는 거고. 그런 고민을 하면서 주민들이 달라지죠. 회원 관리를 하면서 회비를 못 내는 사람들은 왜 안 냈는지 살펴보고 또 사정을 알아보고요. 이렇게 확인하면서 주민들이 서로의 상황을 파악하고 대처할 수 있게 되니까 훨씬 다르지요. 민들레의료협동조합 사업이 그렇게 진행됐어요. 그걸 해낸 거죠."

소외되었던 동네에 주목할 만한 의료 공동체를 만들어낸 것이다. 민들레의료협동조합은 주민 조직의 방편이자 주민의 자발성에 의거한 지도력 향상 발굴의 장이 되었다. 주민들은 스스로 임원을 선출하고 회의 진행 연습을 하면서 역량을 키워나갔다. 누가 리더를 할 만한 사람인지 정하고 규칙과 약속을 만들고 실천해나가며 민들레의료협동조합을 통해 자신들의 삶을 지켜나갔다. 주말 진료 봉사활동이나 의료 개입만 한다면 사업이 끝난 후 한계가 있겠지만 주민들이 스스로 나서서 행동한 결과는 그렇지 않았다. 그들이 마음을 열고 책임감 있게 선택해나간 참여가 삶의 자취로 남아 앞으로도 그들을 이끌어줄 것이었다.

"내가 중요하다고 생각한 것은 지역 주민들이 자신의 힘으로 다 해낼 수 있게 한다는 것이었어요. 조합장, 총무, 운영위원들이 모두 지역 주민이었어요. 처음에 만나서 어떻게 할 것인가 얘기하면서 회의 진행법 같은 것도 공부를 했어요. 이 양반들이 참여하는 운영위원회를 매월 한 번씩 했고, 여기서 이 사람들이 또 회원 관리를 하는 거죠. 회장이나 총무, 운영위원, 이런 일을 맡으면 책임감이 굉장히 생겨서 성실하게 해내죠. 그게 역량 강화죠."

임원들 중 일꾼교회의 민들레선교원*에 다니는 어린이들의 부모가 몇몇 있었는데, 이들이 주축이 되어 선교원을 독립시켜 민들레어린이집을 운영했다.

"의료조합 임원들 중 선교원 자모들이 있었는데, 나중에 민들레선교원을 일꾼교회에서 독립시켜서 지역사회로 들어갔어요. 지역 주민 대상으로 스스로 후원회를 조직해서 자기들이 공간을 새로 얻어가지고 운영했어요. 나중에 그곳이 공부방처럼 되면서 제도권으로 들어갔는데, 그동안 독립적으로 자체적으로 운영했다니까요. 진짜 대단한 거예요. 그 지역 엄마들이 모여서 집도 보러 다니고 집을 사서 민들레어린이집

---

* 1980년에 세워진 전국 최초의 어린이 공부방으로, 노동자의 자녀들을 돌보았다. 〈인천도시산업선교회〉 홈페이지.
독일의 선교단체에서 3년간의 프로젝트를 받아 연 어린이집(민들레선교원)은 그 후 자립적으로 운영되었다. 3년 프로젝트가 끝이 났을 때 독일의 선교단체 사람들이 계속적으로 지원을 하겠다고 찾아왔지만 정중히 거절하고, 어린이집을 거쳐 간 아이의 부모들이 자모회를 결성해 회비와 모금을 통해 운영했다. 조화순, 『낮추고 사는 즐거움』, 도솔, 2005, p.185.

을 만든 거죠. 보통은 자기네 애가 초등학교를 입학하면 어린
이집과는 관계가 끝나잖아요. 근데 그 엄마들은 민들레어린
이집 후원회를 따로 조직했어요. 자기 애들은 컸어도 다른 아
이들이 와서 크니까요. 나중에 졸업한 애들이 청년이 돼가지
고 자립하면 돈 벌어갖고 그곳에 후원하기도 하고. 그런 형태
로 된 거죠."

　협동조합이 생긴 다음에 조합원들은 집안의 경조사나 이
사, 취직, 출산 등의 일을 함께 나눌 돈독한 이웃을 얻었다. 몸
과 마음, 삶의 건강을 위해 이웃의 존재는 꼭 필요했다. 공동
의 목표가 생기니 이웃들도 서로를 위해 협력하는 동반자의
역할을 더욱 할 수 있게 되었다. 아이들은 민들레선교원에서
잘 지내고, 부모들은 힘없고 허할 때 산업선교회 실무자들과
이야기를 나누고 가끔 교회에 와서 목사의 설교를 듣고 새롭
게 힘을 얻고, 몸이 좋지 않을 때는 간호사와 의사에게 치료
받고, 금전적으로 어려울 때는 신용조합에서 도움을 받았다.[*]
그것은 사람의 사랑을 나누는 일이기도 했다.

　그 모든 활동과 시도는 새로운 주민운동의 역사가 되었
다. 주민들이 자발적으로 튼튼하게 서로를 지탱해주는 건강
한 조직이 되어 그 자리에 남았다. 조옥화는 남양만 활동을 비
롯해 그동안의 지역 활동 경험을 바탕으로 이 일을 뒷받침했

---

[*]　유효순, "민들레 어머니께", 〈민들레 회보〉, 1983.5, 민주화운동기념사업회 자료.

다. 그가 주민에 대해 가지는 입장은 그때나 지금이나 변함이 없었다.

"나는 젊었는데 그분들은 나이를 많이 드셨지요. 그 양반들은 제도권이 주는 교육이 아니라 실제로 자기가 살아낸 그 세월에서 얻은 지혜가 훨씬 더 깊고 진실했어요. 나이를 먹는다는 것은 그만큼 경험이 쌓이고 삶의 지혜가 생긴다는 거예요. 주민 활동으로 이 사람들에게 주인의식이 생기는 건 원래 가졌던 스스로의 힘을 발휘해 주체적으로 살아가는 거예요."

인천도시산업선교회 활동을 하는 김동완과 조화순 목사도 그런 말을 강조했다. 조화순 목사는 이렇게 말했다. "나는 인간에게 가장 중요한 것은 삶의 자리를 어디에 세우느냐 하는 문제라고 생각한다. 나는 항상 약한 자들과 소외된 자들의 편에 한 발을 들여놓고 있었고, 그 길을 일관되게 걸으려고 했다. 그것이 내가 노동자들과 함께한 이유다."[*]

"도시산업선교회 쪽에서 지역사회 활동을 훈련받을 때 지역에 들어가서 산다, 주민하고 같이한다, 그것이 기본이었어요."

나중에 활동의 인연이 이어진 신천리의 복음자리 지역 운동에서도 그랬다. 빈민운동가 제정구(1944~1999)와 신부 정일우(1935~2014)도 "빈민운동은 더불어 사는 것이다. 그들

---

* 조화순, 『낮추고 사는 즐거움』, 도솔, 2005, p.121.

을 대상으로 뭘 주는 것이 아니라 그냥 더불어 같이 사는 게 기본이다"를 강조했다. 남양만 활빈교회에서 실무자로 일할 때도 청계천에서 빈민으로 살던 현장 출신 활동가들이 있었다. 그들과 어울리고 함께 대화하며 주민과 함께하는 활동의 필요성을 느꼈다. 그러므로 조옥화는 일꾼교회의 의료실무자 활동을 하면서 생각했다. '나는 무얼 해주는 사람이 아니다. 지역 주민이다. 이곳에 함께 사는 사람이다.' 그런 마음가짐으로 집집마다 다니면서 "오늘 뭐 하세요?" 묻고 앉아 같이 이야기를 나눴다. 수다를 떨고 함께 음식을 해 먹고 고민을 나누면서 주민과 살았다. 그러다가 문제를 발견하면 그 문제를 해결하기 위해 같이 노력했다.

"무슨 의료활동이라 부르기보다 거기서 사람들하고 노는 게 많았어요. 웬만큼 사람들을 알게 되고 부침개를 부쳐 먹고 사람들이랑 수다 떨고 그랬던 것 같아요. 거기에서는 주민을 의료 대상으로 보지 않았어요. 금요일 오전이나 하루는 지역 활동 시간이라고 실무자가 지역에서 시간을 따로 가지는데 그날은 집집마다 다니면서 사람들하고 어울리며 '뭐 무슨일이 있어요?' 묻고 그랬지요."

골목에서 들은 한마디

조옥화가 만난 주민들 중에는 몸이 몹시 아픈 이들이 있었다. 그들의 얼굴은 지금까지 가슴에 깊게 박혀 있다. 위암이 재발한 육십 대 여성이 있었다. 처음에 수술할 때는 돈이 없어 친척들이 모아준 돈으로 수술을 할 수 있었지만 그다음에 병이 재발되었을 때는 다른 이에게 도움을 요청할 수 없는 상황이었다. 조옥화는 그날도 가방을 메고 가정 방문을 했다. 환자는 막 울면서 간호사에게 외쳤다.

"잠자는 주사, 영원히 깨어나지 않는 주사, 제발 소원이니까 그런 주사를 놓아줘!"

그는 몹시 고통스러워하며 벽에 몸을 부딪치고 벽지를 마구 쥐어뜯으며 아파하고 있었다. 도저히 어떻게 할 수가 없으니까 간호사의 손을 붙잡으며 죽여달라고 한 것이다.

"내 손을 꼭 잡고서 '나를 살려주는 셈 치고 죽여줘!' 이러는 거 있지요. 그러니까 더 이상 치료할 수 있는 능력도 안 되고 아프긴 너무 아프고 또 치료한다고 해서 완치된다는 보장도 없으니까, 이제는 거의 말기라고 생각하는 거지요. 근데 병원은 갈 수가 없어요. 돈이 없으니까."

이런 고통에 찬 호소 앞에서 무얼 할 수 있을까. 고개를 떨어뜨렸다. 간호사의 손을 잡고 노인이 너무 힘들다고 거듭 사정해왔다. 가슴이 아팠다. 할 수 있는 일이 딱히 없었지만 그렇다고 그 말을 따를 수는 없었다. 달리 도와줄 수 없으니까 의사의 처방을 받아 인천기독병원과 연결해 데메롤 진통제를 몇 번 놓아줄 수밖에 없었다. 암이 벌써 재발한 상태면 가능성이 없었다. 환자는 생각했다. 고통스럽게 목숨을 잃는 것보다는 어차피 갈 거면 빨리 갔으면 좋겠다. "나를 살려주는 셈 치고 죽여줘!"는 그 생각의 끝에서 나온 절망적인 한마디였다.

"내가 살던 그 동네가 되게 못사는 동네인데 그 양반이 막 울면서 내 손을 잡고 그렇게 말하는 거죠. 암 수술을 할 때도 돈이 없으니까 친척들이 십시일반으로 해줘서 한 번 수술했는데 그게 재발이 되어 방법이 없으니까요."

조옥화는 그때 심란한 심정으로 신문을 보다 한 재벌 회장의 투병기 기사를 읽게 되었다. 만성 신부전에 걸렸지만 투석 기계를 집에 설치해 몇 년 동안 강한 의지력으로 투병생활을 한다는 내용이었다. 그는 한참 그 기사를 뚫어지게 쳐다보았다. 투석치료를 제대로 하려면 웬만한 집 재산을 다 날린다는 말이 돌던 때였다. 서민들은 아프면 하릴없이 이를 깨물고 참을 수밖에 없던 시절이었다. 좁은 골목 안쪽에서 지금도 울부짖고 있을 노파의 모습이 그 기사 위에 겹쳐 보였다. 이 외진 바닷가 부두의 한쪽에는 지금 당장 고통스러워도 더 치료

받을 수 없어 차라리 삶을 포기하겠다는 사람이 있는데 다른 세계에서는 그렇지 않았다. 옳지 않다고 여겨졌다. 이건 개인의 의지 문제가 아니라 불평등한 분배의 문제였다. 아무리 삶에 대한 의지에 불타오른다고 해도 연명조차 힘든 생활이라면 누구나 투병을 결심하기는 쉽지 않을 것이다. 주민들의 자리에서 부대끼며 함께 살아가는 간호사의 눈에는 우리 사회의 가려진 진실이 환하게 들여다보였다.

두 사람은 서로 다른 목숨을 가지고 있다는 걸까? 한쪽에서 어떤 사람은 집에 비싼 의료 장비를 설치해 주목을 받으며 생명을 연장하는데 누군가는 작은 집에 갇혀 살다시피 하면서 신음 소리도 내지 못하고 죽음이 고통을 끝내주기만을 손꼽아 기다리고 있었다. 세상은 너무 불공평했고, 이건 의지의 문제가 아니었다. 근본적으로 도와줄 수 없는 위중한 병증에 시달리는 이들이 하루하루 불꽃이 꺼지듯 생기와 의욕을 잃어가는 모습을 목격하는 것은 간호사로서 힘겨운 일이었다.

눈을 감고 있는데 또 한 노인의 얼굴이 떠올랐다. 처음 그 여성을 만났을 때 조옥화는 깜짝 놀랐다. 입 근처가 온통 화상을 입어 피부가 눌러붙어 있어서 무슨 일로 그렇게 되었는지 얼른 물어보았다. "치과에 갈 수 없어서요. 그래서 그만……" 치료비가 없었던 그는 이빨이 심하게 아픈데 달리 해결할 방법이 없자 부젓가락을 불에 달궈 아픈 부위를 지지려고 했다. 그러다 뜨거운 부젓가락이 살갗에 닿자 그만 입의 반이 화상을 입었다. 짓무르고 눌린 피부가 얼룩덜룩했다. 그걸 본 조옥화의 마음은 무거웠다. 사람들은 기본적인 치료도 받지 못하고 병원의 문턱에서 좌절했다. 질병 앞에서 체념하게 되면 삶의 의미도 찾기 어려워졌다. 무력감이 찾아왔다.

"그렇지, 그다음에 이제 웬만한 것들은…… 약간 무력감 같은 거 있잖아요."

열심히 일을 했지만 가난이라는 근본적인 문제와 의료의 불평등이라는 현실 앞에서는 무력감을 느낄 수밖에 없었다. 왜 가난하고 약한 이들은 이렇게 부당하게 큰 고통을 받아야 할까? 무료 주말 진료로써는 아무래도 부족하다는 생각도 들기 시작했다. 그때 의료봉사 활동을 하던 한 의료인도 문득 무력함을 느꼈는지 차분한 어조로 스스로 되묻듯 말한 적이 있었다. "주말 진료가 지역사회에 무슨 큰 도움을 준다기보다는 솔직하게 말하면 의대생이나 수련생들이 일종의 현장 실습을 하는 건 아닐까? 냉정하게 보면 실제로 문제 있는 사람에게 도움을 주기보다는 여기에 참여하고 있는 의료인들의 현장감 훈련 그런 성격이 더 강한 것일 수도 있다." 조옥화는 의료인으로서 자신들이 하는 활동의 의미를 굳게 믿었다. 하지만 열심히 일을 했는데도 가난이라는 근본적인 문제와 의료의 불평등이라는 현실 앞에서 무력감을 느낄 수밖에 없었다. 왜 가난하고 약한 이들은 이렇게 부당하고 큰 고통을 받아야 할까?

고통에 찬 이들의 하소연을 들으며 집으로 터벅터벅 돌

아올 때는 이따금 이런 생각이 들었다. 환자에게 약을 처방하는 것, 최소한의 치과 진료로 이를 뽑아주는 것, 그보다 더 할 수 있는 일이 있으면 좋겠다. 그보다 더 확실하게 아픈 이들을 아프지 않게 하는 방법이 있으면 좋겠다. 일을 하면서 힘든 것은 피로보다 때때로 엄습하는 그런 무력감이었다.

"사실은 내가 간호사와 잘 맞는 사람이에요. 일하면서 환자들로 인해서 힘들다는 느낌은 크게 없었어요. 의료인으로서 사람들의 신체 생리적인 문제를 해결하고, 정신적인 불안정에 대처해주는 점에서는, 사람 자체가 그렇게 생긴 존재이니 그걸 인정해야죠. 문제는 구조적인 문제예요. 비인간적인 위계라든가 불합리한 압력, 그러니까 인간의 존엄성을 해치는 부당한 힘을 못 참는 거죠. 시스템 속에 사람을 구겨 넣어가지고 사람들한테서 인간적인 것을 배제하는 것. 그냥 컨베이어 시스템처럼 막 돌아가면서 그 속에 사람이 없어지는 걸 내가 못 참는 거죠."

조옥화는 사회의 문제로 몸을 돌리며 무엇을 어떻게 더 해야 하는지 생각했다. 더 근본적인 문제를 해결해야 했다. 지역 주민들이 자치적인 조직을 만들어 건강을 지켜내려고 애쓰는 것처럼, 사회 속에 억눌린 이들도 각성을 통해 자신의 힘을 되찾고 세상에 권리를 주장한다면 자기 몫을 찾아낼 수 있을 것 같았다.

"일을 몇 년 동안 하면서 그 근본적인 문제에 대한 생각이 자라난 거죠. 사회적으로 양극화와 차별이 너무 심하고 경제적으로 능력이 있는 사람과 그렇지 않은 사람들의 빈부 격차가 심한 시대잖아요. 결국은 근본적인 사회 변혁을 위해서는 밑에 억눌린 사람들의 각성을 통해서 변화가 있어야 한다는 생각이 드는 거지요."

간호사로서 골목을 구석구석 다니며 주민들을 조직하고 의료활동을 펼친 경험은 사회로 나가 노동자와 여성을 곳곳에서 만나며 그들에게 스스로 가진 힘을 일깨우고 권리를 찾게 돕는다면 좀 더 넓게 펼쳐지는 활동이 될 수 있다. 간호사 조옥화는 무거운 가방을 메고 좁은 골목을 누볐듯이 새로운 가방을 메고 약자의 삶이 숨쉬는 곳곳으로 달려나가 그들의 목소리를 일깨우는 일을 앞으로 할 작정이었다.

조옥화는 민들레의료협동조합에서 1984년 4월 30일까지 근무했다. 그해의 조합원 총회 안내문에는 조합비 납부실적이 점차 낮아져 경제적 자립이 어렵고, 교회에서 대주던 보조비 또한 대폭 줄어 민들레의료협동조합*의 운영이 어렵다는 사실이 명시되어 있었다.

"나중에 회의한 기록을 보니까 주민들이 날 고용한 것처

---

* 인천도시산업선교회는 1981~1987년까지 무료 진료, 민들레선교원, 신용협동조합 운영을 통해 영세주민들과 노동자들의 권익과 생활개선을 지원했다. 〈인천도시산업선교회〉 홈페이지.

럼 여기듯 돼 있었어요. 간호사를 주민들이 고용한 것처럼요. 그러니까 조합 기록에 '그동안 열심히 일해오시던 조옥화 선생이 조합을 그만두시게 되었다'고 쓰여 있었어요."

처음에 간호사가 찾아와서 고마워하고 미안하다고 하던 주민들이 몇 년 후 자신들이 안건을 내고 간호사 문제를 직접 다루며 주도적으로 이야기하게 된 것이다. 주민들 입장에서는 이후의 일에 있어 스스로 방법을 찾아나가면 되는 상황이었다.

"어떻게 보면 더이상 애걸복걸 잡지도 않는 거잖아요. 처음에는 아니었지요. 인천도시산업선교회에서 나를 채용한 거고 간호사로서 내가 그곳에서 없어지면 안 되잖아요. 그런데 조합이 되면서 주민들이 스스로 운영하고, 나는 그야말로 조합에 소속된 실무자일 뿐인 거죠. 주민들이 그만큼 주체 의식이 커진 거예요. 제대로 의료협동조합이 된 거죠. 의료인이 아니라 주민이 주인인 거예요. 그럴 수 있는 힘이 생긴 거고. 그들의 숫자가 많아지니까 운영을 주민들이 할 수 있어요. 처음에는 '간호사님, 감사해요' 이랬지만 나중에는 '우리가 다른 간호사를 쓰면 되지요' 이런 식으로 바뀐 거지요. 주민 임원들이 실무자를 대하는 태도의 변화와 주체적 의식이 많이 생긴 거예요."

조옥화는 그곳을 떠나는 순간 자신의 꿈이 이루어졌다는 것을 알았다. 실무자를 당당히 떠나보낼 수 있을 만큼 힘이 생긴 주민들이 인사를 했다. 조옥화는 주민들이 스스로의 힘을 믿고 문제에 대처할 수 있도록 실무자로서 노력해왔다. 이제 그 노력의 결실로, 언제나 당당할 수 있게 된 이들의 웃음 속에서 그는 자신이 일궈놓은 그 자리를 기꺼이 떠날 수 있게 되었다.

새 세상을 꿈꾸는 친구들

인천도시산업선교회에서 일할 당시, 조옥화는 계속해서 감시와 압박의 체제 속에 있으면서 사회가 변하는 상황도 일상적으로 느끼고 있었다.

"군부가 자국민을 살상하고 무리하게 권력을 잡은 직후잖아요. 내가 있는 도시산업선교회 같은 경우는 폭압적인 압박을 받고 완전 감시 체제하에 들어가니까 영향을 받지요. 주말 진료를 하면서도 끊임없이 사회 돌아가는 부분에 민감하게 되는 거예요. 그중에서도 영향을 미친 건 뭐냐면 거기서 내가 동일방직 출신 여성 근로자들을 많이 만난 거예요."

주말 진료를 하면서 여러 노동자들을 만나기도 했고 노동조합 활동을 하는 여성 노동자들을 많이 만나면서 그들의 입장과 생각을 잘 이해할 수 있었다. 1978년 동일방직의 인분 투척 반대 시위 후 124명이 해고를 당했다. 해고 투쟁을 하던 해고자들이 감시가 심해지자 산업선교회에 공개적으로 잘 다니지 못해 암암리에 드나들던 때였다. 현장 출신으로 인천도시산업선교회에서 가깝게 만난 여성 노동자들은 그가 새롭게 만나게 된 존재들이었다. 자기 또래의 노동자들을 직접 만나

이야기를 듣고 일하는 동료로서 함께하면서 조옥화는 신선한 충격을 받았다.

"전에 공순이라고 세상에서 폄하해서 부르던 이들이잖아요. 근데 내가 선입견을 가지고 있던 것보다 훨씬 건강하고 똑똑한 이들이었어요. 특히 인생에 있어서 자의식과 주체성이 상당히 있는 거예요. 그사이에 노조 활동을 하면서 훈련도 됐겠지요. 그러니까 사회의 변화에 대해서 많이 알고 관심이 있고 그다음에 인생에 대해서도 굉장히 주체성이 강하고 상식선에서도 상당히 건강하고 이런 거를 느낀 거예요. 직접 노동자들을 만나면서 피상적으로 노동자를 생각했던 게 깨지게 되었죠."

조옥화는 진취적이고 생각이 깊은 동시대 여성 노동자들을 만나면서 노동에 대한 생각을 깊이 할 수 있었다. 학교 공부를 더 하거나 덜 하는 것이 그 사람의 인성과 깊이에 크게 영향을 미치지 않는다는 것도 깨달았다. 여성 노동자들은 스스로 생존을 책임지며 당당히 노동을 하고 자기 힘으로 살아갔을 뿐 아니라 노동환경과 세상을 더 살기 좋은 곳으로 바꾸려고 끊임없이 노력하고 있었다.

"특히 그때 만났던 친구 중에 김지선이라고 있어요. 그 친구가 1978년에 여의도 부활절 예배 때 단상에 올라 동일방직 사건을 호소하다 구속되었던 김복자라는 것을 나중에 알게 되었죠. 당시에 그 친구가 인천도시산업선교회의 노동자 실무자로 있었지요. 산선에 찾아오는 노동자들을 관리하는 역할을 했어요. 그 친구는 요꼬라고, 편물 일을 한 노동자였어요. 그 친구가 노동조합 하다가 해고당하고 산선에 실무자로 왔는데 그 친구를 보면서 내가 '사람의 인격을 형성하거나 지적 능력을 향상하는 데 제도 교육이 별로 그렇게 크게 영향을 못 미친다'는 생각을 한 거죠. 지선이는 사회를 보는 눈이라든가 사람과의 관계라든가 이런 걸 보면 굉장히 성숙하고 생각이 깊은 거예요. 나랑 동갑이에요. 그 친구와 거기서 만나 소울메이트라고 할 정도로 잘 통했어요."

김지선의 아버지는 일용직 부두노동자였고, 김지선은 1973년에 부평공단에서 최초로 만들어진 삼원섬유 노동조합에 있었는데 이후 노조의 부분회장으로서 어용노조인 한국노총과 회사의 탄압에 맞서 싸웠다. 1975년 삼원섬유가 폐업한 후 서울에서 직장생활을 하면서 인천의 광야교회와 인천도시산업선교회를 다녔다. 그는 조화순 목사와 실무자들을 통해 노동법과 노동자의 권리에 대해 의식을 키웠다. 구세군회관에서 열린 동일방직 문제 기도회에 참석했다가 여의도 부활절 연합예배에서 50만 명이 모인 앞에서 연단에 올라 마이크를 움켜쥐고 함께 간 여성 노동자들과 함께 "노동3권 보장하라, 노동자는 기계가 아니다"라고 외쳐 감옥에 갇히기도 했다. 그는 인천도시산업선교회에서 행정 일과 노동자 조직 일을 했다. 전두환 정권이 들어서자 노동운동이 암흑기를 맞았다고 여긴 그는 '흩어지지 않고 만나서 마음을 주는 것도 운동'이라고 생각하며 그 시절을 다른 이들과 함께 견뎠다. 인천도시산업선교회에서 그는 해외교류와 지역사회운동, 민주화운동에 대해 시야를 넓히면서 조옥화를 통해서도 배움을 확장했다. 모르는 게 있으면 조옥화에게 솔직하게 물었다. "옥화가 나보다 더 배우고 편한 관계였으니까 이게 뭐냐고 물어보기도 하고 저는 솔직하게 못 배운 것이 크게 마이너스라고 생각하지는 않았어요. 모르면 배우면 되지 이런 관점에서 모르면 가서 물어보고 또 물어보는 것 자체가 자존심 상하거나 그러지는 않았던 것 같아요."* 김지선은 이후 인천도시산업선교회를 떠나 수년간 조옥화와 같이 자취를 하다 헤어진 후, 인천여성노동자회 회장이던 1988년 당시 인천지역민주노동자연맹 활동을 하던 고 노회찬(정의당 의원)과 결혼했다.

조옥화는 인천도시산업선교회에서 자신과 세상의 변화를 꿈꾸고 이야기하는 노동자들과 친구가 되었다. "나는 가만히 보니까 사람을 대상화하지는 않았어요. 불화나 갈등이나 경쟁하는 건 싫고 서로 부족한 걸 도와가면서 평화롭게 각자 존중받으면서 가는 세상이 천국이 아닐까요? 그러니까 거기에 내가 일조할 수 있다면 훨씬 기쁜 마음으로 일조를 하는 거

---

* 김지선 외, 문종인 엮음, 「김지선」, 『내가 살아 온 이야기』, 인천민주화운동센터, 2021, pp.21-75.

죠.” 인천도시산업선교회에서 더 뚜렷해진 그 믿음과 함께하는 친구들에 대한 신뢰는 “구원의 시간과 같았다.”

인천도시산업선교회는 1960년대에 미국감리교회의 조지 오글 목사의 ‘약한 것을 강하게’라는 슬로건 아래 노동자들에게 노동교육과 소모임을 통해 취미활동과 신학사상, 노동조합운동, 노사문제, 교회연합운동 등의 활동을 할 수 있도록 하는 데 역점을 두었다.* 노동자들이 주체적으로 나서서 자신을 존중하고 노동환경의 문제를 바꾸는 당사자로서 목소리를 낼 수 있도록 뒷받침했다. 이를 위해 주도적으로 활동한 조화순 목사는 직접 경험한 공장의 체험을 통해 노동의 현실을 느끼고 인천 지역의 여성 노동자들이 ‘공순이’가 아니라 ‘하나님의 딸’로서 각자 삶을 바꾸어내고 권리를 찾아갈 수 있도록 앞장서서 격려하고 노동자들을 조직했다.

초기에 같이 참여했던 간호조무사 최연봉은 동일방직 해고자였다. 동일방직 해고자들이 인천도시산업선교회에 많이 왔는데 최연봉은 간호조무사 일을 하며 조옥화와 잠시 활동했다. 김지선은 최연봉을 비롯해 동일방직 해고자들과 함께 자유공원에 올라가 ‘어디로 갈까나’ 하는 노래를 부르며 술을 먹고 울기도 했다.** 조옥화가 말했다.

------

* 인천도시산업선교회에 전시된 활동 소개글.
** 김지선 외, 앞의 책, p.53.

"동일방직에서 해고당한 사람이 해고 싸움을 하는데 블랙리스트가 만들어진 거예요. 그 사람들이 어딜 가도 취업이 잘 안 되니까 당시 먹고사는 것 때문에 다 고민하고 있었지요. 해고자들 중에 버스 안내양*으로 취업한 이들도 있었어요. 몇몇은 간호조무사 학원을 다녀서 간호조무사 자격증을 따기도 했지요. 이렇게 앞으로 진로를 생각을 해야 될 때였어요."

최연봉은 "나는 그냥 노동 현장으로 가는 게 맞는 것 같아" 하면서 일을 정리했다. 최연봉, 문현란, 김용자, 안순애는 모두 그때 만난 이들이었다. 안순애는 동일방직에 다니다가 해고를 당했고 이후 노동절 행사에서 동일방직복직투쟁위원회의 이름으로 결의문을 돌리고 플래카드를 목에 거는 시위를 하기도 했다. 이들은 방문운동, 유인물 배포운동, 서명운동, 재판방청운동 등을 벌였지만 복직이 어려웠다. 새 일을 구해도 블랙리스트 문제로 금세 해고되어, 블랙리스트 철폐 투쟁에 나섰다가(1983년) 구속되는 일도 있었다.**

소모임***에서 공부를 할 때 노동자들의 한 달 생계비가 얼

---

* 동일방직 해고 노동자 중 버스 안내양이 된 노동자는 솔선수범하는 태도로 다른 버스 안내양들을 조직해 앞장서 작업 조건을 개선하라는 집단적 요구를 하고 일터의 환경을 변화시켰다. 조화순, 앞의 책, pp.206-211.

** 양돌규·정경원, 『긴 투쟁, 귀한 삶』, 한내, 2025, pp.242-247.

*** "어떤 그룹이 같은 부서의 문제에 대해 '의식화'되면 이는 곧 행동으로 옮겨져 변화를 가져올 수 있게 된다. 같은 일자리(작업 현장)의 노동자끼리 그룹을 형성하므로 소그룹 활동은 그들의 삶 자체와 깊은 관련을 갖게 마련이다."(인명진 목사) 수만 명의 여성 노동자가 그룹 활동을 통해 노동자의 권리를 자각하

마쯤 들까 하는 문제를 두고 토론이 일어난 적이 있었다. 노동자들이 계산을 할 때 안순애는 이렇게 외쳤다. "노동자라고 생계비를 줄이고 고기를 못 먹어야 되냐? 일주일에 돼지고기를 한 번 정도 이상은 먹어야 되는 거 아니야?" 노동자의 권리는 최소한의 것이어서는 안 되었다. 노동자도 영화도 보고 책도 읽고 문화생활을 해야 했다.

한번은 노동자 교육을 하는데 누군가가 푸념처럼 말했다. "이렇게 교육해 봤자 맨날 공장에서 일하다가 피곤한데. 교육해봤자 머리에 뭐가 남겠어?" 그러자 안순애가 그 말을 막듯 바로 외쳤다. "야! 너도 개뿔 아무것도 모르다가 지금 이만큼 머리 커졌잖아. 그럼 다른 애들은 그렇게 되지 말라는 법이 어디 있어!" 이렇게 따지면서 소모임에서 열심히 학습하려고 애썼다. 그는 노동자 의식이 강했고 삶을 개척해서 나아지게 하려는 의지도 강했다. 같이 여행을 갔을 때 조옥화에게 털장갑 선물을 쑥 던지며 "가져!" 하고 말한 적도 있었다. 서로 말투에 개의치 않고 격식 없이 직접적이고 소탈하게 대화했다. 평등한 세상을 꿈꾸며 평등한 관계로 만나는 활동가들. 각자의 마음이 무엇을 향해 나침반처럼 움직이고 있는지 서로 잘 알고 있어서 가능한 만남이었다.

고 자신의 삶에 대해 주인의식을 갖게 되었다. 소그룹 활동을 통해 스스로 노동문제를 해결하고 인간됨을 자각하며 공동체에 헌신하는 성숙한 인격체로 성장했다. 서덕석, 『조지송 평전』, 서해문집, 2022, pp.117-121.

인천도시산업선교회에서 하는 활동으로 기독교사회선교협의회 회의에도 참석했다. 영등포산업선교회와의 연계 활동도 했다. 조옥화는 공개적 신분으로 인천도시산업선교회 바깥쪽의 네트워크 활동에도 많이 참여했다. 기독교 회관에도 자주 가면서 권오경 목사(1941~), 동월교회 허병섭 목사(1941~2024), 성남주민교회의 이해학 목사(1943~) 등 기독교 주민 운동을 하는 그룹을 만나 네트워크 회의를 했다. 그 후 도시 빈민을 대상으로 하는 민중교회 목회가 활성화되었다.

"80년대 중후반으로 민중교회라는 게 여기저기서 많이 생겼는데 그 시초가 80년대 초의 그런 흐름이죠. 산업선교회도 교회 활동을 했는데 민중신학이 개신교 쪽으로 쭉 들어가 가지고 80년대 중후반 때는 인천 여기저기에도 민중교회가 많이 생겼어요. 85년도에 인천 송림동에 생긴 사랑방교회가 대표적이죠."

인천도시산업선교회의 실무자 김근태는 가끔 가다 나타났는데 공개적으로 활동을 못하고 비공개 실무자로 일해서 '언더 실무자'라고 불렸다. 김근태는 그곳에 와서 노동자들을 몇 명씩 모아 소모임을 꾸렸다. 『노동의 역사』* 책을 가지고 그룹 스터디를 했는데, 거기서 처음으로 노동에 대한 이야기, 노동자 계급의 이야기를 들었고 역사의 발전을 배웠다. 실

---

* 바레 프랑소아, 『노동의 역사』, 광민사, 1979.

제 역사 발전의 근본 원동력은 노동이고 노동자라는 것을 알았다. 역사는 노동자의 권리를 향상하는 쪽으로 발전했다. 조옥화도 이런 소모임에 참여하면서 그동안 막연하게 생각하고 추구한 것이 뚜렷해지는 기분이 들었다.

"그렇게 얘기를 하면서 사회 구조적인 것에 대한 공부를 하는 거지요. 세상을 보는 눈이 좀 더 명확하게 된 거예요. 그때 김근태 선생이 별명이 있었어요. 김답답, 김진지. 그러니까 말을 별로 안 해요. 가만히 생각을 해보니까 이 양반이 그게 기술이더라고요, 사람을 가르치는 기술. 자기가 해답을 알려주지 않고 질문을 던지고 얘기를 하게끔 하고 그 질문에 대답을 하는 과정 속에서 스스로 결론에 도달하게끔 하는 그런 기술이 있는 거예요. 처음에는 말도 안 하고 마음에 안 드는 거예요. 내가 약간 무시당하는 것 같은 느낌도 들고, 나를 시험하는 것 같기도 하고. 그랬는데 점점 얘기를 하다가 내가 결론에 도달을 하면 '그렇지, 그게 맞지' 이런 식으로 얘기를 해줘서 나도 모르게 알게 되는 거예요."

원시 사회에서 노예제, 봉건제, 이런 방향으로 역사가 전개됐던 것들은 다 노동자들의 권리가 향상되는 방향으로 발전해온 거고 산업혁명으로 신분 해방이 될 기회를 맞았다는 것. 생산력이 점점 발달하면서 노동자들이 노동의 굴레에서 해방돼서 필요한 만큼만 노동하고 나머지 시간에는 자신의 가능성과 비전을 수행하는 것. 그게 노동이 해방된 세상이라고 했다.

"내가 김근태 선생에게 물어봤어요. '그러면 생산력이 아
주 발달해가지고 나중에 우리가 바라는 유토피아가 되면 노
동자들은 어떻게 되는 거예요?' 그랬더니 여태까지 노동시간
이 단축된 것도 노동운동의 결과라는 거예요. 옛날에는 어린
애도 거의 20시간이나 일했는데 점점 노동시간이 줄어들어
지금은 8시간이 되었다는 거죠. 노동시간이 준 지도 얼마 되
지 않는다고 얘기를 하더라고요. '그러면 나중에는 어떻게 되
는 거예요?' 물었더니 '그냥 짧게 일하고 남은 시간에는 자기
가 하고 싶은 대로 그림을 그리거나 자기가 좋아하는 일을 하
면 되지' 이런 얘기를 했거든요."

조옥화는 자신은 약한 이들의 편이 될 거고, 약한 이로서
약한 이들을 돕겠다고 결심하고 있었다. 그러면 역사의 주인
이자 원동력인 노동자를 위해 앞으로 무엇을 해야 할까? 무엇
을 꿈꾸며 그 자리를 지키는 게 옳은 걸까?

김근태는 대답을 할 때 눈에 웃음기를 머금었다. 그는 헌
신해 자신을 먼저 내려놓으면 다른 이들이 영향을 받고 실천
하게 된다고 믿는 투사였다. 그는 항상 솔선수범해서 앞장서
고 어려운 일을 끌어안고 온몸으로 감당해내려고 했다. 우리
나라에 체제로서 제대로 자리 잡은 적 없는 민주주의를 기필

코 세우고 싶어 했다.[*]

　조옥화는 고개를 끄덕였다. 일을 무리하게 하느라 힘들지 않고 건강한 삶을 지키며 원하는 꿈을 이루는 세상. 그렇게 유토피아를 이해했다. 노동자의 세상을 앞당기는 일 또한 자기가 이때까지 해온 일과 다르지 않은 것 같았다. 당시 학생운동권에서는 5·18민주화운동이 좌절되었으니 그 뒤를 이어 노동자를 통한 새로운 역사의 장을 열어야 한다는 책임을 가진 이들이 늘어났다. 그들은 새로운 운동의 주체로서 노동자와 노동조합에 주목했다. 특히 대공장에 있는 노동자들이 조직화되고 규율이 있으니 이 사람들이 의식화되면 굉장히 큰 힘을 가진 잠재력이 생긴다는 주장도 했다.

　"그때 선도 투쟁, 그다음에 현장 투쟁 이런 게 있었거든요. 학생운동에서 정치투쟁으로 주력하는 부류가 있는 반면,

---

[*] "민주화를 위해 싸웠다. 사실 민주화가 이루어지면 한국 사회가 낙원 같은 사회로 나아가는 것이 아닌가 하는 좀 순진한 생각을 가지고 있었다. 어쩌면 민주화 운동 내내 죽을지도 모른다는 두려움과 공포가 있었기 때문에 더욱더 그런 생각이 들었을 수도 있는데, 민주화되기만 하면 지난 1백 년 동안 숱한 희생과 고통을 겪은 한반도의 5천만 내지 7천만이 새로운 세계로 나아갈 수 있는 그런 사회가 도래하리라고 생각했다. 관념적으로 그런 희망과 기대를 가슴에 품고 '그렇다면 내 비록 죽음을 맞이하더라도 민주화를 위해 싸우는 것이 정말 보람되고 의미있는 것이 아닌가.' 하는 생각을 해왔다. 자유는 민주화로 얻게 되는 열매들 중 하나라고 생각했다. 그래서 민주주의를 위해 열심히 싸워온 것 같다. 그것이 1970년대 민주화를 위해 싸워왔던 사람들 대부분의 자유에 대한 감각이 아닌가 한다." 김경미 엮음, 「김근태 마지막 인터뷰: 미안하다, 그래도 함께 분노하자」, 『골을 못 넣어 속상하다』, 후마니타스, 2013, p.20 발췌 인용.

현장에서 노동자들이 움직이지 않으면 실제로 사회의 변혁을 못 일으키니 위장 취업해 노동 현장으로 가서 노동자 계급이 분연히 떨쳐 일어나게 해 변화를 만들어야 한다, 이런 생각도 한 거거든요.* 노동자들을 노동자 의식으로 무장시켜서, 여태까지는 자본가에 의해 시키면 시키는 대로 일하고 주면 주는 대로 받았지만 이제 자기 권리를 알고 역사의 주인은 나라는 걸 알고 행동하게 한다는 거지요. 노동자가 주인이 되는 세상이 종잇장에만 있는 말이 아니라 실제로 의식을 통해 현실화하려고 했어요. 머리로만 생각하는 게 아니라 인생의 중요한 시기에 현장으로 존재 이전을 하는 거예요. 전형적인 학생운동이 선도적으로 나갔다면 우리 같은 사람은 약간 비주류죠. 어떻게 보면 나는 그 주류에서 좀 벗어나 있는 사람이죠."

그때는 '혁명적 열기'가 있는 시대였다. 세상에 큰 변화가 바로 올 것 같고 "뭔가 힘을 모으면 어떻게 될 것 같고 세상이 막 뒤집어질 것 같은 느낌"이 들던 시기였다. 노동조합 활동이 산업 전반에서 중요하다고 여겨져 학생들 사이에서 현장으로의 투신이 슬로건처럼 되어 있었다. 운동권 학생 출신들이 공장으로 위장 취업을 하는 일이 많았다. 인천은 공단이 많

---

* 1983년 말 유화조치 이후 학내 민주화를 넘어 전두환 정권에 대한 민주화의 정치투쟁에 나섰던 학생운동은 한편으로 노학연대를 통해, 다른 한편으로 선도 투쟁을 통해 민주화 투쟁의 확산에 기여했다. 정해구, 『전두환과 80년대 민주화운동』, 역사비평사, 2011, p.111.

아서 서울의 학생들이 와 위장 취업을 자주 했다. 노동자가 주인이 되는 세상이 실제로 실천하는 사람들의 힘을 통해 현실이 되어가는 것 같았다. 젊은이로서 느끼는 헌신적인 열정, 자기가 사회로부터 받은 것을 다시 돌려줘야 된다는 의협심과 정의감이 퍼져나가던 때였고 조옥화도 그렇게 느꼈다.

"지선이 같은 친구도 만나면서 좀 더 동화된 거지요. 그 친구들이 고민하고 있는 것들이 있잖아요. 노동자로서 앞으로 어떻게 살 것인가 고민도 했어요. 구조적으로 노동자들이 조직이 돼서 뭘 해야 우리 사회가 좀 더 발전하겠다라는 것도 머릿속으로 공부를 했고, 주위에 있는 친구들도 만났고. 어차피 그 친구들은 계속해서 노동자로 살아가잖아요. 나 같은 경우는 너무 언저리에 있다는 생각이 드는 거지요. 그래서 일단 이들과 같이 있고 싶다, 그리고 어떤 형태든지 사회의 발전에 기여하고 싶다 이런 생각이 있었던 거지요. 그래갖고 존재 이전을 한 거지요."

조옥화는 민들레의료협동조합을 떠날 때 다음 행보로 노동 현장으로 들어갈 생각을 했다. 다만, 조옥화는 다른 대학생들처럼 노동자들을 일깨운다는 의식은 별로 없었다. 가장 큰 동기는 그들과 같이 있고 싶다는 마음이었다. 인천도시산업선교회에서 여성 노동자들과 친해지면서 동화되었다. 노동자들이 생각보다 훨씬 주체적이고 인간적인 것을 보면서 함께 고민하는 것이 자연스러워졌다.

"주말 무료 진료를 끝까지 한다면 언제까지 해야 되나, 이런 생각이 들고 내가 직접 노동자들을 만나니 나도 그 생각에 휩쓸리지요. 노동자를 위해서 뭔가를 해야 되는데. 그러면 여기서 이렇게 있는 게 아니라 나도 현장을 가야겠다 생각했어요."

조옥화는 할 일을 혼자 고민하면서 찾은 게 아니라 동시대 다른 이들의 고민 속에서, 사회의 변화를 직면하면서 찾아냈다. 알게 되면 바로 행동으로 옮겼다. 새로운 상황에 도전한다거나 부딪힌다거나 자기를 투신한다는 것이 부담스럽지 않았다. 노동자 친구들과 함께하는 일, 언저리에 있지 않고 한 발자국 더 들어가보는 일로 여겼기 때문이다. 사회의 발전에 자신도 기여하면 좋겠다는 단순한 결심 때문이었다. 그는 그 결심에 전부를 걸 줄 아는 사람이었다.

"평생 살면서 나는 세상은 살아볼 만한 것 같다고 생각했고 다양하게 인생을 살고 싶었어요. 그다음에 사회 발전에 기여하고 싶었어요. 어쨌든 처음부터 나 혼자 잘 먹고 잘 사는 거는 의미 없다. 공동으로 선을 이루어서 좀 더 여러 사람이 혜택을 받는 그런 세상을 만드는 데 나도 기여하고 싶다, 그런 마음이었어요."

4부

잎새에 이는 괴로움

문 앞에 놓인 신발들

"1984년에 나도 노동 현장에 가야겠다 마음먹었죠. 생각해보면 나는 하고 싶은 걸 그냥 했나 봐요. 가서 좀 더 근본적인 중심 활동을 하고 싶다고 생각했죠. 그때 전체적인 분위기가 그랬어요. 그 당시에 분신도 있었고 역사의 제단 앞에 나를 바친다는 역사의식 같은 게 막 고양되어 있을 때였어요."

그때 조옥화의 나이는 31세였다. 공장에 취업하는 다른 여성 노동자들보다 나이가 많아 다섯 살 어린 동생의 주민등록증으로 취업했다. 주안공단, 부평공단, 남동공단 가운데 부평공단으로 들어갔다. 집도 동생의 이름으로 계약을 한 다음 그곳을 모임 장소로 썼다. 실제 생활하며 사는 곳은 대우자동차 공장 근처의 다른 곳이었다. 산선에서 만난 김지선과 또 다른 어린 친구랑 같이 자취를 했다.

부평 4공단에 있는 명성전자회사에 들어갔는데 당시 유행하던 마이마이 카세트를 만드는 회사였다. 그곳의 노동자들을 조직하는 일은 현실적인 어려움이 있었다. 전자회사에 다니는 노동자들은 저녁에 산업체부설학교에 다녔다. 낮에는 공장에서 일하고 야간에 공부하고 기숙사에서 자는 틀에 박힌 생활을 하는 노동자들과 교류할 시간이 별로 없었다. 다섯 살 어린 나이로 취업했지만 다른 노동자들보다 나이가 훨씬 많았다. 그는 들어가서 처음부터 조직 활동을 해야겠다는 생각보다는 그 속에서 같이 생활하는 노동자로서 자신의 자리를 놓는 데 먼저 관심을 기울였다.

"취업한 공장에서는 우선 세대 차이도 나고 일도 익숙지 않아서 시간이 걸렸고 오히려 바깥 모임을 중심으로 해서 스무 살 정도의 여성 근로자들과 소그룹 모임을 하는 데 주력했어요. 인천은 공단이 많으니 한 회사에 취업한 다음 다른 공장에 다니는 여성 노동자들 몇 명과 만나는 거지요. 병아리팀이라고 불렀는데, 그런 팀을 만들어서 노동자들과 같이 소그룹 모임을 했어요."

사람들이 붐빌 때는 문 앞에 신발이 수십 켤레씩 있기도 했다. 여성 노동자들을 모아 학습을 하고 현실에 대한 이야기를 나누었다. 소그룹에서 공부하는 내용은 주로 노동법이나 노동자 권리의식에 대한 내용이었다. 『노동의 역사』는 노동자 교육을 위한 소책자로 활용했다. 우리 역사의 발전에 있어 노동의 발전이 원동력이라는 점을 알리고 노동자 계급의 위치와 권리가 어떻게 변화되었는지 설명했다. 과거에는 신분상으로 예속되었고 자본주의 사회에서는 신분 예속에서 벗어나도 경제적 종속은 남았지만 나중에는 노동자가 해방된다는 내용이었다. 조옥화가 책의 내용을 설명하면 노동자들은 그

것을 바로 이해하고 현실 이야기를 했다. 그 가운데 공장에서 해고된 남자 노동자들 몇 명도 있었는데 그곳에서 만나 서로 결혼을 한 이들도 있었다.

"쏙쏙 받아들이고 생각보다 빨랑빨랑 이걸 알아채는 거예요. 그리고 자기네가 부당하다고 여긴 현실을 깨닫고 권리의식하고 연결이 되는 거지요. 자본주의하의 자본과 노동자 관계에서 우리가 부당하게 착취당하고 있다는 생각을 처음 하면서 주체성이 생기는 모습이 보였어요. 그때 그들이 기특했어요. 나는 그걸 건강한 노동자 의식이라고 생각하는데 그때 노동자들이 잘못하면 퇴폐적인 유흥문화에 휩쓸릴 수도 있고 사회에 대한 지나친 비난을 하거나 자기 열등감 등에 빠질 수 있잖아요. 이런 게 아니라 어쨌든 공부를 하면서 건강한 노동자 의식이 함양되는 게 좋았던 거지요. 그들이 지금도 잘 살아요."

조옥화는 노동자들이 건강한 시선을 가지게 되고 권리의식이 생겨 삶을 꾸려갈 힘을 가지는 모습을 보는 게 좋았다. 주변의 소비적인 문화에 휩쓸리지 않고 사회를 무조건 적대시하는 것도 아니며 비하에 빠지지 않고 자기 목소리를 내고 주체적으로 살아간다는 것이 의미 있었다. 그 한 사람의 힘으로 우리가 생겨난다. 현실 속에서 자신을 받아들이고 우리라는 공동체를 자발적으로 만들어서, 약한 이들의 힘을 키우는 일. 이것이 의미 있게 여겨졌다.

공장을 다니다 보면 출퇴근 시간이 비슷하다 보니 노동자로 위장 취업한 대학생들이 눈에 띄었다. 조옥화가 평소에 알던 이들이 있을 정도로 현장에 와 활동하는 대학생들*이 많았다. 공단에 취직한 이들과 마주치면 주변을 의식해 아는 척하지 않고 그냥 눈짓만 주고받고 스쳤다. 김지선은 한국노동자복지협의회와 인천노동자복지협의회를 만드는 일에 관여했다. 그는 상근하며 열심히 인천노동자복지협의회 활동을 했는데 동일방직의 정명자, 최연봉도 함께했고 이 단체는 1986년에 해산했다. 1987년에 비공개 조직인 인천지역민주노동자연맹(인노련)이 창립됐다. 김지선은 조합 활동뿐 아니라 앞장서서 정치투쟁을 해서 노동자들의 권리를 찾기 위한 길을 내야 한다고 여겼다. 조옥화는 소모임을 통해 노동자들의 의식을 키우며 자신이 맡은 활동을 열심히 해나갔다. 같이 사는 이들과는 얼굴을 마주치기 힘들 정도로 서로 바빴다.

조옥화는 공개 조직인 인천사회운동연합 활동을 하면서 구호가 적힌 전단지를 주택가에 배포하는 활동도 했다. 부평 주택가에서 노동법 개정 촉구 전단을 배포하다 부평경찰서에 연행되어 일주일 동안 구류를 살기도 했다. 그는 이후 감시가

---

* 노동운동은 1984년에 들어와 활기를 띠기 시작했다. 1980년대 상반기 수도권 공단 지역에 '위장취업'한 학생 노동운동가만 약 3~4천 명 정도가 되었는데(1만 명을 추산하는 연구자도 있다), 이들의 활동도 작용해 1984년에 134개 노조에 17,091명이 새로 조직되었다. 서중석, 『한국 현대사 60년』, 역사비평사, 2007, p.187.

심해져 공개 활동을 접었다.[*]

방에 함께 모인 어느 날 저녁, 앞으로 노동운동만 하고 결혼은 안 하고 살겠다고 약속처럼 선언하는 이들이 있었다. 부평의 굴다리 근처에 있는 빌라였는데 조화순 목사가 얻어준 빌라였다.

"당시 잠시나마 함께 살았던 동일방직 해고 노동자인 김용자가 자기는 결혼 안 하고 산다고 했어요.[**] 조화순 목사님이 결혼을 안 하셨고 은근히 결혼 안 하고 여성 노동자로서 여성 노동운동에 헌신하는 것이 바람직하게 여겨지는 분위기가 있었죠. 난 별로 결혼에 대해 흥미가 없었고 필요 없었어요. 하지만 입 바깥으로 생각을 말하지 않았어요. 왜냐하면 그게 허언이 될까 봐. 결혼을 꼭 해야 되겠다는 생각도 별로 없었는

---

[*] 김지선 외, 문종인 엮음, 「조옥화」, 『내가 살아 온 이야기』, 인천민주화운동센터, 2021, p.209.

[**] "조화순 목사님이 결혼도 하지 않고 오로지 노동자들을 위해 일하는 데 대해 존경심을 가졌고 나도 그렇게 되고 싶었어요. 그 당시 나는 남자에 대한 적개심을 가지게 되었어요. 70년대 노동운동이 대부분 여자 사업장에서는 일어났으나 남자 사업장에서는 안 일어났고 오히려 남자 조합원이 구사대가 되어 우리를 파멸로 몰고 갔기 때문이에요." 그는 이후 노동운동을 하려고 학출 신분으로 온 서울대 치과대학생과 만나 결혼을 하게 된다. 김용자는 태평특수에 취업해 기능공사로 일하다가 동일방직 해고자라는 사실이 알려져 부당하게 해고되었다. 인천 노동부 농성으로 한 달 반 정도 수감생활을 했는데 그때 결혼과 노동운동을 깊이 생각하고 결혼을 결심했다. 결혼 후 남편의 적극적 지지 속에서 노동운동을 계속했다. 한국여신학자협의회 여신학자연구반 편, 「끝까지 노동자의 어머니가 되시길」, 『고난의 현장에서 사랑의 불꽃으로』, 대한기독교서회, 1992, pp.276-277.

데 안 하겠다고 입 바깥에 내면 일종의 약속처럼 되잖아요."

그들은 바쁘고 고달파도 자긍심을 잃지 않고 나아갔다. 남들이 아무리 뭐라고 해도, 사회에서 온갖 색깔론으로 공격해와도 정의를 위해, 약자와 함께하는 삶이라는 옳은 가치를 위해 일하고 있었기 때문이다. 그 자부심은 조옥화의 삶에 뼈대를 세웠고, 자신을 믿고 나아갈 수 있게 해주었다.

1985년 인천에서는 대기업 공장인 대우자동차에서 파업이 일어났다. 대우자동차 파업투쟁 시 학생 출신 노동자인 홍영표, 송경평, 이용선 등 남성 활동가들이 주로 활동했다.

"1985년도에 대우자동차가 임금 인상 투쟁을 해서 크게 신문에 났었거든요. 시끄러운 소리가 매일 들리고 집 근처에서 최루탄이 터지고 그랬어요. 대우자동차 거기가 학생운동 출신들이 취업해서 앞장서서 노조를 기반으로 어용노조를 민주화하면서 회사하고 임금 인상 투쟁한 거죠. 김우중 회장이 학생운동 출신 노동자였던 홍영표와 교섭하고 신문에 두 사람이 사인하는 것도 나오고 그랬지요. 작업복을 입고 파업 투쟁하고 회사 점거하면 회사 측에서도 무시할 수가 없잖아요."

1985년의 대우자동차 투쟁*과 노동자들의 참여가 이후

---

* 대우자동차 노동자 파업투쟁은 1985년 4월 16일부터 열흘간 전개되었다. 당초 투쟁은 1984년 저임금, 통근버스 이용, 상여금 문제, 예비군 문제 등 열악한 노동조건과 불만으로 진행됐다. 기존 노조가 무력하게 대응하자 대학생 출신 노동자들이 중심이 되어 노조 집행부 반대세력을 형성해, 1985년 임금인상투쟁을 주도했다. 대우자동차 노동자들의 파업투쟁은 막강한 재벌기업에

전국 노동자 대투쟁의 시발점이 됐다. 이전에 노동조합은 금기시되고 노동자들의 목소리는 탄압받았지만 이제 많은 노동자들의 목소리가 세상 밖으로 쏟아져나오게 되었다. 조옥화의 집이 대우자동차 공장 근처였는데 이용선은 투쟁하면서도 한밤중에 그 집을 찾아와 이들에게 학습을 시켰다. 조옥화는 김지선과 같이 자던 방에 문을 두드리는 소리가 들리면 한밤중에도 문을 열어주어야 했다. 이용선은 거의 매일 찾아와 학습을 시켰고 이들은 내일 당장 출근해야 해서 졸리고 피곤해도 문을 열어주고 그 말을 들었다.

"'어떻게 살 것인가?' 같은 문건이었어요. 내용은 당시 활동가들에 대한 사상적, 실천적 지침 같은 거였는데 그걸로 학습을 시켜요. 문건을 내놓고 열변을 토했어요. 이론을 배워야 한다고 문건을 갖다 보여주고 어떤 걸 느꼈냐고 묻고 답하고. 그러니까 이게 학습인 거예요."

공장 일에 지쳐 잠자다가 졸지에 깬 조옥화는 솔직히 귀찮고 내심 그가 빨리 가기만을 바랄 뿐이었다. 당시 조옥화는 열심히 공장에 다니면서 일과 소모임 활동을 하고 있었고 김

맞서 요구를 쟁취한 점, 지식인 주동자들이 헌신적인 노력으로 현장의 지지를 획득하고 투쟁을 감행한 점, 현장 노동자들의 경제적 요구를 중심으로 움직였다는 특징이 있다. 대우자동차 노동자들의 투쟁은 다른 사업장 노동자들의 투쟁을 촉진해 전두환 정권과 자본의 임금 가이드라인을 무력화했고 노동법 개정에 대한 논의를 촉발했다. 민주화운동기념사업회 한국민주주의연구소 엮음, 『한국민주화운동사 3』, 돌베개, 2010, p.723-724.

지선은 인천지역민주노동자연맹이 결성된 다음 정치적 대중 투쟁*을 했다. 신변의 위협이 있으니까 대우자동차 근처 청천동의 집에 한번 들어오려면 일부러 먼 길로 돌아가고 누가 쫓아오지 않는지 확인해야 했다. 조옥화의 동생 이름으로 얻은 방은 인노련의 모임 장소로도 썼다. 인노련 사람들은 인천 5·3민주항쟁 때 쓸 화염병을 그곳에서 만들기도 했다. 모임을 할 땐 군용 담요로 창문을 모두 막고 불빛이 새어나가지 않게 했다.

소그룹 활동은 한동안 이어졌다. 나중에는 방에 소그룹 하는 노동자들이 너무 많이 몰려 왔다. 그들에게 필요한 식량과 생필품을 대는 게 힘들 정도였다. 휴지나 소모품, 쌀이나 라면이 순식간에 다 없어졌다. 나중에 이 방을 유지하지 못하게 되는 어려움이 있어 잠시 나와 있는 사이, 바로 경찰이 방을 덮쳤다. 잠시만 늦게 방을 비웠어도 위험해질 수 있는 상황이었다.

1986년에는 경찰서에서 실적 경쟁이 붙어 마구잡이로

---

* "이제는 (노동조합의) 합법적인 투쟁만 하면 안 되고 정치투쟁하고 결합해야 한다. 이런 고민을 했어요. 군사정권과 싸우면서 우리가 노동자들을 보호해주는 방패막이가 되자. 수동적으로 조합을 만들고 조합에 있는 사람들을 도와주고 이런 것으로 그치는 것이 아니라, 노동자들이 정치적 균열을 내는 것을 해야 한다. 우리가 앞장서서 정치 투쟁을 하고, 그 틈새에서 노동자들이 조금 권리를 찾도록 하는 것이 맞지 않냐 그렇게 생각했던 거 같아요." 김지선 외, 문종인 엮음, 「김지선」, 『내가 살아 온 이야기』, 인천민주화운동센터, 2021, pp.61-62.

혈안이 되어 활동가들을 잡아들이려고 했다. 노동자들을 위한 활동을 하는 이들은 늘 긴장하며 앞으로 어떻게 될지 몰라 불안한 심정을 품고 있어야 했다.

"나는 사실 공식적으로 수배되는 사람은 아니었어요. 내 동생 주민등록증으로 집을 계약했는데 그곳을 인노련에서 모임 장소로 쓴 거예요. 경찰에서 집 계약이 내 동생 이름으로 돼 있는데 내 동생은 아니라는 걸 알고 계약한 이가 나라는 거를 안 거죠. 인노련이라는 비공개 조직하고 어떤 관계가 있나 이게 알고 싶은 거겠지요. 내가 그 조직 활동의 직접적인 멤버는 아니었는데 그 사람들이 회합하는 자취방을 내 동생 이름으로 계약했다는 것 때문에요. 그래서 조여온 거죠. 경찰서에서 인천 본가 입구 두 군데를 아예 진 치고 있으면서 감시를 했대요. 나는 거기에 안 갔는데, 사태를 보니까 나를 이제 쫓아 수배 아닌 수배가 된 거예요."

신천연합의원의
이름 없는 간호사

조옥화의 오빠는 동생이 어디에 숨어 있는지 자백하라고 경찰서에 붙잡혀 갔다. 경찰은 오빠를 데리고 가 권총을 들이대며 동생의 행방을 대라고 협박을 했다. 의자에 앉아 있는데 빨리 대라고 하면서 의자를 발로 차서 오빠는 구석에 뒹굴며 곤욕을 치렀다. 아버지는 딸이 읽던 책들을 모두 마당에 내팽개치고 불을 질러버렸다. 조옥화는 쫓기는 몸이 되었고 도저히 안 되겠다는 생각이 들자 몸을 숨겼다. 특별히 붙잡힐 만한 일이 없는데 왜 이렇게 혹독하게 죄여오는지 알 수 없었다. 그들이 쫓아오니 조옥화는 쫓겨서 수배 아닌 수배생활을 시작했다. 그들은 인노련에 초점을 두고 조옥화가 어떤 관계가 있는지 캐려는 것이었다. 동생은 관련 인물이 아니니 조옥화가 단박에 타깃이 되었다. 조옥화는 당시 공식적으로 수배가 된 건 아니었지만 경찰은 그를 잡아들여 그를 통해 인노련 조직원을 잡으려고 했다.

"우리 오빠가 고생을 많이 했나 봐요. 근데 처음에는 얘기 안 하고 나중에 얘기하더라고요. 그런 상태였는데 나는 부평에 있었고 그러다 도저히 안 되겠는 거예요. 나는 공장에 다니고 있었고 지선이는 공장에 안 다니고 인노련 활동을 했어요. 이때만 해도 집에 들어오기 전에 일부러 주변을 한 바퀴 돌고 누가 쫓아오나 보고 이런 정도였어요. 경찰은 서로 실적 경쟁하고 살벌한 분위기였어요. 분명히 실제로 자취하는 집에도 올 것 같아서 이거 어떻게 해야 되나 전전긍긍했거든요. 도저히 안 되겠더라고요. 공장 일을 그만두고 다시 간호사로 일하게 됐어요. 솔직히 수배에 대한 도피였지요.”

경기도 시흥 신천리에 신천연합의원이 있었다. 1986년 초에 문을 열었는데 조옥화가 그곳에 찾아간 것은 그해 10월이었다. 그때는 신천연합의원이 초창기일 때였다. 인천도시산업선교회에 주말 진료를 하러 왔던 안용태와, 조옥화에게 선교회 실무자 일을 제안했던 양요환, 그리고 산부인과 고경심 의사, 이 세 사람이 공동으로 병원을 개원했다. 신천연합의원은 반농반도시 시흥 지역에 설립되어 복음자리 빈민운동*과

---

* 시흥 지역의 도시빈민 운동은 종교계와 외원 단체 등의 지원을 받으며 초기부터 일정하게 공식적 성격을 띠었고, 제정구와 정일우의 주도하에 공동체를 지향하면서 집단적 정체성이 확장되었던 보기 드문 사례였다. 1977년 복음자리 마을, 1979년 한독마을, 1986년 목화마을은 시기와 조건의 차이에 따라 세 마을의 ‘공동체성’ 형성 과정에는 차이가 있었고, 다양한 갈등 요소도 존재했다. 그러나 이들 세 마을 사이에는 철거민, 이주민이라는 정서적 공감대와 유대감이 작동했고, 주민들은 다양한 차이에도 불구하고 복음자리 공동체와 복음신협, 작은자리 회관을 구심점으로 점차 ‘하나의 지역 공동체’이자 도시빈민 운동, 시민운동의 ‘주체’로 진화해갔다. 이동원, 「1970~80년대 시흥지역 도시빈민 운동의 성장과 진화」, 『인문논총』 81권 3호, 2024, pp.171-204.

의 연계 속에서 의료서비스에서 소외된 계층을 대상으로 의료를 제공했고 다른 '사회의학' 의료기관과 보건의료 운동단체들을 지원했다.[*] 조옥화가 인천도시산업선교회에서 나와 세상의 변화를 위해 공장생활을 하는 사이 그들은 의료로써 사회적 책무를 다하려 새로운 병원을 세웠다. 조옥화는 지역사회에서 일해볼 생각으로 조산사 자격증을 딴 적이 있었다. 지금 그 자격증이 효력을 발휘했다.

고경심은 유일한 산부인과 의사여서 24시간 근무를 하고 있었다. 고경심은 1986년 2월 산부인과 레지던트 수련을 마치고 사회의학연구회 모임에서 의원 건립 소식을 접하고 산부인과 의사로 창립에 참여하게 되었다. 그는 그 후 저소득층 주부들의 수술 현황과 영세 하청업체에 종사하는 기혼 여성 노동자들의 건강문제 실태조사를 실시하여 여성 건강을 사회적 차원에서 진단했고, 여성의 건강과 사회문제에 적극적으로 의견을 개진했다.[**] 그는 낮에는 주로 외래 산부인과 환자를 보았지만 분만이 있으면 밤에도 쉬지 않고 분만실에서 일해야 했다. 고경심은 하루에 환자를 약 40~50명 받고 있었다. 피로에 지친 고경심은 조옥화가 조산사 자격증이 있다는 소리에 반색하며 당장 내일부터 출근해 나오라고 환영했

---

[*] 홍수현, 「1970~80년대 '사회의학'의 실천과 신천연합의원의 설립」, 『인문논총』 81권 3호, 2024, pp.137-170.

[**] 위의 글.

다. 조옥화는 그곳의 기숙사에 몸을 숨길 수 있었다. 이제 안전한 은신처가 확보된 셈이었다.

"내가 수배 아닌 수배를 당해 집에 못 돌아가고 도망 다닐 때 이 조산사 자격증이 있었기 때문에 취업 겸해가지고 그 병원에 스며들 수가 있었어요. 거기는 분만실을 24시간 돌리는데 조산사를 찾을 수가 없어요. 힘들어서 누가 거기를 오나요? 당장 갈 데도 없고 뭐 할 수가 없으니까 거기 기숙사로 들어가서 은신처로 삼은 건데. 남 모르게 들어가 거기서 안 나오려고 한 거죠. 산부인과 선생님은 자기가 죽겠는 거예요. 산부인과 의사가 외래 봐야지, 분만 받아야지 막 혼자서 그렇잖아요. 아이가 시간 맞춰서 나오는 게 아니잖아요. 한밤중에도 생기는 일이고. 그러니까 무조건 내일부터 오라고 했어요."

생각해보니 부산일신부인병원에서 훈련받은 다음에 본격적으로 아기를 받은 적이 없었다. 인천도시산업선교회에서 일할 때 아기를 받은 적이 있었지만 대체로 초산이 아니라 셋째나 넷째를 낳는 경산이어서 수월한 편이었는데, 지금은 정식 조산사로 일해야 하는 데다 초산 산모들도 정면으로 맞닥뜨리게 된 것이다.

"따져보니까 7년 만에 애를 받아야 되는 거예요. 처음에 갔을 때 거기서 면접 보고 나오는데 어떤 사람이 배가 불러가지고 병원에 오자마자 나를 아는 척해요. '언니! 옥화 언니!' 보니까 아는 후배가 첫애를 낳으러 온 거였어요. 임부를 보고

고경심 선생이 '잘 됐네! 내가 같이 있을 테니 바로 받아요' 하
는 거였어요."

　조옥화는 면접 본 자리에서 뒤돌아서자마자 숨 돌릴 틈
도 없이 바로 아기를 받게 되었다. 가슴이 두근거리고 잘 해낼
수 있을까 싶어 긴장되고 걱정되었다. "덜덜 떨려서 미칠 것
같은" 기분이 들었지만 내색은 하지 않고 분만대 앞에 섰다.
산모는 '아는 언니'가 조산사라는 데 되레 마음을 놓고 몸을
맡겼다. 아플 텐데, 초산이라 진통이 낯설고 고통스러울 텐데
소리도 별로 안 지르고 잘 참고 있었다. 아기를 지키고자 하는
어미의 마음이 느껴졌다. 식은땀을 뻘뻘 흘려서 얼굴이 땀투
성이가 되고 옷이 척척하게 젖었다.

　"엄마하고 아기잖아요. 둘의 생명이에요. 그러니까 우선
아기 낳을 때 제일 문제는 뭐냐면 아기가 세상에 나와서 첫 숨
을 잘 쉬게 하는 거죠. 조산사로서 밖으로 나오는 애를 잘 돌
려서 빼내고 애가 숨을 잘 쉬게 해야 하죠. 아기가 숨을 안 쉰
다면 아기를 두드리고 때맞춰 호흡하게 하려고 난리를 치거
든요. 아기가 안정적으로 호흡하면 다음으로는 태반을 잘 꺼
내야 되는데 잘못하면 출혈이 계속되죠. 산모는 출혈 문제가
위험하고 아기는 무호흡이 가장 큰 문제지요."

　아기의 울음소리가 터져 나왔다. 한 사람이 세상에 나와
막 삶을 시작하는 소리. 산모의 몸에 힘이 빠지고, 분만대에
안도의 평화로운 순간이 왔다. 조옥화는 속으로 걱정했지만

다행히 머리보다 몸이 먼저 할 일을 기억하고 움직여줬다. 부산일신부인병원에서 일 년 내내 임산부와 아기를 위해 애쓰던 일이 오늘 한 아기가 삶을 무사히 시작할 수 있게 떠받쳐주었다. 자신은 이곳에서 조산사이다. 사선으로 가위집을 넣은 회음부 절개의 봉합도 신경 써서 마무리했다. 간호사로서 인간이 몸을 가진 존재라는 사실과 자주 마주했다. 몸으로 겪는 다양한 어려움과 상황을 목격하고 그 몸과 마음의 위급함을 해결하기 위해 간호사로서 늘 노력했다. 학생 출신으로 위장 취업을 해 노동자를 위한 활동을 하겠다고 한 산모는 이 순간만큼은 포대기에 싸인 아기를 품에 안고 웃음을 짓고 있었다. 딸이었다.

"손이 완전히 굳었는데 하드 트레이닝을 받았기 때문에 아기 낳을 때가 되니까 움직여지더라고요. 처음에는 좀 고생을 했는데 옛날에 하도 트레이닝을 받아가지고 그나마 빨리 손이 풀어졌죠. 아기 머리 나올 때 힘드니까 가위로 길을 내주는데, 나중에 잘 꿰매야 돼요. 그게 쉽지가 않죠. 식은땀 뻘뻘 흘리면서 봉합했죠."

커튼을 젖히고 나왔더니 산모의 남편이 벽에 기대어 앉아 있었다. 그도 학생 출신 노동자로 위장 취업한 상태여서 꾀죄죄한 작업복을 입고 아이를 보러 와선 일에 지친 나머지 벽에 기대어 꼬박꼬박 졸고 있었다. 세상의 변화를 위해 애쓰는 이들이 왜 이렇게 쫓기듯 시달리고 지쳐야 하는 걸까? 그를 보니 안쓰러웠지만 안에서 아기를 안고 기다리는 산모 생각에 얼른 깨워주었다. "야! 그래도 그렇지. 졸면 어떡해!" 피곤해 지쳐 졸던 그는 곧 황급한 걸음을 옮겼다. "감사합니다!" 작은 아기가, 기꺼이 노동자가 된 부모에게서 태어나 오늘 그들 품에 안겼다. 그리고 노동자들과 함께하겠다고 애써온 한 조산사의 손은 그 아기가 세상에 나와 처음 만난 따뜻한 사람의 손이었다.

조산사로 일하면서 조옥화는 많은 여성들을 만났고 많은 아기들을 받았다. 낮에는 산부인과의 병실 근무를 하고 기숙사에 있다 보면 저녁이나 밤에 임산부들이 예고 없이 병원에 찾아왔다. 그들도 진통을 집에서 참아보다가 자정을 넘기자 신경 쓰여 안전한 병원으로 오는 것이었다. 약간씩 진통이 오는 사람도 걱정이 되는지 병원에 일찍 오기도 했고 진통이 크게 와서 배가 많이 아픈 이들도 참다 참다 병원에 왔다. 양수가 터진 임부가 겁을 먹고 들어서기도 했다. 예기치 않은 응급 상황에 대비해야 했고 밤에 잇달아 임산부들이 올 때는 잠을 못 자는 경우도 많았다. 밤새 임부의 상황을 살피며 집중을 해서 아기를 받고 난 후에 아침이 되면 바로 산부인과의 간호사 일이 시작되었다.

낮에는 산부인과 의사가 출산 일을 보았고 조옥화는 간호사로 일했다. 그리고 밤이 되면 대기하다 호출을 받아 바로 투입되는 조산사로 일했다. 처음에 월급으로 30만 원을 준다고 했는데 한 달 지나고 나니 급여는 50만 원으로 변동되어 책정됐다. 얼마 후 책임 간호사를 하라는 제안까지 들어왔다. 그만큼 일이 많았고 그는 그 일을 떠맡아 해내었다. 병실 일뿐 아니라 밤에도 일해야 할 때는 하루에 거의 24시간 근무를 한 셈이었다.[*]

조옥화는 그곳에 숨어 있는 상황인데다 실제로 병원에 일이 많아 움직일 수 없으니 밖에 나갈 일도 없었다. 당시 신천연합의원에는 노동운동을 하던 활동가들이 환자로 많이 왔다. 위장 취업을 한 이도 있었다. 다른 병원에서는 신분을 밝히기 애매한데 이곳에서는 이해를 해주니 안전하다는 생각에 많이 찾아온 것이다.[**]

조옥화는 근처에서 일하는 최수자 간호사와 가깝게 지냈다. 자신보다 열 살이 많은 이로 평소에 롤 모델로 삼는 선배 간호사였다. 최수자는 베트남민간의료단에서도 근무했고

---

[*] 조옥화가 받아낸 아기는 수백 명에 이르고 우리 사회 운동권에서 한다 하는 사람들의 자녀 중에는 조옥화의 손길을 거쳐 세상으로 나온 아기들이 많았다. 하종강, 앞의 책.

[**] 신천연합의원은 의료 소외 지역에 양심적이고 적절한 의료를 제공하기 위해 설립되어 지역 최초로 24시간 진료를 시행했다. 지역의료보험이 시행되지 않은 상황에서 다른 병의원보다 진료비를 저렴하게 받았고 지역사회 의료로서 의료에 대한 접근성을 높였다. 지역 주민뿐 아니라 타 지역에서도 찾아왔고 당시 노동운동에 투신하던 운동권 사람들도 몰려들었다. 신천연합의원의 수입 중 월급을 제외한 부분은 사회를 위해 투자하고, 문제의식을 공유하는 신설 의료기관을 지원하려고 했다. 홍수현, 앞의 글.

독일에 8년간 파독 간호사로 있다가 1978년 귀국해서 원주의 지학순 주교와 뜻을 같이해 보건진료원에서 일했다. 최수자 간호사는 신천연합의원과 초기에 같이 결합을 했다.*

최수자 간호사는 신천연합의원에 초창기부터 합류하며 지역사회 내 보건의료사업을 주도했다. 귀국한 뒤 전국 각지에서 지역사회보건사업에 참여하며 경험을 축적했다. 1987년 최수자는 신천연합의원의 활동 방향을 정립하기 위해 복음신협의 지원 아래 약 2~3개월 동안 시흥 소래 지역의 철거민 정착 마을인 복음자리·한독·목화마을 주민들의 건강실태와 지역의 제반 사정을 조사했다. 그리고 최수자 간호사는 지역사회 정신보건 사업과 주민들의 건강 상태를 점검하는 가정 방문 진료를 도입했는데, 방문진료는 안용태와 최수자가 주축이 되었다. 이를 토대로 병원에 노동자 상담실이 설치되기도 했다.**

"최수자 간호사가 나한테는 일종의 보호자 같은 역할을 했어요. 정신적 보호자 비슷하게 나를 후원해준 분이죠. 내가

---

* "의료인은 현장에서 주민들과 같이 지내야 한다는 거예요. 안 그러면 주민들을 이해 못 하는 거예요. 저희도 지역에 들어갈 때 모두 그 지역에 거주를 해야 한다고 약속했지요. 양요환, 안용태, 고경심, 박운식 선생님들이 모두 시흥시에 거처를 마련했어요. 또한 정일우, 제정구로 대표되는 복음자리 공동체 식구들도 모두 현지에서 주민과 동등하게 살아야 한다고 생각했지요. 이것이 지역 활동가에게는 필수 조건이었습니다." 최수자, 『아픈 세상을 간호하다』, 건강미디어협동조합, 2024, p.81.

** 홍수현, 앞의 글.

웬만한 거는 다 그 양반하고 의논하고 그러거든요. 나의 롤 모
델이에요."

조옥화는 간호사로서 어떤 삶을 살아야 할지, 어떤 선택
을 하는 것이 옳은지, 일로써 어떤 의미를 찾아야 할지 선배인
최수자 간호사와 상의했다. 그의 삶을 보면서 말없이 답을 찾
아갔다. 어려운 여건 속에서 간호사의 길을 꿋꿋이 걸었고 더
약한 이들을 위해 간호 활동을 하며 지역사회에서 의미 있는
자리를 지켰으며 방문 간호를 통해 필요한 도움을 적극적으
로 나누는 이. 그것은 조옥화도 삶의 조건이자 지향인 의료인
으로서 지켜나가고 싶은 가치 있는 행보처럼 보였다. 최수자
간호사는 조옥화의 관심과 결심을 잘 알고 있었고 후배 간호
사의 노력을 지지했다. 의료인으로서 관점을 제한하지 않고
스스로 세상으로 나아가 세상을 간호할 수 있는 간호사가 된
다는 신념을 최수자는 가지고 있었다.

경찰서에 연행되다

어느 날, 병원 근무 중 원장실에서 호출이 왔다. 경찰이 온 것 같은 느낌이 들었다. 원장실 가운데에 원장이 앉아 있고 그 옆에 새까만 양복을 입은 남자들이 몇 명 서 있었다. 원장은 잔뜩 긴장해 있었다. 그들은 광명경찰서에서 왔다고 했다. 조옥화는 문득 자신을 겨냥해 온 건 아닌 것 같다는 생각을 했다. 신천연합의원의 관할은 광명경찰서였지만 자신의 본가는 인천 남부경찰서 담당이기 때문이었다.

그들이 말없이 무언가를 꺼내놓았다. 정명자라는 이름이 써 있는 약 봉투였다. 봉투에 신천연합의원의 이름이 찍혀 있었다. 정명자*는 동일방직 노동조합 활동을 했던 여성 노동자

---

* "시위를 하는 그런 저력은 누구한테 교육을 받아서도 아니고, 철저한 노동자 사상으로도 된 것도 아니에요. 어렸을 때부터 공동체 사회에서 내려온 전통적인 이웃사랑 같은 거였던 것 같아요. 바른 일을 하다가는 언제든 감옥에 갈 수 있다는 생각도 했고요. 제가 해고당하기 전에 재판 과정을 많이 봤기 때문에, 이건 사회가 비정상적이니까 정상적인 사회로 가기 위한 진통이라고 생각하기도 했어요. 사회적으로 눈을 뜨도록 동기부여를 해주고 당당하게 살아날 수 있도록 방향을 제시한 데에는 산업선교회의 역할이 아주 컸어요. 동일방직은 내 삶의 징검다리입니다. 동일방직에서 해고당하고, 다른 사업장 다니면서 또 해고당하고, 또 해고당했지만, 노동운동 발전에 조금이라도 도움이 되지 않았을까요. 그런 부분에 대해서 자긍심을 갖고 있어요." 김지선 외, 문종인 엮

인데 먼 데서 일부러 이 의원까지 온 이유를 그들은 꼬투리를 잡아 물었다.

"정명자는 동일방직 출신이고 산선을 오가는 노동자인데 먼 데서 여기까지 온 이유는 뭡니까?"

정중하지만 위협적인 어조였다. 조옥화를 부른 원장은 한동안 끊었다던 담배를 초조하게 피고 있었다. 말하자면 동일방직은 산업선교회와 연결이 된 곳이고 조옥화는 산업선교회에서 일했던 사람이라 호출된 것 같았다. 조옥화는 원장이 자신을 부른 것이 야속했다. 모른다고 해주면 좋았을 텐데. 자신이 여기에 숨어 있는지 어쩌면 경찰은 알지도 못했을 텐데. 어쨌든 발각되어버렸다.

"신천연합의원에 가서 기숙사에서 나오지도 않고 지내다가 1987년에 광명서에 끌려갔지요. 그곳에 구금됐어요. 처음에 출생부터 지금까지 어떻게 살았는지 어떤 사람을 아는지를 다 쓰라고 했어요."

조옥화는 경찰에 연행되기 전 최수자 간호사에게 급히 연락을 했다.

"선생님! 광명서에서 나를 임의동행으로 데려갑니다."

최수자는 당장 경찰서 앞으로 쫓아왔다. 그뿐 아니라 연

<hr>

음, 「정명자」, 『내가 살아 온 이야기』, 인천민주화운동센터, 2021, pp.79-119 발췌 인용.

락이 닿는 이들에게 모두 연락을 해서 이 사실을 알려 가족까지 경찰서 앞에 함께 데려왔다.

"조옥화를 왜 데리고 갔냐! 빨리 내놓아라!"

"임의동행이고 구속영장도 없는데 빨리 석방하라!"

경찰서 앞에서 조옥화를 구해내려고 항의가 시끌벅적하게 벌어졌다. 안쪽의 밀폐된 방에서 조옥화는 압박을 느꼈다. 1986년에 부천에서 일어난 권인숙 성고문 사건으로 경찰에 대한 여론이 좋지 않을 때였다. 조옥화는 먼저 방패막이를 치면서 "나는 부천 성고문 사건을 알고 있다!"고 외쳤다. 그러자 경찰은 여경을 투입해 몸 수색을 했다. 그동안 은폐되어 있던 국가폭력이 공론화된 것은 사회의 민주화가 그만큼 진전되고 있기 때문이었다. 서울대 대학생이었던 박종철이 수배된 선배의 행방을 대라고 고문을 받다가 죽은 것처럼, 당시에는 경찰이 잡으려는 대상과 연루되었다고 임의로 타깃이 된 이들이 잡혀 들어가면 그 결과를 예측할 수 없었다.

지금까지 살아오면서 있었던 일을 쓰라고 해서 다 썼는데 가져가더니 또다시 반복해서 쓰라고 했다. 이미 공개된 유명 인사들의 이름을 썼다. 조화순 목사, 김동완 목사의 이름같이 공식적으로 활동하는 사람들 이름만 썼다. 그들은 계속 교대로 몇 시간씩 와서 조사하고 질문을 해댔고 그는 방에 혼자 있었다. 그들이 누구를 목표로 하는지 알 수 없었다. 그들이 원하는 것은 잡기 원하는 한 사람의 이름이 그 종이에 쓰이는 것이었다.

"그 당시에는 누구를 노리는지 몰랐지요. 그래서 공개적이고 누구나 알 법한 사람들만 이름을 썼어요. 힘들었어요. 계속 반복해서 썼는데 그다음 날 새벽에 경찰들이 동일방직 해고자 안순애네 집으로 갔지요. 인노련 조직원을 잡으려고 하는데 나를 통해 안 되니까 다음엔 안순애를 통해 연결을 시키려고 하는 것 같았어요."

경찰들은 광명서에서 조옥화를 데리고 나와 새벽에 차를 몰고 나갔다.

"이튿날 새벽에 나를 끌고 어디로 가는지 모르지요. 나는 끌려가는 게 너무 공포스러웠어요. 그래서 차의 문을 열고 뛰어내리고 싶었어요. 다음에 무슨 상황이 기다리고 있을지 모르니까요. 형사가 양쪽에 앉았는데 막 문을 열고 뛰어내리고 싶은 생각이 들었어요. 회피하고 싶었던 거지요. 그 당시에는 스트레스로 극도로 예민해져 있는 상태였어요."

안순애의 자취방 앞이었다. 조옥화를 통해 안순애를 확인하고 그 자리에서 잡으려고 했다. 그 집 근처로 가서 골목길에 차를 대고 잠복해 기다렸다. 안순애는 그곳에서 자취를 하면서 학구열도 있고 노동자 의식이 강하기 때문에 적극적으로 활동했다. 아직도 얼마나 많은 이들이 힘없는 노동자를 위한 세상을 만들기 위해 애쓰고 있는지 몰랐다.

잠시 후 안순애가 나왔다. 목욕탕에 가느라 머리에 수건을 두르고 옆구리에 목욕용품이 들어간 바구니를 끼고 나왔다. 헐렁한 치마를 입고 슬리퍼를 끌고 나왔다. 기회였다. 조옥화는 안순애를 보호해주어야 했다.

"쟤지? 쟤가 안순애지?" 딱 감을 잡고 캐묻는 날카로운 질문이 곁에 바싹 다가왔다.

"아니요, 안순애가 아니에요."

그는 고개를 돌리며 태연하게 시치미를 떼었다. 일상 차림으로 목욕탕에 가는 행색을 하고 나왔으니 아니라고 얘기하기가 쉬웠다. 경찰들은 그가 여러 사람이 사는 집에서 나온 데다 얼굴을 정확하게 모르니 아닐 수 있다고 여긴 것 같았다. 만약 안순애가 잡히면 여럿이 같이 잡혀 들어갈지 모르는 상황이었다. 조옥화는 우연한 상황을 활용해 기지를 발휘했고 안순애는 자신에게 닥친 위험은 꿈에도 모른 채 그 자리를 지나갔다. 조옥화는 안순애를 지켰고 그 누구도 다치게 하지 않고 그곳에서 무사히 풀려날 수 있었다. 그동안 조옥화를 감시한 이유는 인노련에 있던 조직원을 찾기 위해서였지만 처음부터 그런 얘기를 하지 않았다. 다행히 그들이 찾던 황광우*

---

[*] "1986년 10월 17일 치안본부장은 전국의 경찰서 대공과장을 소집하여 주요 수배자 50명을 조속히 잡아들이라고 명령하였다. 전국의 경찰병력 10만 명이 동원되었다. 치안본부, 안기부, 부평경찰서, 광명경찰서 소속 형사들이 내 친족의 목을 졸라왔다. 1987년 1월 13일 김종호 내무부장관이 치안본부 대공분실에 들러 주요 수배자들을 조속히 검거하라고 지시하였다. 내무부 장관이 대공분실에 들러 직접 지시를 했다는 것은 한두 명쯤 죽여도 괜찮다는 살인 허가증이나 다름없었다. 그렇게 여러 동지들이 소리 소문 없이 사라졌다." 황광

는 조옥화가 일면식도 없는 모르는 사람이었다. 방이 인노련의 모임 장소로 쓰였다는 이유만으로 그 추적이 따라붙었다. 얼마나 밤낮으로 쫓기고 잠을 설치며 온 가족이 죽음의 공포에 맞닥뜨려야 했던가.

임의동행은 48시간만 유효했다. 위협하듯 다그치기도 하다가 시간이 다 되어 나오기 직전이 되자 매끈하게 생긴 남자 하나가 갑자기 들어와 집요하게 회유를 했다. 자기가 중앙정보부에서 왔다고 하면서 "빨리 집에 가고 싶지 않아요?" 하고 부드럽게 물었다. "가고 싶다"고 솔직하게 대답했다. "그러면 나가기 전에 한 사람만 불어요." 그가 아무렇지 않게 말했다. "집안 식구들이 바깥에 다 와 있네요. 빨리 집에 가야 되지 않겠어요? 아무나 딱 한 사람만 말해봐요." 조옥화는 입을 굳게 다물었다. 나쁜 놈들. 이곳에서는 모든 게 거꾸로였다. 선의는 악했고 악한 것이 솔직했다. 그들은 서로 역할 분담을 하며 조사를 해서 강하게 압박을 하다가 슬슬 구슬리는 식이었다. 조옥화는 끝까지 아무 말도 하지 않았다.

<hr>

우, 『젊음이여 오래 거기 남아 있거라』, 창비, 2007, pp.173-176 발췌 인용.

인천의원의 상담실

인천은 공장지대로 노동조합 운동이 활성화되면서 노동자들에 대한 상담 활동이 필요해졌다. 신천연합의원은 도농복합도시에 있었지만 인천은 공장 밀집 지역이므로 신천연합의원에서 인천에 노동자를 위한 병원을 세우려고 했다. 1988년 8월 1일, 인천의원이 주안 쪽에 세를 얻어 문을 열었다. 신천연합의원에서 노동자 병원을 세우고 인력을 파견했는데 재정은 각각 독립적으로 운영했다. 인천의원에는 정해관, 최병순 두 사람이 원장으로 부임했고 신천연합의원에 있던 사무장이 인천의원에 파견되었다. 간호사였던 조옥화도 상담실장으로 파견되었다. 산업재해와 직업병이라는 말이 아직 낯설때였다. 노동자들의 권리의식이 커지면서 일하면서 다치거나 아픈 경우 적극적 대처가 필요했고 상담을 하고 대응할 전문인력이 필요했다. 조옥화는 그 담당자로서 인천의원에서 적극적으로 노동자들을 만나기 시작했다. 1987년은 전국적인 노동자 대투쟁이 휩쓸었다. 인천 주안에 산재 상담실을 갖춘 인천의원이 설립되고 뒤따라 부평의 평화의원과 푸른치과, 인천치과가 노동자를 위한 상담실을 개설했다.

"노동자 대투쟁이라는 시기가 와요. 그때 전국 각지에서 노동조합 수천 개가 만들어졌어요. 그게 저절로 된 게 아니고 그전의 활동들이 바닥에 깔려 있는 거지요. 나에게는 산업선교회에서 간호사로서 노동자를 만난 것 자체가 보건의료와 노동의 만남에 있어 출발점이에요. 노동 보건이라는 분야로 계속 쭉 가게 된 거죠."

1987년 대통령 직선제를 쟁취한 6·29선언 이후였다. 노동조합*은 전국에서 물밀 듯이 생겨났다. 노동운동이 활성화되는 가운데 신천연합의원은 인천에 노동자 중심 산업의학 병원이자 산재 상담실이 갖춰진 의료기관이 설립될 수 있도록 지원했다. 공단 지역 노동자를 위해 마련된 상담실에서 조옥화는 노동자들을 맞았다.

그때 병원에서 진료를 받거나 치료를 받는 이들은 노동조합을 결성하는 과정에서 이른바 구사대에게 폭행당한 노동자들이었다. 이들은 산재사고나 직업병 상담을 하러 인천의원에 와서도, 일하다가 다치면 노동자의 잘못이라고 많이들 생각하고 있었다. '내가 부주의해서 다쳤으니 회사에 미안하다' 하고 여겼다. 회사에서도 노동자가 다쳤는데 산업재해로

---

* 인천에서도 7월 한독금속노조 결성을 시작으로 남일금속, 서울조구, 태원 등 사업장으로 투쟁이 이어졌고 8월 6일 대우중공업 파업농성을 계기로 지역 전체로 확산했다. 노동자 투쟁은 대구, 구미, 광주, 이리, 성남, 부천, 안양, 안산 등 전국 산업도시로 번졌다. 민주화운동기념사업회 한국민주주의연구소 엮음, 앞의 책, p.734.

처리하지 않고 공상 처리로 넘기려는 경우가 많았다. 사고를 공식적으로 산업재해로 처리하는 대신 당장 치료비 정도를 노동자의 손에 쥐여주고 슬쩍 넘기려고 한 것이다. 심하게 다친 노동자들을 앞으로 비용이 많이 들 존재로만 여기고 그 노동자가 일터에 돌아오지 못하게 해고를 해버리는 일도 잦았다. 노동법에는 치료 종결 후 30일 내에만 해고를 못 하게 되어 있었다. 이를 악용하는 것은 쉬운 일이었다.

"다치거나 병에 걸리면 그 노동자 개인한테 완전히 책임을 전가하는 게 당연시되었어요. 그렇게 되면 안 되는 건데. 그러니까 노동조합을 만드는 게 중요한 거고 집단적으로 노동자가 자기 의사를 표명하는 게 중요하죠."

조옥화는 노동자가 일하다 다쳤는데 자기 권리를 주장하지 못하고 부주의해서 일을 당한 것처럼 여기며 회사에 더 다닐 엄두를 못 내는 상황을 목격했다. 노동자는 집단적으로 지킬 권리가 있는지 몰랐기에 오히려 회사에서 병원 치료비라도 주면 고마워할 정도였다. 사고성 재해는 일하다가 다치는 재해여서 눈에 뚜렷이 보이는데도 회사에서는 덮으려 했다. 산업재해 문제는 조직적으로 은폐돼서 그동안 문제가 겉으로 드러나질 않았지만 심각했다. 일터의 산재 문제가 공식 통계에 제대로 안 잡힌 것은 노동자들이 그동안 집단적인 목소리를 내지 못하고 사회적 권리를 쟁취하지 못했기 때문이다. 노동조합 결성과 노동자 활동이 억압된 가운데 산업재해 문제가 현장에서 관습적으로 묻혀버렸기 때문이었다.

인천의원에 찾아오기 전까지 현장의 노동자들은 일하다가 병이 나거나 다쳐도 병이나 사고에 대해 물어볼 곳이 마땅치 않았다. 변호사 사무실 같은 곳은 노동자에게 문턱이 너무 높았고 노동청에 가는 것도 절차를 잘 몰라 생각지도 못하는 이들이 많았다.

"그 이전에는 노동조합을 만드는 것 자체가 무슨 반체제 운동인 것처럼 국가에서 선전해가지고 아예 잘 안 됐거든요. 회사에서도 감시하고 막 그랬는데 이제 폭발적으로 노동운동이 고양되면서 사람들이 자신감도 얻고 노동조합 활동이 합법화되고 인식이 많이 높아진 거죠. 일하다가 죽거나 다치지 않을 권리가 건강권이라는 얘기도 나오고. 그러니까 회사에 건강한 노동력을 제공하는 거지, 우리가 건강이나 생명까지 사업주한테 파는 건 아니다, 이런 의식이 점점 고양되는 거죠."

조옥화는 노동자들을 만나서 무과실 책임주의를 강조했다. 고용주는 노동자를 고용할 때 노동력을 쓰는 거지 그 사람의 건강까지 다치게 하면서 일을 시킬 수 있는 권한은 없다고 설명했다. 일단 노동자가 일하다 건강을 잃으면 그건 사업주가 특별하게 구체적인 잘못을 하지 않은 것처럼 보여도 책임이 있다는 걸 전제로 한다고 말했다. 그래서 다치고 아픈 것에 대해 노동자는 사업주에게 미안해할 필요가 없다. 그전까지 국가 정책은 무재해만 강조하고 재해 없는 사업장에 포상을 주는 식으로 눈가림하면서, 정책적으로 산업재해를 은폐해왔다. 산업재해라는 말을 제대로 들어보지 못한 노동자들은 건강권에 대한 의식이 잘 없었지만 이제는 조금씩 달라지고 있다.

프레스기에 한 손이 잘린 산재 노동자도 있었다. 그는 뭉툭하게 남은 손이 보이지 않게 다른 쪽 손으로 감싸 쥐고 질문을 했다. 사업장에서 일하는 사람이 몸을 다치는 일은 생계가 위태로워지는 일이었다. 몸으로 일해서 먹고사는데 다치거나 병에 걸리면 큰일이었다. 몸에 남은 상처는 늘 현재가 되어 다가왔다. 살아가는 한 계속 그 일을 기억하고 곱씹을 수밖에 없었다. 그런 무게의 일을 겪었는데 노동자로서의 권리를 지키지 못한다면 앞으로 상처는 더욱더 클 수밖에 없다.

현장에서 전해 듣는 사업주의 말들은 어쩌면 그렇게 똑같은지. 노동자의 무지를 몰아붙이며 ‘당신이 재수가 없거나 부주의하다’고, ‘원래 몸이 남들보다 약한 거’라고, ‘당신 탓’이라고 비난하고 의도적으로 약자의 위축감을 불러일으켰다. ‘왜 그날 주의를 기울이지 않았냐’ ‘다른 이에게 피해를 주고 우리 일에 방해가 되게 하냐’고 뻔뻔스럽게 책임을 전가했다.

당시 공장에서는 프레스 기기를 많이 썼다. 안전장치가 있었지만 그걸 쓰게 되면 작업 속도가 안 난다고 회사에서 안전장치를 떼어버리는 경우가 많았다. 하루에도 똑같은 반복 작업을 수도 없이 하다 보면 프레스기를 다루다 누군가 실수해서 손을 잃거나 다치는 건 시간문제였다. 안전장치가 없으니 일어날 수밖에 없는 일이었다. 일단 사업주가 안전장치를 쓰게 하는 게 첫 번째 과제였다. 또한 산재가 발생하면 보상하는 게 의무인데 공상 처리로 하면 나중에 보상의 근거가 없어진다. 오직 개인의 잘못으로 일어난 일이 되어버린다. 그러므로 처음부터 산업재해 보상 신청을 해야 한다. 산업재해는 노동자의 잘못이 아니다. 당신이 일을 하다 다쳤으므로. 조옥화의 말에 그 앞에 앉은 노동자는 고개를 끄덕였다.

노동자의 권리의식을 키워내는 한편, 노동에 무관심하고 경시하는 사회의 분위기도 운동으로써 바꾸어야 했다. 노동자의 집단적 목소리가 들린다면 그들의 건강권 문제도 당연히 공론화되어야 했다. 함께 싸워서 지켜내야 할 몫이 뚜렷해지는 시간이었다.

노동조합 활동이 활발해지고 노동자들의 목소리가 들리면서, 노동자들은 자기 힘으로 승리의 경험을 얻기 시작했다. 기다렸던 순간이었다. 조옥화는 쉬지 않고 노동자들에게 산재 보상보험법을 교육했다. 법으로는 보상이 보장되어 있는데 노동자들이 그 법을 잘 모르니까 법을 알려주는 게 첫 번째로 중요한 일이었다. 이건 개인의 문제가 아니라 자본과 노동의 문제이니까, 사업주에게 책임을 묻고 기업을 바로 운영하게 해야 했다. 노동자들이 목소리를 모아 같이 싸워야 할 사안이었다.

"사업장에 산재가 많이 일어나면 그 사업주들은 산재 보험금을 더 많이 내야 돼요. 비용 문제가 발생하면 점차적으로 예방에도 힘을 써야 되겠죠. 그런 식으로 사업주들을 압박해야 되는데 그냥 노동자에게 대충 쥐꼬리만큼의 치료비나 대주고 공상 처리를 하게 되면 앞으로도 미봉책으로 그렇게 하려고 하겠지요. 비용도 줄이고 회사의 대외 이미지도 나쁘지 않게 하려고. 산재가 일어나는 걸 공개 안 하고. 아직도 우리나라가 산재율이 너무 높아서 참…… 그건 결과적으로 인명 경시로 나아가는 거잖아요. 일하다가 죽는 게 보통 일이 아닌데. 그냥 사업장에서는 그럴 수 있는 일이라고 생각을 하는 게 문제인 거죠."

1988년에 산업재해가 큰 사회 문제가 된 중요한 사건이 일어났다. 소년 문송면이 영등포에 있는 온도계 만드는 회사에 두어 달 다니다가 수은 중독으로 병이 나 얼마 되지 않아 죽었다. 잇달아 원진레이온 노동자들의 이황화탄소 중독도 크게 사회의 문제가 되었다. 문송면의 죽음은 원진레이온 노동자들의 직업병 인정 투쟁의 계기가 되었고 이러한 전 사회적인 직업병 투쟁은 우리 사회 곳곳에 숨어 있던 노동자 건강의 위해 문제를 드러냈다. 사회적으로 직업병에 대한 경각심이 크게 일어났다.

문송면의 수은 중독 사망 사건은 단지 그의 산재 인정에 그치지 않고 많은 변화를 일으켰다. 노조를 중심으로 산업안전보건교육이 확산됐으며, 정부 차원에서 1988년 9월부터 11월까지 직업병 일제신고기간이 운영됐다. 또 한국산업안전공단 산하 연구원이 설립되었고, 사업주 날인이 없어도 산재 신청이 가능하도록 법제도가 개선되었다. 무엇보다 산재를 입은 노동자들이 자신감을 얻었다. 문송면을 위해 모인 운동의 힘이 원진레이온 투쟁으로 이어져 한국 사회에 산업재해와 직업병 문제를 각인시키는 역사적 이정표를 남겼다.*

인천의원에 한 여성 노동자가 왔다. 목재 회사에 페인트칠을 하는 곳인데 도료 페인트로 인해 계속 기침이 나오고 천식기가 있었다. 인천의원의 의사들이 젊은 여성 노동자가 아픈 것을 살펴보고 우레탄 도료에 의한 기관지 천식 유발이라는 병명을 증명했다. 이전 같으면 입증이 어려웠을 일이었다. 더 이상 노동자가 고립되지 않게, 함께 그 곁을 지키는 의료인들이 있고 사회적 관심이 커졌기에 가능한 일이었다. 그 여성 노동자는 자신의 잘못이 아니라 일하다 병을 얻은 것이라는 직업병 승인을 얻어냈다. 그 승리는 분명히 그가 앞으로 살아가는 데 힘이 돼줄 것이고 모든 노동자들에게 권리를 알게 해줄 것이다. 용접 노동자에게 진폐(폐에 분진이 침착해 염증과 섬유화가 생기는 질환)가 일어나서 이를 산재로 인정받게 한 일도

---

* 최규진, 「노동자건강권운동의 기원」, 『의료와 사회』 4호, 2016, p.123.

있었다. 보통 광산에서만 일어나는 줄 알던 진폐증이 노동자의 일터에서도 일어날 수 있다는 것이 알려졌다.

일하다가 허리를 다치거나 디스크나 요통을 앓는 경우에도 이전에는 산재 신청을 하면 그건 다 퇴행성이라고 공식적으로 입을 막는 분위기였다. 어렵사리 산재 신청을 해도 "당신이 그동안 허리를 많이 써서 퇴행성이 생겨 자연적으로 허리 병이 생긴 건데 일하고 상관없다"는 말을 노골적으로 듣거나 불승인을 받는 경우가 많았다. 그때 조옥화는 상담을 하면서 이렇게 말했다.

"무거운 물건을 들고 가다 허리를 삐끗하면 그때 소리를 쳐서 사람들한테 광고를 해라! 그리고 아픈 티를 내고 그것을 다른 이들이 목격하도록 목격자를 확보하라. 그래서 일하다가 다쳤다는 걸 증명해라."

요양신청서에서는 사업자의 승인란뿐 아니라 목격자의 서명란도 있었기 때문이다. 목격자를 확보하라고 노동자에게 알려준 다음, 실제로 그 목격자 확보로 인해 산재 승인이 되는 경우도 이어졌다. 처음에는 노동자의 요통에 대해 산재 불승인을 받는 경우가 많았지만 상담을 통해 방법을 알고 나서는 산재 승인을 받는 경우가 다수가 되었다.

나중에는 노동부에서 오히려 인천의원에 묻는 경우도 생겼다. 그동안 불승인을 하면서 고압적으로 나왔던 노동부도 의료는 전문 영역이니까 차츰 인천의원에 병명을 물어보고 참고를 하는 분위기로 변해갔다. 병이 직업과 상관이 있다고 의료 전문가가 진단하고 근거 논문까지 첨부해 신청을 하니까 노동부에서도 산업재해에 대해 인정을 하는 분위기가 되었다. 인천의원은 산업재해에 대해 제도적 인정을 받게 하는 역할까지 하고 있었다.

노동자들은 변해갔다. 아프다고 얘기하면 불이익이 오니까 무작정 참던 노동자들이었다. 일하다 다친 걸로 인정받지 못하고 공상 처리만 받아도 잘 모르는 채로 고맙게 여기던 이들이었다. 그들이 노동자인 내가 아프다고, 사업주인 당신이 틀렸다고, 우리 권리를 보장하라고 외치기 시작했다. 그동안은 일하다가 죽거나 다치는 노동자들이 많았지만 그게 당연한 게 아니라 싸워야 할 문제라는 목소리가 이제야 만들어지고 있었다. 일하다가 일터에서 죽거나 다치면 안 된다. 그렇지 않은가? 살려고 일하던 사람이 왜 일터에서 죽거나 다쳐야 한단 말인가? 안전한 일터를 보장하는 것은 노동자를 쓰는 사업주의 책임이자 기업에 대한 국가의 책임이었다. 왜 노동자에게 그 책임을 전가할 비겁한 생각을 하는가? 조옥화는 밤낮없이 일에 매달렸다.

인천의 공단에 노동조합이 많이 생기면서 동시에 인천의원에도 노동자들의 발길이 북적였다. 은폐됐던 현장의 상황이 드러나면서 입소문을 타고 상담도 굉장히 많이 들어왔다. 몰려드는 상담에 잠시도 쉴 틈 없이 일해야 했다. 조옥화는 자신이 해야 할 몫을 끌어안았다. 밤늦게까지 일하고 퇴근하려고 하면 사무장이 "곧 있으면 금방 올 걸 집에는 왜 가요?" 반농담을 건넸다. 상담을 하면서 자신도 모르게 깜빡 존 적도 있었다. 잠깐이었지만 의식을 놓치고 잠결에 들었다가 얼른 눈을 떴다. 주름진 얼굴의 마른 노동자가 자신을 바라보고 있었다. "되게 피곤하셨나봐요." 뭐라 더 말을 하지 않고 자신을 바라보는 눈은 고달파 보여도 어딘지 따뜻했다.

인천의원에서는 다쳐서 오는 노동자들을 웬만하면 다 치료해주었다. 가끔 큰 정형외과 수술이나 제왕절개 같은 경우는 신천연합의원의 전문의가 시간을 정해 와서 수술을 해줬다. 노동자들이 많이 와서 인천의원에서 치료를 받았는데 그중에는 치료비를 못 내는 노동자들도 있었다. 한 노동자가 제왕절개 수술을 받고 수술비를 못 냈다. 조옥화가 소개한 여성 노동자로, 장부에 외상으로 적어놓고 퇴원을 했다. 다른 병원은 퇴원을 안 시키는데 인천의원에서는 병원비를 내지 않아도 퇴원을 시켰다. 어느 날 갑자기 사무장이 성난 표정으로 다가왔다. "조 선생이 소개하는 사람들은 왜 다 이렇게 거지 근성이 있어!" 장부를 홱 집어 던졌다. 그들도 일부러 그런 게 아닌데. 어려우니까, 해고당하거나 형편이 어려우니까 그런 건데. "내가 그이한테 분할해서 내게 할 테니까 너무 그러지 마세요!" 조옥화는 당황하고 야속하기도 해 발끈 대꾸했다. 환자가 늘어나 치료를 많이 했지만 외상도 늘어나니, 병원을 운영하는 입장에서는 어려움이 컸겠지. 나중에 속을 다독이며 생각했다. 운영은 어려운 일이었다. 사무장과는 끝까지 친하게 지냈다.

1년 후 부평에 노동자 병원인 평화의원이 하나 더 생겼다. 전반적으로 고양된 분위기 속에서 노동자들의 권리의식도 높아지자 그들을 지지하는 의원도 늘어났다. 보건의료 분야에서 노동자를 위한 의료기관이 전에 없이 계속 생겨나고 있었다. 조옥화는 현장에서 상담하며 산재를 입증하는 데 노력을 기울였다. 산재 불승인 건수가 확실히 줄어들고 산재 승인의 조건이 현실적으로 변하면서 분위기가 바뀌었다. 일하다 다친 점, 직업병이거나 사고성인 점, 목격자 확보의 힘이 차곡차곡 인정되어 처음엔 번번이 거부되던 승인도 차츰 산업재해로 공식적으로 승인이 되는 분위기로 바뀌었다. 그사이 노동자들은 자신감을 얻고 계속 요구를 해 나중에는 집단적으로 산재 보상 투쟁을 이어나갔다.

"그게 얼마나 보람이 있어요?"

그 시간을 그는 자부심에 찬 한마디로 말한다.

5부
밤을 가로지른 걸음

여성 노동자들의 목소리

1988년 '일하는 여성의 나눔의 집'이 개원했다. 조옥화가 인천도시산업선교회에 있으면서 만났던 여성 노동자 가운데에는 동일방직 해고자를 포함해 이십 대가 많았다. 조옥화는 그 여성 노동자들과 어울리며 세상을 보는 눈을 넓혔고 인간에 대한 믿음과 앞으로 활동해나갈 힘을 키울 수 있었다. 그때 만난 여성 노동자들은 그가 계속 활동을 할 수 있게 된 원동력이라고 해도 과언이 아니었다. 그들을 만나면서 현장에서 일하는 노동자의 인간적인 깊이와 강한 힘을 깨달았고 그들과의 평등한 관계를 통해 자신감을 회복하며 앞으로도 이들과 같이하고 싶다는 마음으로 현장 노동자가 되어 공장에 취직하고 노동운동 활동을 했기 때문이다. 그에게 그 여성 노동자들은 언제나 곁에 있고 싶고, 그들처럼 되고 싶었으며, 그 지향을 따르고 싶은 진실된 이들이었다.

"88년 이전만 해도 노동 현장은 질식할 것 같은 어두운 상황이었다. 노동조합이라는 단어만 나와도 주위를 살피게 되고 노동조합에 대한 소책자만 가지고 있어도 가슴이 두근대던 시절이

었다. 그럴수록 어둡고 갑갑한 현실을 뚫고 나가야 한다는 투지
에 불타올랐고 여성 노동자들의 빛나는 투쟁이 이어졌던 인천
에 뭉쳐 살고 있다는 사실만으로 뿌듯한 자부심을 가졌다. 우리
는 또다른 문제로 자신과의 싸움에 시달렸는데, 블랙리스트에
올라 공장에서 며칠 만에 쫓겨나는 일이 다반사였고, 꽉 찬 나
이로 결혼문제를 계속 미룰 수도 없었고, 무엇보다 결혼 후 가
정 일과 활동을 동시에 할 수 있을까 하는 회의가 강하게 들 때
였다. 조화순 목사의 은덕*으로 우리는 집 자리를 알아보러 사
방을 휘젓고 다녔다. 인천 노동판의 왈왈구찌들, 안순애, 김용
자, 석정남, 이혜란, 김지선과 나는 혜란의 어린 아들 윤수를 업
고 걸치면서 부평에서 동인천까지 의기양양하게 행진해 도화동
의 집을 얻었다. 도화동이 아니라 부평쯤이었거나 주택이 아니
라 상가빌딩이었다면 어땠을까 나중에 생각도 했지만 그 순간
엔 천하를 얻은 것 같았다. 우리의 마음만은 정말 순수했고 열
정적이었던 것 같다."**

---

* 조화순 목사가 산업선교회에서 은퇴할 당시 그동안 지원해줬던 미국의 감리
교 여성단체들이 무엇을 도와줬으면 좋겠냐고 하자 여성 노동자들이 스스로
일을 할 수 있도록 기틀을 마련해주면 좋겠다고 했고, 십만 불을 지원받았다.
그 돈으로 인천에 건물을 마련해 인천여성노동자회를 설립했고 지금도 인천
의 여성 노동자들이 중심이 되어서 자립적으로 운영되고 있다. 조화순, 앞의
책, pp.184-185.

** 조옥화, 「여노를 생각하면 떠오르는 추억 한 토막」, 『인천여성노동자회 10년
사』, 인천여성노동자회, 1997.

여성 노동자들은 시간이 지나 결혼과 출산 등을 겪으면서 일하면서 가정문제를 해결해야 한다는 이중의 과제를 가졌다. 활동은 그 생활에서 나온 실제적인 고민에서 비롯했다.

여성 노동자들은 1960년대 이후의 경공업 위주 수출주도형 경제개발계획에 의한 산업화 정책으로 노동집약적 산업에 근무하며 많은 억압을 받았다. 이들은 노동시간은 남성 노동자보다 길었지만 임금은 남성의 절반도 안 되는 수준의 저임금을 받았다. 기혼 여성 노동자들은 보육 시설의 부재 속에서 집안일과 자녀 돌봄, 출산과 육아의 의무로 과중한 노동에 힘겨웠다. 그동안 인천 지역에서 전개된 민주노동운동으로는 1970년대에 동일방직, 반도상사, 삼원섬유의 운동이 있었다. 1980년대에는 동일방직, 반도상사, 콘트롤데이타, 원풍모방 등에서 여성 노동자 중심으로 건설된 노조가 파괴되고 노동법이 개악되어 노동운동은 탄압받았다. 그동안 민주노조 출신 여성 노동자들은 블랙리스트 배포로 현장에서 쫓겨났고 생활의 어려움과 결혼 등의 문제로 노동운동을 이어가기 어려웠다.

민주노조에 참여한 여성 노동자들의 지속적 활동을 위해 인천 지역 일하는 여성의 나눔의 집이 개원했다. 이곳에서는 여성 노동자들이 쉽게 드나들며 주체적으로 살아가도록 교육 선전활동, 기혼 여성의 취업을 위한 기술훈련지도, 탁아소 운영을 실시했다. 이사장은 이효재 교수, 원장은 조화순 목사,

총무는 안순애, 운영위원은 김지선, 조옥화, 남인순, 석정남, 이혜란이었다.[*]

이때 인천도시산업선교회 때부터 만났던 조화순 목사가 애를 많이 썼다. 그는 여성 노동자들을 위한 선교와 활동을 계속해왔는데 그때 미국의 감리교 재단의 모금을 통해 인천여성노동자회의 건물 구입비를 마련할 수 있게 해줬다. 조옥화와 동료들이 발품을 팔아 찾은 곳은 인천 도화동의 2층짜리 단독주택이었다. 그 집을 구입하고 '일하는 여성의 나눔의 집'이라고 이름을 붙였다. 1층은 어린이집으로 쓰고, 2층은 여성 노동자들을 위한 실무자 사무실로 썼다. 어린이집에는 교사가 3명 있었고 아동은 30여 명 되었으니 규모가 제법 있는 편이었다. 오전 7시 30분에 시작해 저녁 8시까지 탁아를 했다. 일하는 여성들이 이용할 수 있게 보육료는 삼만 원에서 삼만 오천 원 정도로 받았다. 일하는 여성의 나눔의 집에서는 여성 노동자의 고용안정과 모성보호를 위한 활동을 주목적으로 했다. 일과 가정의 양립은 언제나 여성 노동자의 과제였다.

조직이 만들어지기 전에도 일하는 여성의 나눔의 집의 미래를 구상하며 추진해왔다. 전자회사에서 일할 때부터 그는 김지선, 안순애, 석정남, 남인순, 이혜란 등의 여성 노동자

들과 함께 결혼이나 생계 등으로 어려운 처지에 있는 여성 노동자들도 계속 일할 수 있게 활동의 장을 만들어보자는 논의를 미리 했다. 조옥화는 그때 같이 구상하던 내용이 이곳에서 잘 이루어졌으면 했다.

여성 노동자들이 목소리를 높일 수 있는 사회적 여건이 만들어졌다. 1988년에 노동자 대투쟁으로 민주노조 설립과 활동이 활발해지자 인천 지역 노조협의회 준비위원회에 30개 노조가 가입했다. 그중 여성부가 있는 노조는 15개였다. 민주노조 공동 실천위원회와 일하는 여성의 나눔의 집에서 활동 지침서를 만들고 연대모임을 가졌다. 1988년 임금 인상 투쟁이 활발해졌을 때 민주노조의 조직력을 바탕으로 한 임금 인상 투쟁에 일하는 여성의 나눔의 집에서는 파업 중인 사업장에 가서 조합원 교육과 문화활동을 지원했다. 세창물산 노조의 임금투쟁 파업 중 연대집회를 위해 송철순 노조 사무장이 현수막을 설치하려다 추락사하는 일이 벌어지자 일하는 여성의 나눔의 집 제안으로 이 일이 잊히지 않게 열사추모위원회도 만들어졌다. 여성 노동자가 집중된 중소 사업장의 위장폐업이 빈번해지자 이에 맞서 폐업 저지 투쟁도 적극 지원했다.

일하는 여성의 나눔의 집에서는 공간을 가치 있게 활용했다. 공동세탁기를 운영했고 생필품도 공동구매를 했으며

나눔독서실을 열어 노동자들에게 책을 빌려주었다. 봉제 기
술교육을 해서 노동자들이 기술을 익히게 했으며 여성 노동
자에게 성교육을 해서 자기를 주체적으로 알아갈 수 있게 했
다. 여성이 일과 가정을 양립할 수 있게 직장 내에 탁아소를
설치하라는 사회적 요구를 했으며 보건휴가 무급화에 반대하
고 산전후 휴가를 확보하라는 등 여성 노동자의 권익옹호를
확립하기 위해 함께 노력했다.[*]

그때는 사회적으로 정치적 민주화가 눈에 띄게 진전되는
것처럼 보일 때였다. 5·18민주화운동 이후로 저항을 멈추지
않은 많은 이들의 다양한 활동이 새로운 시대를 불러오고 있
었다. 이제 사회에 민주적 제도가 세워지면서 동시에 지역과
현장에서 실제적인 민주화를 위해 다양한 목소리가 자기 권
리를 획득해야 될 때였다. 여성 노동자들도 뚜렷이 사회에 자
신들의 요구를 외치기 시작했다. 실무자들에게 일이 쏟아져
들어왔다. 여성 노동자에 대한 상담일만 해도 아주 많았다. 남
성보다 상대적으로 저임금을 받으며 해고와 성폭력, 체불 임
금 문제로 힘들어했던 여성 노동자들의 목소리가 분출되었
다. 상담과 대응 문제로 분주해 정신이 쏠린 실무자가 1층 어
린이집에 맡긴 자기 아이를 찾는 걸 잊어버린 채 일에 파묻혀
있기도 했다.

---

[*] 위의 글.

조옥화는 그곳에서 자기가 아는 아이를 만났다. 신천연합의원에서 조산사로서 맨 처음으로 받은 아기가 그곳의 어린이집에 와 있었다. "인사해, 옥화 이모야." 엄마의 말에 멀뚱히 쳐다보는 어린아이. "너 태어날 때 조산사셨어." 옥화는 가만히 그 아이의 머리를 쓰다듬어주었다. 눈이 똘망똘망한 아이의 흰 얼굴에서 빛이 뿜어져 나오는 것 같았다. 그래, 땀을 뻘뻘 흘리며 출산하던 노동자 어미와 병원에 숨다시피 들어와 바로 아기를 받느라 속으로 진땀을 흘리던 조산사. 그 여성들의 손끝에서 태어난 아기는 이렇게 잘 자라 있었다. 자기를 처음 맞아준 조산사와 어머니가 무엇을 위해 그토록 그 자리를 지키기 위해 애썼는지는 몰라도 잘 자라났다. 더 나은 사회가 이루어지면 이 아이는 그들에게서 물려받은 자리부터 시작해 자기 삶을 새롭게 쌓아올릴 것이다.

어린이집을 드나들며 아이들이 왁자지껄 뛰어다니고 재잘재잘 소리쳤다. 아이들은 모두 귀엽고 당당하게 자라났다. 이 집을 구할 때에도 이혜란의 아들은 과자를 손에 꼭 들고 자기 엄마를 잃어버릴까 봐 종종걸음을 치며 따라왔다. 그런 아이가 벌써 부모와 목욕탕에 같이 안 가겠다고 하는 소년이 되어 있었다. 일하는 여성의 나눔의 집은 드나드는 이들의 삶이 흠뻑 배어 있었다. 일하는 여성들과 그 아이들이 이곳에서 같이 자라났다. 그 아이들을 보고 있으면 노력의 결실이 있어야 한다는 생각이 들었다. 자신들이 십여 년 동안 애써 이 땅에심으려 했던 약자의 권리는 언제 완전히 뿌리내리고 잎이 피고 꽃이 필까. 아이들이 자라나는 걸 보면 세월이 덧없이 흐르는데 한편 우리의 갈 길은 멀기만 한 것 같다는 조바심이 들기도 했다.[*]

인천여성노동자회에서 열린
조옥화의 회갑 잔치(2014)

---

[*] 조옥화, 「여노를 생각하면 떠오르는 추억 한 토막」, 『인천여성노동자회 10년사』, 인천여성노동자회, 1997.

일하는 여성의 나눔의 집은 1989년 창립된 인천여성노동자회의* 활동으로 이어져 지역의 여성 노동자들을 위한 실질적 활동을 활기차게 해냈다.

조옥화는 인천의원에서 일하면서 동시에 인천여성노동자회에서 활동했다. 여성 노동자들이 여성의 권리를 전면적으로 주장하며 단체를 만들었다. 인천여성노동자회의 초대 회장은 김지선이었고 조옥화는 부회장으로서 비상근으로 관여를 했다. 인천여성노동자회는 전국 조직의 지부 조직이었고 인천에서 여성 노동자들과 활동가들을 주축으로 왕성한 활동을 했다.

---

* 지역 여성단체는 다른 지역과 연대하며 해당 지역 여성에 대한 상담과 교육을 하고 생존권 투쟁을 지원했다. 1987년 한국여성노동자회가 서울지역에서 창립됐다. 1989년에는 인천, 부천, 성남 지역에서 여성노동자회가 만들어졌고, 1990년에는 광주, 부산 지역으로 움직임이 확산했다. 지역 단위 여성노동자회는 1992년 한국여성노동자회협의회를 결성해 전국 조직이 되었다. 민주화운동기념사업회 한국민주주의연구소 엮음, 앞의 책, pp.905-906.

하얀 그림자를 벗어나

조옥화는 결혼해 가정을 꾸리며 살아가는 동료들을 보며 자기 삶을 문득 돌아보았다. 서른다섯 살이었다. 돌아보니 나이를 많이 먹었다 싶었다. 엄혹한 시절, 그동안 일에 몰두하느라 몹시 긴장하면서 살았다. 좋은 사람이 있으면 이제 결혼해 안착해도 좋을 것 같기도 했다. "언니랑 동갑 되는 남성 활동가를 내가 소개시켜줄려구요. 어때요?" 때마침 지인이 사람을 소개시켜주겠다고 연락을 해왔다. "그럴까? 한번 만나보지 뭐." 1988년이었다. 소개로 만난 남자는 무난해 보였다. 현장 출신의 활동가라고 했다. 몇 개월을 만났다. 비슷한 활동을 하고 동갑이니까 서로 나이도 웬만큼 먹어서 의사소통이 잘 되겠지 싶었다. 이때까지 최선을 다해 살아온 것처럼 그렇게 성실하게 노력하면 결혼해 같이 사는 것도 어렵지 않을 것 같았다. '양보하고 돕고 살면 되지, 사람이 사람을 만나 사는 데 별다른 게 있을까?' 더 묻지도 따지지도 않고 새로운 관계에 성큼 발을 들였다.

결혼과 함께 조옥화는 인생에 있어서 가장 힘든 시기를 지난다. 문제는 그 사람에 대해 너무 몰랐다는 점이었다. 알코

올 의존증이 심한 이였다. 결혼 첫날부터 폭언이 시작되었다. 하객들의 축하를 받으며 인사하고 피로연을 하는 자리에서 술을 마신 남자가 대뜸 "나랑 왜 결혼했냐!"며 소리를 쳐댔다. 그 모습이 낯설었다. 어색한 신부 화장이 채 지워지기도 전에, 오늘부터 자신의 남편이 된 그 남자를 망연자실하게 쳐다보았다.

같이 살면서 맞닥뜨린 풍경은 스스로 보고도 믿을 수 없었다. 술을 마시고 고함을 친다. 화분을 부숴버린다. 깨어진 조각이 방바닥에 흩어져 있다. 욕설이 들린다. 모든 것이 너 때문이라고 한다. 살면서 남에게는 감춰둔 쌓인 울화와 분노를 그는 아내가 된 여자에게 거침없이 노골적으로 쏟아냈다. 한 사람의 정신을 무참하게 짓밟고 망가뜨릴 만한 영혼의 폭력이었다. 내가 뭘 잘못했지? 왜 내가 이런 대접을 받지? 저 사람은 왜 저런 행동을 하는 거지? 극도의 스트레스가 몰려왔다. 함께 사는 집이라는 공간은 언제 어떤 일이 벌어질지 모르는 장소가 되었다. 어떤 고함이 갑자기 들릴지 모르고 무엇이 깨어져나갈지 몰랐다. 일상에서 한 치 앞을 예측할 수 없고, 어떤 일이 벌어질지 모르는 상황. 본 적 없고 들은 적 없는 광폭한 소용돌이 안에 빠져버렸다.

이곳은 이때까지 알던 세계와 완전히 달랐다. 노력한다고 변하는 자리가 아니다. 말한다고 상대가 듣는 자리도 아니었다. 폭력적인 남편이 아내에게 하는 행동은 결혼 제도 밖에서 남성 활동가가 여성 활동가에게 보이는 태도와 완전히 달랐다. 어떻게 해서 이런 일이 벌어졌는지 이해하기 어려웠다. 이른바 사적 생활 안에서는 공적 생활에서 알던 모습이 보이지 않았다. 삶의 속내. 보이지 않았던 이면. 그것은 오싹하고 충격적인 깨달음이었다. 사람이 밖에서 보이는 모습과 안에서 보이는 모습이 다를 수 있고, 남편이 아내를 대하는 태도가 이토록 일방적이고 폭력적일 수 있다는 점에 말로 다 할 수 없는 깊은 충격을 받았다. 문제가 너무 심각해 한집에 같이 살다가는 큰일이 날 것 같았다. 결혼하고 반년을 살다 조옥화는 인천의 본가로 돌아갔다.

"알코올 중독은 병원에 입원해서 치료해야 돼요. 하루가 멀다 하고 술 먹으니, 지금도 이해가 안 돼요. 근데 문제는 그다음부터 발생해요. 나한테 왜 이런 문제가 발생하지, 뭐가 잘못된 거지? 왜냐하면 그전까지는 내가 하고 싶은 대로 그냥 살았잖아요. 나름대로 이런저런 보람되게 남한테 해 끼치지 않고 살았는데. 그 당시에 굉장히 극도의 관념적인 고민에 빠진 거예요. 나는 결혼하면 순리대로 상식선에서 서로 의논하면서 살면 되는 거지, 이렇게 생각했거든요. 근데 그게 아니었던 거죠. 이런 사람을 만날 줄 몰랐지요. 왜 이렇게 된 거지? 그 생각에 빠져가지고 점점 잠을 못 자고 너무 충격을 크게 받았어요. 한편으로는 남들처럼 이럴 경우 그냥 깨끗하게 이혼하면 되는 거지, 뭐가 문제야, 남들은 잘도 하는데, 나는 왜 이혼을 못 해? 이런 생각도 들면서 자책감도 들고. 내 인생에 있어서 너무 큰 실패 같아 열패감도 들면서 극도의 불안신경증에 걸렸어요.”

지옥을 헤매는 기분이 들었다. 본가에 가서도 위로 없는 아버지의 냉담한 무시에 깊은 상처를 받았다. 결혼했다가 돌아온 딸에게 아버지는 쌀쌀하고 차갑게 대했다. “우리 아버지 원래 좀 권위적인 사람인데, 너무 냉담했어요. 쉽게 말하면 실패한 거잖아요. 그러니까 너무 구박을 하는 거예요. 보통 부모면 불쌍하다고 감싸야 하잖아요. 그러니까 자기 기대치에 못 미치고 실패를 했다고 꼴 보기 싫은 것처럼 대했어요. 그래서 오빠와 막냇동생네 집을 전전하는 거예요. 얼마나 불편해요. 그때는 미칠 것 같더라고요. 밤새도록 잠을 못 자고 제정신이 아니었죠.” 본가에 더 있을 수 없어 장사를 하는 오빠네 집과 동생 집에서 지냈다. 껍데기만 남은 기분으로 희망도 잃고 우두커니 있었다. 오빠가 속으로 걱정을 많이 했다. 여동생이 정신을 놓은 것처럼 힘든 상황에 빠졌기 때문이다.

그렇지만 그 와중에도 직장을 그만둘 수는 없었다. 인천의원에 가서 손에 잡히지 않는 일을 붙잡고 있었다. 그나마 직장 일까지 그만두면 정말 나락에 빠질 것 같았다. 굴레에 갇혀 세상이 주변에서 계속 뱅뱅 도는 느낌이 들었다. 현실이 눈에 안 들어왔다. 딴 세상에 있는 것 같았다.

신촌의 동교신경정신과의원을 소개받아 갔다. 배기영 의

사*는 온화한 얼굴로 말을 잘 들어주었다. 말이 끝나자 그는 잠시 조옥화를 물끄러미 바라보더니 진단을 내렸다. 진단명은 중증의 '불안신경증'이었다. 당시 조옥화는 지독한 공황장애 증상도 같이 앓고 있었다. 의사는 빨리 이혼할 것을 권했다. 상처를 주는 자리에 계속 있으면 더 상처를 받게 된다. 보이지 않지만 계속 잘못된 자극을 받으면 마음도 피를 흘리고 아물지 않는다. 자신에 대한 존중감을 찾으려면 떠나야 하는 자리가 있다. 그리고 그것은 떠나는 사람의 잘못이 아니다. 정당한 선택이고 마땅히 해야 하는 일이다. 결혼과 이혼에 대한 사회적 편견을 생각하면 그 마땅한 선택을 오롯이 해내는 것도 쉽지 않았다. 이혼이 실패이니, 결혼을 지켜내기 위해 더 노력해야 하는 건 아닐까. 자유롭게 살고 싶다는 마음과 어떻게든 더 애써봐야 한다는 섞일 수 없는 생각이 사람을 고통에 빠뜨렸다.

지하철을 탔는데 열차 소리가 평소보다 훨씬 크게 들리고 숨이 막히면서 무섭고 죽을 것 같다는 느낌에 사로잡혔다. 혼돈스러웠다. 자기가 누구였는지, 어떤 사람이었는지조차

---

* 배기영은 강자가 약자를 괴롭히는 상황을 싫어했고 의사로서 평범한 사람들이 사람답게 살 수 있는 사회를 원했다. 6월 민주항쟁과 노동자대투쟁 후 '인도주의실천의사협의회'가 생겼고 배기영은 인의협 진료부장으로 병원에 가지 못하는 이들을 위한 의료 지원을 맡기도 했다. 매주 주말 상계진료소를 후배들과 함께 이끌었고 이후 인권의학연구소 이사로서 정신적 피해를 입은 사회적 약자를 돌보는 일을 했다. 최규진, 『세상의 배경이 된 의사』, 건강미디어협동조합, 2018.

기억에서 멀어지는 것 같았다. 가장 믿었던 친구 김지선을 찾아갔다. 두려웠다. "옥화야, 왜 그래?" "지선아, 너랑 나랑 같이 하면서 했던 일이 뭐지? 과거에 우리가 어떤 일을 했지? 우리가 한 일을 다시 얘기해보자. 내가 같이 공유를 하려고, 지금 머릿속에 뭐가 아무것도 없는 것 같아서 겁나서 그래." 지선은 옥화의 말을 다 들어주었고 그의 힘을 다시 믿어주었고 위로해주었다. 지선은 얼마 전 옥화의 오빠가 자신을 찾아왔던 일을 떠올렸다. 하지만 그 말을 하지는 않았다. 옥화의 오빠는 찾아와 눈물을 흘렸다. 우리 동생 어떡하냐고, 너무 아프다고 걱정하면서 그는 울었다. "우리 동생 어떡하니, 옥화 어떡하니. 네가 어떻게 좀 살려줘." 누이동생을 걱정하며 그 무뚝뚝하던 오빠가 남몰래 동생의 친구를 찾아와 울었다.

인천의원에 사직서를 내고 퇴직 처리된 때는 1991년이었다. "왜 그러게 갑자기 결혼은 해서 그래. 쯧." 사무장은 옥화가 물리치료실에 누워 있는 모습을 보고는 혀를 차며 걱정했다. 그래도 그는 계속 일할 수 있게 지켜주려고 노력했다. 남편은 직장에도 전화를 해서 고함을 쳤다.

마침내 이혼을 결심했다. 오판을 인정하고 직면했다. 처음엔 자신이 진심으로 얘기를 하면 상대방이 설득되고 또 솔직하게 얘기하면 다 받아들일 거라고 생각을 했는데 그 판단이 틀렸다는 생각이 들었다. '내가 너무 교만하게 판단했다.

결혼은 상대가 있다는 사실을 간과하고 일방적으로 자기가 뭐든지 다 마음먹으면 되는 것처럼 굴었다. 상대가 있는데 일방적으로 관념적으로 판단한 거야. 앞으로 내가 노력해서 될 부분은 아니다. 나는 비현실적인 판단을 했다. 반성을 철저하게 하자. 그리고 인정하자. 앞으로 이 관계를 현실적으로 잘 꾸려나가는 것은 가능하지 않다.'

남자는 이혼을 하지 않겠다고 고집을 부렸다. 그에게 모든 기회를 주었다. 기다릴 수 있을 만큼 기다려주었다. 배기영 의사는 남편이 술을 끊지 않으면 상황이 바뀌지 않는다고 했다. 100일이라도 술을 끊어보라는 제안도 했다. 그러나 그는 그사이에도 술을 끊지 못했고, 변할 거라는 기대는 이제 물거품처럼 사라졌다. 아무리 노력해도 되지 않는 일이 세상에 있었다. 그리고 바꿀 수 없는 상대가 있었다. 짧은 결혼 생활을 끝내고 스스로 똑바로 서야 했다. 처음처럼, 그리고 다시 나아가야 했다. 그 어려운 선택을 그는 해냈다.

당시 사회적 분위기로는 노동운동이 활성화되면서 보건 의료인들이 조직적으로 노동자들을 지원하는 모임을 만들자고 얘기가 있었다. 홍학기 원장은 경희대 한의대를 나왔는데 대학 시절 친구와 청계천 노동자들에게 주말 진료를 하러 다녔다. 그들의 열악한 노동환경과 보건상태를 보면서 민중 의료에 관심을 갖게 됐다. 그때부터 산업재해를 당한 노동자의 보상 문제나 안전보건대책 등을 위해 일했고 인천으로 와서 진료 활동을 통해 노동운동과 시민운동에 기여했다.[*]

인천에 홍일한의원을 개원한 그는 노동자 건강문제에 관심을 많이 가지고 있었다. 한의원에 찾아온 조옥화의 맥을 짚어본 그가 고개를 갸우뚱하며 몇 번 손을 움직였다. 맥이 거의 짚이지 않는다고 했다. "내가 알던 조옥화는 이렇지 않은데." 그는 이전에 왕성하고 거침없이 활동하던 그의 모습을 떠올리며 의아해했다.

1993년에 인천에 산업사회보건연구회가 만들어졌다. 홍학기 원장이 조옥화에게 사무국장으로 일해보지 않겠냐고 제안했다. 조옥화는 당시에 뭐라도 적극적으로 일해야 한다고 생각하던 참이었다. 큰 고통을 겪고 난 다음이라 그에겐 자신을 끌어당기고 전심전력을 다할 일이 꼭 있어야만 했다. 홍학기 원장이 조직을 하나 만들려고 하는데 실무자로 일할 생각이 없냐고 물었다. 잘할 수 있고 관심 있는 일이었다. 망설이고 있는데 오빠가 그 일을 하라면서 등 떠밀었다. 그때 무슨 일이라도 하나를 잡고 살아내야 했다. 그래서 용감하게 새로운 일을 시작했다. "좋아요, 한번 해보겠습니다!"

산업사회보건연구회가 만들어지면서 사무국장으로 일

---

[*] 김현아, "헌신하는 삶 살아가는 홍학기 원장과 인생의 주인이 되라고 가르쳐주신 어머니", 〈국회보〉, 2013.10.

하기 시작했다. 초대 공동대표는 홍학기 원장과 문병호 변호사였다. 시대의 변화와 함께 새로 대두된 노동자 건강문제[*]에 대해 좀 더 조직적이고 전문적으로 개입하고 활동할 필요성에서 생긴 단체였다. 조옥화는 인천의원 상담실에서 노동자 상담을 하며 산재 승인 절차에만 주력하는 활동의 한계를 느끼기도 했는데 이제 사회적인 여론을 만들고 산재의 문제의식을 확장하며 조직적으로 노동자 건강권을 위한 활동을 추진하게 되었다. 할 일이 많았다. 그곳에서 열정적인 40대가 시작되었다.

"그때 나는 구원받았다는 느낌을 받았어요. 정신적인 지옥 속에서 헤맸는데. 일단 이 일은 내가 여태까지 잘해왔던 거잖아요. 하던 활동의 연장선상에 있는 거잖아요. 잘할 수 있고 평소에 하고 싶은 일이잖아요. 그러니까 자연스럽게 이 활동 쪽으로 연결되는 거는 어렵지 않았어요. 일에 몰두할 수밖에 없었어요. 또 일로써 안정감을 찾으니 실제로 사생활이 없어졌지요. 그러니까 나의 안정감을 찾기 위해 더 몰두할 수밖에 없었고 몰두함으로써 심리적 안정감을 찾은 것 같아요."

---

[*] 산업재해보상보험법 적용 사업장이 1987년 이후 점차 늘어 1992년에는 5인 이상 사업장으로 확대됐다. 산업재해율은 선진공업국에 비해 두 배 이상 많았고 중대재해는 증가했다. 사망자 수는 1992년에 2,429명이었다. 노동자들은 아직 열악한 노동조건과 산업안전보건 시설 및 투자, 그리고 미비한 제도적 장치하에 건강과 생명을 위협받았다. 민주화운동기념사업회 한국민주주의연구소 엮음, 앞의 책, p.750.

　그는 이 일에서 자신의 역량을 십분 발휘했다. 제안을 받았을 때부터 이 일은 다른 어떤 일보다 관심과 흥미를 끄는 일이었다. 그동안 쭉 해왔던 일이었기에 일에 소속감도 가질 수 있었다. 공적 활동을 지속해 사회 변화를 도울 수 있었다. 사회적 분위기와 여건도 성숙돼가고 있었다.

산업사회보건연구회
사무국장의 일

남동공단 내에 한 인조피혁공장, 화공약품을 혼합하는 공정에서 보조청소 작업을 하던 한 노동자가 입사 4개월 만에 '전격성 간괴사'로 사망하는 일이 벌어졌다. 화학물질 디메틸포름아미드(DMF)가 인조피혁 제조 공정에서 유기용제로 사용되는데, 간 독성을 유발하는 대표 물질이었다. 역학조사 결과 공기 중 DMF 농도가 노출 기준 10ppm을 넘어 13ppm이었다. 이 일로 국내 최초로 DMF 노출로 사망한 노동자에 대한 산재 승인을 받아냈고, 물질안전보건자료의 비치 필요성을 환기시켰다. DMF 관리 지침이 생겼고 작업자의 건강검진이 의무화되었다.[*] 또한 신발제조회사에서 유기용제 중독으로 백혈구 과다증이 생긴 노동자에 대해서 노동부에서 직업병 불승인을 내린 일이 있었는데 행정소송에서 승인을 받아내어 업무상 재해의 범위를 넓힌 계기가 되었다. 질병의 원인이 명확히 입증되지 않았더라도, 다른 발병 원인을 찾을 수

---

[*] 정진주 외,『결국 사람을 위하여』, 소이연, 2017, pp.99-100.

없다면 업무상 재해로 보는 것이 타당하다는 결론을 얻은 것이다.

1994년에 갑자기 인천에서 사건이 터졌다. 화학 비료를 만드는 진흥정밀화학회사에서 폭발사고가 생겼다. 7명이 사망하고 70여 명이 다치는 대형 사고였다. 이에 대응해 산업사회보건연구회도 인천시민대책위에 참여했다.

인천 주안 5공단에 들어서면 진동하는 약품 냄새를 맡을 수 있다. 진흥정밀화학은 농약원료와 플라스틱 첨가제, 화공약품을 제조, 가공하다 보니 작업자들은 약품에 화상을 입거나 독한 자극으로 실명에 이르기도 하고 농약 중독 증상으로 동공 축소나 만성 피부병과 두통을 호소했다. 사고 때는 아수라 지옥이었다. 천지를 뒤흔드는 폭음과 함께 공장은 날아가고 콘크리트 밑에 깔려 비명을 지르는 사람, 팔이 잘린 채 죽어가는 사람, 열폭풍에 얼굴 피부가 벗겨져 피투성이가 된 사람, 하체가 잘린 사람, 살려달라는 말을 마지막으로 숨진 사람…… 눈 뜨고 볼 수 없었다. 사상자는 64명이었다. 우리가 제조한 하이드록시 벤조 트리아졸(HOBT)은 자연발화성 물질로 폭발 위험이 있는데, 회사는 납품기일이 촉박하다며 주의사항을 무시하고 온도를 올리고 잘못 사용했고 그 과정에서 이 물질은 폭발물이 되었다. 노동조합의 목표는 책임자 처벌, 회사 정상화, 부상자와 유족에 대한 배상과 보상이다. 조합에서 안전보건 활동을 하려 해도 담당 인력이 없고 축적된 전문지식이 없는 것이 현실이다. 노동조합의 활동 자체가 원활하게 안 돌아가다 보니까 산업안전보건 활동도 전반적으로 원활하게 진행되지 않았다. 기업주의 사고가 바뀌어 산업재해 문제를 해결하지 않고서는 기업도 더 이상 성장할 수 없다는 것을 인식해야 한다. 작업 환경 개선을 위한 실질적 투자가 이루어지고 정부 차원에서 정책적 지원을 해야 한다. 안전문제가 일상적으로 조직되어야 하고 조합원과 함께 예방활동을 해야 한다. 사회를 변화시키기 위한 우리의 노력이 있어야 한다. 너무 많이 썩었고 냄새가 지독한 만큼 시린 아픔들이 산적해 있다.*

"그때 사람들이 많이 죽고 다쳤거든요. 문제는 뭐냐면 그런 화학약품을 많이 사용하는 곳에서 노동자들이 회사에서 무슨 약품을 쓰는지 몰라요. 그걸 알아야 예방활동을 할 수 있죠. 그때 1994년에 인천에서 진흥정밀 산재참사 인천시민대책위원회를 할 때 산업사회보건연구회도 같이 활동을 했어요. 그 기회로 물질안전보건자료, 즉 화학 물질을 쓰는 곳에서는 그 회사의 기업비밀이 아니라면 그 물질을 취급하는 노동자들의 알 권리 차원에서 물질에 대한 기본적인 설명, 취급 방

---

* "진흥정밀노동조합에 듣는다"(진흥정밀화학 노동조합위원장 안우현 참석, 박세민 인터뷰) 발췌, 인천산업사회보건연구회 소식지 〈건강한 인천〉, 1994.12.

법, 유해성 등을 기록해서 알 수 있게끔 배치를 하는 게 법으로 정해졌어요.”

기업에서 사용하는 유해물질 자료 공개는 노동자의 알 권리를 보장한다는 점에서 필요했다. 충격적인 진흥정밀화학 회사의 폭발사고는 노동자 건강문제의 여론화로 이어졌다. 그 과정을 거쳐 유해물질 안전 자료를 작업장에 비치하게 되고 ‘노동자들의 작업장에서 쓰는 화학물질의 알 권리 강화’와 ‘작업환경 측정 강화’가 제도화되었다. 문송면 노동자의 수은 중독이나 원진레이온 노동자들의 이황화탄소 중독 문제가 널리 알려지며 유해물질로 인한 직업병에 대한 사회적 경각심이 올라간 이후 지역 곳곳에서 노동자의 일터에 대한 실제적 안전 법제화 활동이 이어졌다. 노동자들의 산재 상담과 보상 신청 지원을 하면서 요양신청서 작성과 심사청구, 행정소송 등을 지원하는 일도 이어졌다. 인천에서 한 해 500~700건의 산재 상담이 들어왔다. 중요한 것은 사회적으로 산업재해에 대해 더 폭넓게 이해하고, 문제가 보일 수 있게 새로운 법제도를 만들어내고, 사회 구성원의 동의를 구하는 것이었다.

경견완 장애 문제도 제기했다. 인천에 있는 전자회사에서는 주로 반복 작업을 했다. 계속 손을 쓰고 드라이버로 볼트를 조이고 납땜을 하고 컨베이어에 나오는 물품을 조립하면서 반복 작업을 하다 보면 몸이 상했다. 근골격계 질환 중에 경견완 장애가 발생하면 팔과 어깨, 손목 등에 통증이 지속돼 불편이 심화됐다. 그전에는 직업병으로 생각하지 않은 질병이었다.

"계속 장기간 반복 작업을 할 경우는 근골격계 질환이 발생해요. 그러니까 똑같은 부위 관절이나 동일한 부위 근육을 계속 쓸 경우 반복 작업에서 근골격계 질환이 올 수 있는 거죠. 이 질환이 직업병으로 인정이 안 되고 있어서 전자회사들을 조사 작업했어요. 작업 조건과 연계한 실태 조사를 해서 증상을 호소하는 사람들을 경견완 장애로 직업병을 인정받게 했어요."

1996년에 단순 반복 작업을 하는 전자회사에 대한 근골격계 질환 실태 조사를 했다. 아남정공, 고니정밀, 대한마이크로전자, 아남산업부천공장, 아남산업부평공장, 한국샤프의 여섯 개 회사의 노동자 523명을 대상으로 했다. 전자회사는 입사가 어려운 회사들이었다. 노동조합의 힘이 크지는 않았지만 사업주가 협조를 해서 조사를 할 수 있었다. 산재 이슈가 사회적인 문제가 되어 사업주가 더 이상 외면할 수 없는 분위기였고 노동운동이 활성화된 때였다. 조사 결과 6명 중 1명이 증상을 호소했고 조사 대상자 40% 이상이 치료경력이 있었다. 20% 이상은 통증으로 인해 결근이나 휴직을 한 경험이 있었다. 대책으로 노동조합은 반복 작업에 대한 작업기준을 마련하고 건강진단 실시를 요구했으며 작업환경 개선과 관리참여, 단체협약을 통한 근로조건을 개선했다. 사업 이후 근골격계 질환에 대한 요양 승인과 비율이 높아졌다. 산재보상보험 심사에 따르면 경견완 장애 직업병은 1992년까지 공식 통계가 없었고 1993년부터 집계되어 1994년에 20명이 산재 보상을 받기 시작해 그 수가 증가해왔다. 1996년에는 305명의 직업 질환이 인정되어 그해의 전체 직업병자 수 1,435명 중 높은 비율을 차지하게 되었다.[*]

유기용제 중독 문제도 사회적으로 다뤘다. 유기용제 세척제는 전자회사에서도 많이 썼는데 피부병 등 각종 질환을 발생시켰다. 김창분은 여성 노동자로 직장에서 유기용제를 계속 쓰다가 만성 빈혈 진단을 받았다. 직장에서 오래 일했지만 나이 든 여성 노동자는 요양 신청을 해도 계속 불승인을 받았다. 그가 산업사회보건연구회 상담실에 왔다. 그가 쓰는 유기용제의 문제점을 찾아 끝까지 소송을 해서 산재를 인정받았다. 의사들의 소견서와 산업보건단체들의 투쟁으로 만성 빈혈과의 인과관계를 인정받은 것이다.

그다음에는 과로사 문제였다. 장시간 노동이나 야간작업은 심혈관계에 부담을 줘서 과로사가 올 수 있었다. 전보다 더 노동 강도가 세지는 것도 과로사의 요인이 되었다. 부서 이동으로 다른 익숙지 않은 작업을 할 때도 노동 강도가 더 심해진

---

[*] "경견완 장애 실태 및 예방대책", 인천산업사회보건연구회 소식지 〈건강한 인천〉, 1997.12.

것과 같다. 전에는 회사에서 일하다가 사망하는 경우가 아니라면 과로사를 인정하지 않았다. 퇴근하고 집에서 사망하거나 출근하기 전에 죽는 건 산재로 인정하지 않은 것이다. 조옥화는 일본에서 있었던 '노동자 건강문제에 관한 한일 공동 세미나'에 참석해 한국의 산재 직업병 실태와 대책활동에 대한 발제를 했다. 현장에서는 과로사 문제도 논의되었다. 조옥화는 과로사 문제도 적극적으로 알리고 싸워서 과로사 인정 범위를 현실에 맞게 넓혀가려고 했다.

'제2회 노동자 건강에 관한 한일 공동
세미나'에서 발표하는 조옥화 사무국장(1995)

산재추방과 건강권과 관련된 단체는 인천뿐 아니라 전국적으로 있었다. 서울의 노동과건강연구회와 울산산업재해추방운동연합 등 다른 지역의 단체들이 있었고, 이들이 연합한 산재추방운동협의회가 있었다. 전국 산재추방 활동 단체 실무자들의 공동 교육훈련이 매년 있었다. 조옥화는 인천산업사회보건연구회에 있으면서도 공동으로 싸우는 전국 사안에 적극적으로 동참했다.

인천의원 시절의 상담부터 산업사회보건연구회까지, 조옥화는 더 넓은 영역으로 나아가며 노동자 건강권 문제를 사회적으로 알렸다. 인천의원에서는 사고성 재해에 중점을 둔 개인 상담을 주로 했다면, 이제는 직업 관련성 질환에 대한 산재 승인 범위를 실제적으로 넓히며 운동을 해나갔다. 노동자의 작업 환경에 대해 알리고 전국적인 사안의 이슈를 만들고 이를 다른 단체와 힘을 모아 알려나갔다. 산업재해에 대한 고정된 사회적 개념을 바꾸고 실제적으로 법제화를 시도하며 거침없이 나아갔다.

산업사회보건연구회의 회원은 주로 의사, 치과 의사, 한의사, 간호사, 교수 같은 보건의료인 전문가였다. 30여 명의 회원들이 있었고 이들과 함께 조직적이고 전문적인 활동을 할 수 있었다. 이들이 투쟁에 동참해 전문적 의견을 내며 뒷받침을 할 때는 행정기관도 무시할 수 없는 영향력을 미쳤다. 전국적인 산재추방 운동의 역사가 새로 쓰이고 있었다.

조옥화는 1980년대에 주민 건강권을 지키려고 노력했고, 노동자의 권리를 향상시키려고 현장운동에 참여했으며, 여성 노동자들의 일과 삶의 문제에도 관심을 쏟았다. 병원에서 간호사와 조산사로 일하고 노동자들과 상담도 이어갔다. 한 사람과 다른 한 사람들의 노력이 이어지자 그 시간이 맞물려 변화가 생겨나고 있었다.

산업현장에서의 안전보건 문제란 노동자 스스로의 해결의지와 더불어 공학적, 의학적, 기술적 전문성을 필요로 하기 때문에 이에 대한 집중적이고 꾸준한 연구가 필수적이다. 물론 학문적 측면에서 성과가 축적되어 있을 수 있겠으나 구체적인 현장성을 담보한 전문성은 역시 노동조합에서 제기되는 다양한 문제들을 해결해 나가는 과정에서 축적될 수 있을 것이다. 산업보건의 예방적 측면에서 많은 비중을 차지하고 있는 건강검진이나 작업환경측정 등에 노동조합의 불만이 많은 것이 현실이다. 대기업의 노동조합에서 자체 측정기기나 설비를 갖추는 경우도 있을 수 있으나 전문인력과 시설을 갖춘 산업안전보건연구소나 센터를 설립하는 일은 전국적인 노동조합 조직하에서 현실적으로 추진 가능한 일이다. 특히 이러한 작업은 지속적인 연구성과를 바탕으로 직업성 암이나 유해물질에 의한 만성중독, 과로사 등 현재 취약한 산업보건 분야에 많은 부분을 기여하리라 여겨진다. 점차 사회가 다양화, 세분화, 전문화되어가는 추세 속에서 노동자

들의 권리의식이 제고되고 있으며 특히 안전과 건강에 대한 관심도 높아지고 있다.[*]

산업사회보건연구회는 권리를 알고 직접 건강을 지키는 새로운 노동자 집단을 만나고 있었다. 지난 십 년은 이들의 목소리가 세상에 나오기 위해 다 같이 노력하는 과정이라 해도 과언이 아니었다. 세상의 변화에 대한 희망을 가지고 노동자의 건강권 운동이 확산되고 있었다.

"나는 이 운동을 할 때 가장 왕성하게 활동했어요. 이때가 사십 대였고 아주 적극적이었죠. 산업선교 활동할 때는 이십 대였고 어떻게 보면 의미 있는 일에 내가 동참하고 지역 주민들과 함께한다 하는 개인적이고 주관적인 생각을 하면서 정서적으로도 만족감이 있었지만, 실제로 운동의 성과로 제도 개선까지 이루고 법적으로 문제가 해결된 건 이때의 경험이에요. 산업사회보건연구회에서 조직적이고 전문적으로 활동한 이때는 그야말로 본격적인 활동가로서의 삶이죠. 활동가로 살면서 전부터 이렇게 생각했어요. '자본주의가 효율적이고 나름 성과를 내지만 자본주의가 가지고 있는 그 속의 비인간성은 심각하다. 자본주의가 극심해지면 이 물질주의가 인

---

[*] 조옥화, "산별노조 건설과 산재추방 운동의 전망", 인천산업사회보건연구회 소식지 〈건강한 인천〉, 1994.12.

간성을 말살하고도 남는다. 돈이면 사람의 목숨도 빼앗는 식의 극대화된 이윤 추구가 자본주의의 문제 현상일 거다.' 어쨌든 나는 인간의 존엄성이 최우선이 돼야 한다고 생각하거든요. 그것보다 위에 있는 것은 없다고 생각해요. 인간 한 사람, 한 사람, 개인에 대한 존엄. 그 자체가 세상에서 가장 우선하는 가치라고 생각하기 때문에 그렇지요."

공원에서 울려 퍼진
노동자 노래

산업사회보건연구회가 1993년에 만들어질 무렵 '산재 없는 일터회'도 생겼다. 산재 없는 일터회는 노동조합의 산업안전 관련 부서장들의 모임이었다. 인천 지역 노동조합 20~30개에 속한 산업안전부장단의 조직이었다. 이 현장 조직과 산업사회보건연구회라는 전문가 조직이 움직였다. 산재 없는 일터회의 초창기에는 노동조합에 산업안전 부서라는 게 없었다. 그만큼 노동자들에게 산업안전에 대한 의식이 제대로 확립되지 않은 상태였다. 대신 후생복지부가 있었는데 주로 노동조합원의 복지에 대한 논의를 했다. 식당 메뉴나 노조기금으로 운영되는 자판기 관리 차원의 문제를 다루는 형편이었다.

하지만 이후 산업재해 문제가 현실적으로 심각하게 여겨지고 건강권과 생명권에 대한 직접적인 침해라는 인식이 생기자 노동조합은 후생복지부를 없애고 산업안전 관련 부서를 만들기 시작했다. 인천 지역 노동조합도 나름대로 체계적으로 건강권 대응 활동을 하기 시작했다.

초기에 산재 없는 일터회의 모임을 하면 산업안전부장들이 20여 명 정도 모여서 공장의 산업안전과 관련된 부분을 논의했다. 산재 일지도 썼는데, 이는 노조의 산업안전부장들이 직접 작성했다. 그리고 일터를 돌아다니면서 어떤 것이 위해 위험 요소인지 직접 체크했다. 회사에서 작업 환경도 측정하고 분진과 조명 문제, 중량물 취급 문제를 살폈다. 작업 환경이 어떻게 건강에 영향을 미치는지 파악했다. 특수 건강 진단도 들어갔다. 병원에 가면 의사들이 환자의 직업을 잘 안 물어보는데, 직업이 건강에 직접 영향을 미치는 노동자에게는 일반인들과 다른 특수 건강 진단이 필요했다. 일터에서 쓰는 물질과 작업 자세와 작업 환경, 이런 문제를 고려해 작업장에 맞춤할 수 있는 건강검진을 해야 했다. 법적으로 작업 환경 측정을 하고 특수 건강 진단을 해야 한다는 사실을 깨달으며 노조 간부들도 열심히 공부했다.

1994년 8월부터 1년을 계획으로 8개 사업장 노조에 산재 일지를 배포해 작성하게 했다. 산재 없는 일터회 모임에서는 중간 점검을 하면서 한 달에 한 번씩 계속 만났다. 교육사업뿐만 아니라 사안이 생기면 근로복지공단 앞에 가서 시위도 했다. 근로복지공단 담당자에게 면담도 신청하고 노동자 권익 옹호 활동을 했다. 조옥화도 사무국장으로서 집회나 시위에 많이 나갔다. 제도를 개선하려면 일상적인 활동뿐만 아니라 열심히 움직여 힘차게 싸워야 하니까 사무실 밖의 활동도 많았다.

인천제철의 경우 노동자 3,000여 명의 큰 회사였는데 노동조합 산업안전 담당자들은 1996년 상반기에 10개 공장 점검을 통해 436건의 문제를 지적하고 이 중 362건을 시정 조치해 작업 환경을 개선해냈다. 그들은 산업사회보건연구회에 '시도 때도 없이 전화를 걸어' 정보와 자료를 요구하며 문제를 해결해냈다. 그들은 그해 초 제대로 된 신호체계 없이 이루어진 제품 출하 과정에서 사망 사고가 난 후 교통안전시설 관련 위험요인을 지적하고 시정조치하며 교통안전순찰대를 구성해 적극 대처했다.[*]

인천 월미도 문화의거리에서 산재 사진전을 열었다. 노동자들이 스스로 노동자 건강권 문제를 과감하게 일반 시민한테 가지고 가서 보여주자고 했다. 산재 문제가 공장 안에서 은폐되지 않게 일터에서 이런 일이 벌어지고 있다는 것을 사진전을 통해 시민들에게 알렸다. 노동자들이 사람들이 많이 오는 유원지에 직접 나가 홍보했다. 그 사진 속에서는 다친 산재 노동자의 모습이 직접적으로 담겨 있었고 숨겨진 일터 모습이 가감없이 드러나 있었다. 위험 요소가 대낮에 드러났다. 시민들이 걸음을 멈추고 사진을 유심히 들여다보면 노동자들

---

[*] "인천제철 산업안전실을 소개합니다", 인천산업사회보건연구회 소식지 〈건강한 인천〉, 1996.12.

의 마음이 반가웠다. 사진을 매단 끈을 나무둥치에 묶었는데 바람이 불 때마다 사진과 함께 푸른 나뭇잎이 흔들렸다.

그럴 때 유원지의 조그만 무대에서 풍물패 '더늠'의 소리가 울려퍼지거나 대우중공업의 노래패 '노둣다리'가 노래를 했다. 노동자 합창단이었다. 작업복을 그대로 입고 마이크를 잡고 노래를 힘차게 불렀다. 조옥화는 열심히 박수를 쳤다. 사람들이 하나둘씩 발걸음을 멈추고 눈길을 모았다. 노동자가 직접 세상에 나와 노래를 한다. 자신들의 일터와 동료들의 다친 몸을 보여준다. 그 몸이 당신의 몸과 다르지 않다고 말한다. 우리가 지키고자 하는 삶이 당신들의 삶과 다르지 않다고 선언한다. 노동자들은 고통과 희망을 꾸미지 않고 거침없이 솔직하게 노래했다.

"우리가 이름을 산재추방 문화 한마당이라고 붙였지요. 그런 거 기획도 잘했지요. 사람들이 거기에 쫙 앉아가지고 다 노래 듣고 그랬어요. 94년쯤 한참 그때 그러니까, 80년대부터 있었던 노동자 운동이 87년 노동자 대투쟁으로 성과를 보면서 노동조합이라는 게 이제 일반명사화되는 거죠. 옛날에는 노동조합 그러면 막 이상한 눈으로 봤단 말이에요. 근데 이제 너도나도 할 거 없이 전국에 수천 개 노동조합이 생겼는걸! 노조가 새로 결성이 되면서 보통 사람들이 노동조합이라는 건 그냥 일상적으로 만들 수 있는 거고 필요한 거라고 인식이 막 바뀌는 거예요."

박수 치는 시민들도 깨달았다. 무대 위의 노래가 결국 자기 삶과 또 다른 일터도 지켜주는 주춧돌이라는 것을. 노조가 만들어지면서 활동이 활발해지고 단체 협약과 임금 인상도 이어졌다. 부서별로 노동자 권익을 위해 어떻게 할 것인가 토론했다. 산업안전 부서도 만들어졌고 연대도 이어졌다. 모두 노동자의 건강권과 생명권에 직결되는 중요한 일이었다. 산업사회보건연구회 활동가들은 공장에 가서 노동조합 임원들과 조합원들을 대상으로 교육도 했다. 전국 단위로 자주 만나 제도 개선에 대한 논의와 연대 활동도 활발히 했다. 90년대 초반에 전국 단위 실무자들이 만나고 매년 산재추방운동연합 이름으로 공동 워크숍을 하면서, 그때마다 제기되는 이슈들, 과로사, 경견완 장애, 유기용제 문제 등 노동자 건강 문제에 대응했다. 산업안전보건법 개정 문제로 싸우며 작업 중지권 논의도 했다. 노동 현장에서 사망 사고나 문제가 일어났을 때 작업을 중지할 수 있는 권한*이 있다는 걸 명시하자는 것이었다.

1995년에 전국의 지역활동 단체들이 산재추방단체 연대회의로 발족할 때 초대 대표는 인천산업사회보건연구회 조옥화 사무국장이었다. "지역활동체의 고립과 분산된 활동을 극

---

* 현재 산업안전보건법에는 작업중지권 항목이 있다. 1990년에 형식적인 내용으로 있던 작업중지권은 1996년까지 몇 차례 개정이 있었다. 노동보건 운동과 노동 현장의 지속적 요구로 노동자를 위한 조항이 신설되고 개정되었다.

복해 연대와 교류의 질을 높여나가고, 민주노총 건설 등 변화
된 정세에 걸맞게 산재추방운동의 역할과 발전 전망을 세워
나가는 데 헌신하겠다"고 조옥화는 그 자리에서 사업에 대한
생각을 말했다.*

　　노동부 보상과에서 다루던 산재보험 업무가 1995년부터
근로복지공단으로 이관돼 시행되었다. 그는 근로복지공단의
진취적 사고의 결여, 무사안일, 관료주의 등 공단 조직의 구태
의연한 모습을 지적하며 산재추방운동 진영 차원에서 산재보
험이 근로복지공단으로 이관된 후 발생한 불합리한 사례들을
전국적으로 취합해, 시정 및 대책 마련을 강력히 요구했다. 근
로복지공단이 노동부가 직접 수행할 때보다 훨씬 효율적으로
좋은 절차를 산재보험 및 공공 근로복지에 대한 집행 업무에
서 보여주어야 한다고 생각했기 때문이다.** 산업 현장에서 안
전사고와 직업병에 시달리는 산업재해 노동자들에게는 신속
한 요양과 공정한 보상이 필요했다. 그들의 신체적 정신적 문
제를 생각하면 잠시도 가만히 있을 수 없었다. 홍학기 대표는
노동자들 스스로 안전과 건강의 주체로 당당히 설 수 있는 장
을 더 전문적이고 체계적인 틀로 변화·발전시켜나가는 데 산

---

* "산보연 동정", 인천산업사회보건연구회 소식지 〈건강한 인천〉, 1995.3.
** 조옥화, "근로복지공단에 바란다", 인천산업사회보건연구회 소식지 〈건강한
　　인천〉, 1995.10.

업사회보건연구회의 역할이 있다고 했다.[*]

1995년에 민주노총도 생겼다. 조옥화 사무국장과 같이 일했던 세 명의 실무자가 전국 조직 산업안전보건부서 담당자로 진출했다. 인천의원 상담실에 있던 주영미는 간호사 출신인데 민주노총 본부의 산업안전 담당자로 갔다. 박세민은 민주노총 인천본부에 산업안전부장으로 갔다가 민주노총 금속노조의 산업안전보건실장으로 갔다. 조성애는 민주노총 공공운수노조에서 활동했다.

"민주노총에 우리 실무자 출신 세 명이 픽업이 된 거죠. 경력이 있는 사람들을 부르니까. 그것도 의미가 있는 거예요. 현장을 아는 활동가들이었지요. 현장 노동자들과 직접 접촉을 하고 실무 경험을 가진 사람이 인천에서 배출이 되는 게 용이한 거예요. 웃는 말로 지역 단체에서 실무자 키워놓은 걸 전국조직에서 뺏어가냐 그렇게 말할 수도 있지만 한편으로는 이게 의미가 있지요. 뿌듯한 게 있는 거지요. 우리가 그 중요한 직책에 있는 사람을 배출해냈다 그런 마음이 있었어요. 그 중 한 실무자는 내가 면접을 본 이였어요. 오후의 좁은 사무실에 창문으로 해가 지려고 했는데, 이 일을 하겠다고 거기에 스물여섯 살 젊은이가 앉아 있었지요. 그 젊은이가 30여 년 동안 자기 맡은 일을 잘 해내고 이제 중년이 되었네요…… 벌써

<hr>

[*] "노동자 종합건강관리체계의 구축을 위한 제안", 〈건강한 인천〉, 1996.12.

세월이 그렇게 흘렀으니."

　조옥화는 낮은 목소리로 과거를 떠올리며 신념을 지켜낸 활동가들의 평생을 선배 활동가로서 기억해주고 있었다. 후배 활동가 박세민은 활동을 하며 경험과 지식 외에 자율과 존중을 배웠다.* 그동안의 경험과 능력을 최대치로 활용해 조옥화는 한 조직의 사무국장으로서 자리를 지켰다. 그는 재정 문제에도 적극적이었다. 보통의 회원 조직은 사회단체로서 운영해나갈 때 재정적으로 몹시 힘들었다. 회비를 모아 실무자들의 월급을 지급하며 단체 운영까지 해나가야 하기 때문이다.

　"처음에 일을 시작할 때 내가 과감하게 말했어요. 회원 중에 의사의 비중이 컸어요. '당신들은 고소득자인데 그중에서 쥐꼬리만큼 떼어갖고 회비 내면서 혹시 바깥에서 대표니 임원이니 대단하게 하는 것처럼 보인다면 그것은 여기 실무자들 고혈 짜는 거다.' 처음에 조직을 주도했던 의사, 변호사 이런 사람들한테 '초창기에는 어려우니까 재정적으로 최소한 2년 이상은 운영을 책임져라' 못박았죠. 아니면 나는 이 일 못한다고 했어요. 93년도인데 기억하기로 대표를 포함해 일부 회원들에게 후원금 성격의 회비로 1인당 매달 100만 원씩 받았어요."

---

* 정진주 외, 앞의 책, p.95.

사무국장의 적극적인 요구로 단체의 재정이 안정적으로 뒷받침되었고, 활동이 지속되는 데 힘이 되었다. 조옥화는 쉽게 변하지 않는 활동 영역을 세우려고 했다. 회원들의 적극적 의지와 선선한 협조로 안정적인 운영이 가능했다. 처음부터 끝까지 조옥화가 받은 월급은 60만 원이었다. 임금 인상도 없었고 퇴직금도 없었다. 하지만 그는 일 자체가 보상이라고 여기며 모든 정력을 활동에 쏟아부었다.

"나 같은 경우는 어려운 사람들, 소외계층, 그냥 서민층 이런 쪽하고 가까웠지요. 무슨 사회적 성공이나 돈을 많이 버는 일에 의미를 두지 않고 나 자신이 일종의 노동자 계층이라고 보니까 노동자와 같이 있는 게 편했어요. 남한테 어떤 의미로도 도움이 되는 게 마음이 편했어요. 게다가 어쨌든 보건의료인이잖아요. 그런 접점을 찾아간 것이고, 노동, 보건의료, 이렇게 화두가 연결되는 곳에 나도 모르게 간 것 같아요. 자연스럽게 사회 변화에 따라서 나한테 주어진 과제를 회피하지 않고 그렇게 온 것 같아요."

IMF가 일어난 무렵이었다. 여파가 조직 살림에도 미쳤다. 사무실이 있던 건물이 경매로 넘어가면서 전세 보증금을 잃었다. 근처의 노동단체 사무실로 자리를 옮겨야 했다. 1999년에 조옥화는 사무국장으로 계속 있을 수는 없다고 생각했다. 새로 들어왔던 실무자들도 이제 그들의 활동력을 마음껏 발휘할 수 있게 자리를 만들어주어야 할 것 같았다. 한편 걱정이 되었다. 내가 사무국장으로 있지 않고 회원으로 있어도 조직 운영이 잘 될까? 혹시라도 내가 그만두면 단체에 어려움이 생기진 않을까?

"언제까지고 내가 나이 든 사무국장으로 앉아 있으면 안 되고, 내가 나가야 할 때가 된 거죠. 상근비는 밑의 실무자가 받아야 하고 나는 계속 한다면 무보수로 해야 되는 거죠. 그렇게 하는 상황이 되었고 나는 사무국장을 그만두고 조직 개편을 했어요." 후임인 조성애 사무국장이 일을 잘 해나가고 조직운영도 원활해 걱정을 덜었다. 그는 자신의 네트워크는 어느새 한정적인 것이 되고 다음 세대의 네트워크가 새로운 시대를 열고 있다는 걸 느꼈다. 다른 시대에 접어들며 조직 또한 새로운 시간을 맞고 그 안의 활동가들도 나름대로 역량을 키워내 새로운 주역이 되어 있었다. 조직 개편을 통해 산재 없는 일터회와 인천산업사회보건연구회가 합쳐져 '건강한 노동 세상'*이라는 단체가 만들어졌다. 새롭게 활동하는 조직을 만들어놓고 조옥화는 자기 일을 마쳤다. 그러나 나이 든 여성 활동가로서는 막막한 현실적 상황에 놓였다. 갈 곳이 없는 듯했다.

---

* 2002년 설립된 비영리 단체 '건강한 노동 세상'은 회원들의 후원 회비로 지금도 운영되며, 산업재해 예방과 노동자 권익보호를 위해 활동하고 있다.

6부

모든 죽어가는 것을
사랑해야지

일하는 여성들의
새출발

"솔직히 일을 그만두면서 대책은 없었어요. 마흔여덟 살 됐을 땐데 어디로 가야 할지. 대책 없이 실업급여를 타는데 갑자기 2001년 12월쯤에 연락이 왔어요. 25년 전에 남양만에 있을 때 활빈교회에서 만난 김영준 씨예요. 그 사람은 고향에서 서울로 올라와 살다 활동가가 된 청계천 빈민 출신 활동가예요. 청계천에 있다가 양평동인가 거기 가서 빈민 활동을 하다가 거기도 재개발되어 시흥으로 갔다고 해요. 신천리 복음자리 마을에 간 거죠."

김영준은 시흥 복음자리에서 활동했다. 복음자리는 70년대 청계천에서 빈민운동을 하던 제정구와 정일우 신부가 철거민들과 경기도 시흥시로 이주하여 주택단지를 건설하여 생활하게 된 곳이다. 마을은 세 군데가 있었다. 주민들의 집은 가톨릭 쪽에서 외원을 얻어서 주택을 지은 것으로, 주민들은 대금을 나중에 모두 상환했다. 그곳에서 사회복지법인을 하나 만들었다. 원래 있던 복음자리 회관을 사회복지관으로 만들고 사회복지법인의 이름으로 위탁 사업을 했다. 노동부가 위탁 건물을 얻을 수 있는 보증금을 빌려줘서 여성 직업 훈련 기관인 여성인력개발센터의 운영을 하게 되었다. 직업 훈련실이 있어야 했고, 설립 및 운영규정에 따라 250평 이상 되는 장소를 얻어야 했다. 장소를 확보하고 사회복지법인 복음자리에서 여성인력개발센터를 운영하기로 되었다.

불쑥 전화를 한 김영준은 조옥화가 그곳의 관장을 하는 게 어떻겠냐는 제안을 해왔다. 관장은 여성단체에서 5년 이상 일한 활동 경력이 있어야 한다고 해서 할 만한 이를 찾다가 조옥화가 여성 노동자단체 쪽과 관계가 있었다는 얘기를 듣고 연락한 것이었다. 조옥화는 뜻밖의 제안에 조금만 기다려달라고 했다. 얼마 뒤 또 재촉 전화가 왔다. 빨리 결정해달라고 하면서 다음 달에 오픈식을 연다고 했다.

"한 달도 안 남은 거였어요. 깜짝 놀랐어요. 솔직히 말하면 그때 다른 선택의 여지가 있었으면 거기에 안 가려고 그랬어요. 왜냐하면 사회복지법인이 익숙지 않은 데다가 인천 지역도 아니고 거리도 좀 떨어져 있고. 다른 일이 있었으면 하지 않았을지 모르지만 그때는 그야말로 막다른 골목이었잖아요."

열정을 다해 그때마다 시대의 현실에 마주해 최선을 다해 살아왔고 문제를 해결해왔지만, 뒤돌아선 뒤에는 경제적인 어려움에 직면했다. 사회운동의 지속성과 뜻을 보고 일했지만 빠듯한 활동비와 사생활도 없는 질주 속에서 달려왔다.

"운동만 생각한 거지요. 그것만 생각한 거예요. 내가 너무 힘들 때, 그것도 그러니까 기회인 거지요. 기회가 주어진 건데 가만히 생각하면 나도 어떻게 보면 행운이에요. 하고 싶은 일을 한다는 것도 보통 일이 아니잖아요. 좋은 일이잖아요. 아무 대책 없이 그냥 나온 거지요. 근데 이제 연락이 와서 거기서부터 생각했어요."

그는 새로운 일을 승낙했다. 새로 시작하는 곳이니 준비해야 할 것이 많을 터였다. 처음 시흥여성인력개발센터에 가보고 몹시 놀랐다. 전세 보증금으로 큰 건물의 한 층을 얻었지만 그 공간은 칸막이만 대충 되어 있는 상태였다. 법인에 있던 직원이 "관장님이 오시기만을 기다렸습니다"면서 얼굴을 피며 반겼다. 빈 사무실에 복사기와 복합기, 사무용 책상 몇 개가 있었고 간판이 달려 있을 뿐, 통장엔 돈도 얼마 남아 있지 않았다. 인테리어도 되어 있지 않았고 컴퓨터실에 컴퓨터조차 없었다. 수강생이 오면 바로 교육을 시켜야 되는데 컴퓨터가 제대로 없다고 하니 걱정이 되었다. 조리 실습실에 가보니 조리대에 가스 연결도 제대로 되어 있지 않았다. 문제를 어떻게 해결해야 할지 궁리하기 시작했다.

"컴퓨터를 못 사더라도 빌릴 수는 있나요?" "네! 컴퓨터를 빌릴 수는 있습니다." 텅 빈 책상에 빌린 컴퓨터들을 수업 시간 동안 채워 넣었다. 재정 문제도 나중에 법인과 논의해 실마리를 찾아 아슬아슬하게 해결 지을 수 있었다. 개관을 앞두고 동분서주하면서도 한 치 앞을 알 수 없어 진땀을 뻘뻘 흘렸다. 2002년에 노무현 정권이 들어서 여성부가 새로 생기면서 한명숙 장관이 직을 맡고 노동부에서 여성부로 사업이 이관될 때였다. 여성부 지정 시흥여성인력개발센터가 개관했다.

조옥화는 인천여성노동자회 활동을 통해 우리나라 여성 문제를 알고 있었다. 특히 경력단절 여성의 문제는 심각했다. 결혼하기 전에 회사에 다녔다 해도 여성들은 결혼 후에 출산과 육아를 하면서 현실적으로 일터에 계속 다니기 어려운 상황이 되었다. M자형 곡선이 말해주듯 여성은 미혼 때 취업을 했더라도 결혼과 출산 후 경력을 이어가지 못하고 아이가 어느 정도 성장한 후에야 다시 사회생활을 시작하면서 이전보다 더 열악한 조건을 감내해야 했다. 여성 노동자에게 닥치는 현실은 만만치 않았다. 중년이 된 경력단절 여성들을 재교육시켜 다시 취업할 수 있게 지원하는 것이 여성인력개발센터의 목표였다. 일을 하면서 한계와 안타까움을 느꼈다.

"처음부터 아예 경력단절 없이 여성이 일과 가정을 계속 양립하게끔 제도 개선을 해야 되는데 그건 안 하는 거잖아요. 일단 여성이 집에 들어갔다가 나왔을 때 다시 재교육시켜서 사회에 진출하게 하는 거잖아요. 일종의 보완책이죠. 기업에서는 경비 절감한다고 여성 노동자들을 언제든 바꿔 채용할 수 있는 인력으로 여기겠지만 한 경력단절 여성의 개인 입장으로 보면 이 상황이 되게 힘든 거예요. 경력이 단절됐다가 다시 나와보면 사회는 굉장히 빠르게 변화하고 있단 말이죠. 자신감도 되게 없어진 상태인데.”

조옥화는 여성 노동 현장의 문제에 대해 잘 알고 있었고 그런 의미에서 이곳에서 자신이 할 수 있는 일이 있을 것 같아 팔을 걷어붙였다. ‘일단 가자!’ 그는 변화를 두려워하지 않고 나아갔다.

아주 오래전 논밭에서 허리 한 번 못 펴는 농번기 농촌여성을 위해 야외 탁아소를 열 때부터, 새 생명을 탄생시키는 산모를 돌보는 일을 거쳐, 신산한 삶을 살아가는 어린 여성 노동자와 여성 가장들과의 각별한 만남…… 그리고 많은 여성들이 새로운 도전을 준비하는 이곳 여성인력개발센터에 이르기까지, 여성들과의 인연은 실로 오랜 세월 동안 지속되어 왔고 어느 틈엔가 가슴속에 애틋한 자매애로 자리 잡고 있었다. 완력과 기계가 지배하던 시대는 지나가고 창조적 문화와 감성이 우대받는 시대가 이미 시작되고 있다. 이것은 그동안 숨죽여왔던 여성들의 열정과 감수성이 활짝 피어나는 것을 의미한다. 진정한 의미의 여성성이 사회에 넘쳐날수록 세상은 점점 평화롭고 행복해질 것이 분명하다. 모든 여성들의 염원이 이루어지는 그 날을 꿈꾼다.[*]

---

[*] 조옥화, “여성예찬”, 〈시흥여성인력개발센터 소식지〉, 2007.

문을 열고 들어서는 여성들을 보며 새로운 활력을 느끼기도 했다. 자신도 여성이라는 정체성 속에 살아왔으니 구체적인 삶의 문제가 어떤 것인지 알 수 있었다. 어쨌든 제도권으로 편입이 되면서 안정감 같은 것을 조금 느끼기도 했다. 무엇보다 운동단체에서 일하면서 늘 근심이었던 상근자들의 활동비 마련이며, 운영비에 대한 책임자로서의 심적 부담도 좀 덜어졌다. 여성의 노동문제는 지역사회에서 늘 중요한 문제였고, 한편 노동자의 일과 건강, 직업과 생활의 문제라는 큰 범위에서 이해할 수 있는 문제이기도 했다.

처음에는 솔직히 집안에서 살림만 하던 여성들을 상대로 직업 훈련을 실시하고 이를 바탕으로 취업이나 창업까지 연결한다는 것이 거의 불가능해 보였다. 하루가 다르게 변화하는 사회 환경에서 남성직장인들도 구조조정이니 조기퇴직이니 해서 직장에서 나오는 현실에, 주부들이 과연 센터를 방문하기는 할까 하는 걱정이 앞섰지만 그것은 기우였다. 가정 경제에 보탬이 되고자, 자신의 능력을 시험해보고자, 이도저도 아니면 친구 쫓아서라도 센터 문을 열고 들어서는 이들은 씩씩하고 활기차 보였다. 이 야무진 여성들의 기대와 희망에 어떻게 부응할지 하는 걱정이 슬금슬금 생겨날 정도였다.[*]

---

[*] 조옥화, "못말리는 아줌마들, 그들이 있어 행복하다", 〈시흥여성인력개발센터 소식지〉, 2004.

시흥에는 시화공단이 있지만 공단의 생산직 일자리 외에는 아직 별다른 일자리가 없는 편이었다. 도시가 인구도 적은 편이고 개발이 많이 되지 않은 분위기였다. 녹지대는 있는 편이었지만 여성들을 위한 일자리는 충분히 개발되지 않았다. 주변에서 한창 건물을 짓고 있었지만 주로 음식점 같은 가게들이 들어섰다. 일반 회사의 취직도 힘든 편이라고 하니 여성이 취업할 만한 일자리가 지역에 아직 만들어지지 않았다는 생각도 들었다. 이곳에서는 이곳의 문제가 있었다. 센터 운영을 하다 보니 실제 취업률 등 실적 성과도 필요했다.

프로그램 진행에 있어서 몇 가지에 주력했다. 먼저 여성들이 전산화 시스템에 적응할 수 있게 교육했다. 센터에 온 여성들이 결혼 전에 취업했을 때는 주산과 부기 같은 수단으로 일하는 게 가능했지만 그사이 시스템이 바뀌어 이제 여성들이 취업을 하려면 전산화 시스템에 새로 적응해야 했다. 기업에 새로 구축된 시스템에 적응할 수 있도록 기술교육이 시급히 진행되어야 했다. 역시 컴퓨터 프로그램이나 전산 기술을 습득하는 데 수강생들의 욕구가 높아 신청이 가장 많이 들어왔다.

정부에서 보조하는 프로그램이 있었고 일반 프로그램이 있었다. 정부 지원 프로그램은 일정한 자격이 있으면 수강할 수 있었다. 실업자 훈련, 경력단절 여성 지원 프로그램, 재직

자 훈련 같은 내용으로 채워졌다. 약간의 고학력 여성들을 위한 각종 지도사 프로그램들도 있었다. 또한 조리 과정으로 양식과 한식 프로그램이 있었고 요가 같은 취미반도 있었다. 그러나 프로그램이 한정적이라는 점이 아쉬웠다. 센터는 취업을 목적으로 하는데 경력단절 여성들이 취업할 수 있는 영역이 사회에 아직 많지 않았다.

새로 생긴 아파트를 중심으로 여성들이 많았는데 이들의 아이들을 위한 프로그램도 했다. 방과 후 아동을 대상으로 수업하거나 취미반을 운영하는 것은 여러 여성들이 인력개발센터를 활용하고 사람들의 접근성을 용이하게 하기 위해서였다. 늘 어떤 프로그램을 만들어야 할지 고민이 되었다.

정식 취업을 위한 직업 훈련 과정은 약 20개 강좌 정도였고 일반 강좌는 50여 개 되었는데 취업을 얼마나 하느냐도 실적에 반영되는 문제이기 때문에 신경이 쓰였다. 전산 세무회계 쪽을 수강했던 여성들은 취업이 잘 되는 편이었지만 6개월쯤 후에도 취업이 지속되는지도 생각해볼 문제였다. 지속성을 고려하지 않고 실적만 집중하면 문제가 해결되지 않을 것이었다. 여성인력개발 직업훈련기관이 전국에 50여 개 정도 있었는데 YWCA나 한국부인회 등 다양한 여성단체에서 운영했다. 많은 기관들이 있어서 경쟁이 되었다. 실적 통계 내는 것도 기준을 어떻게 잡느냐에 따라 사실 임의적인 부분이 있었다. 파트타임으로 일하는 경우도 어느 경우엔 취업으로

보고되거나 보고되지 않을 수 있기 때문이었다. 이곳에서 일
하면서 여성들과 주민에게 실제적인 도움을 주기 위해 고심
했다.

시흥여성인력개발센터 관장 재직 시절(2003)

조옥화는 지역 운동의 경험을 살려 아나바다 장터를 열
어 바자회를 조직했다. 센터 수강생들과 지역 주민들이 쓰지
않는 옷 같은 물건을 내놓고 기금 마련 봉사를 같이했다. 시
흥여성사랑회 모임을 새롭게 조직했다. 시흥여성사랑회는
케어복지사 양성과정을 통해 만들었고 여성봉사활동 단체로
발족시켰다. 분기별로 안 쓰는 물건을 교환하는 벼룩시장 개
최, 반찬가게 창업반 졸업생들을 중심으로 한 식품할인코너
운영 등을 시흥여성사랑회가 계획하고 실행했다. 기금이 생

기면 상황이 어려운 가구에 그 기금을 자체적으로 지원했다. 제과제빵반 수강생들은 빵을 만들거나 케이크를 구워 센터에서 팔고 수입을 얻을 수 있게 했다. 옷 수선반도 센터 공간 한쪽에 자리를 마련해 실제적으로 사람들이 이용할 수 있게 했다. 여성 가장들을 위해 옷 수선 창업반을 만들어 창업 인큐베이션도 했다. 센터 내에 어린이 수학교실을 운영하며 초등수학지도사 과정을 수료한 여성들이 직접 강의를 할 수 있게 했다.

일하기 위해 교육받는 여성들의 필요를 생각해 어린이집도 운영했다. 여성들이 훈련을 받을 때 무료로 아이들을 봐주는 일이었다. 일하는 여성의 나눔의 집 생각이 났다. 어떻게 보면 여성 노동자들의 요구가 제도권 속으로 차츰 들어가 이런 모습이 되어가는 것인지 모른다. 운영이 쉽지만은 않았다. 어린이집 보육교사를 쓰려면 보수를 줘야 하는데 재정상 어려워 노동부 쪽 직장 체험 신청자들이 와서 일했다. 그들은 자신이 원하는 직장 체험과 달랐는지 일을 자주 그만두어 운영이 어려웠다. 조옥화는 관장인데도 자주 가서 시간제로 아이들을 봐주었다. 여성들이 공부하는 사이에 그 아이들을 봐주어야 이들이 계속 공부할 수 있으니까. 어려운 형편에도 조옥화는 일하는 여성들을 위해 그 어린이집을 잘 지켜내고 싶었다.

경력단절이 된 여성들이 혼자서 일을 알아보면서 다시

취업하는 일은 쉽지 않았다. 기능을 익힐 뿐 아니라 정보를 교류하고 면접을 보는 법을 배우고 서로 격려하는 게 필요했다. 경력단절 여성들은 자신감이 많이 떨어져 있기도 했다. 경력이 단절된 사이 세상이 많이 바뀐 것처럼 느껴지고 위축된 이들이 많았다. 이곳에 와서 비슷한 사람들이 많이 있다는 걸 알고 정보를 교류하는 건 중요한 일이었다. 여성 가장 훈련반에는 한부모들도 있었는데, 그들은 혼자 생계를 책임져야 하니 심리적으로도 고달픈 현실에 놓였다.

"그곳에서 경력단절 여성을 만나보면 때로 많은 어려움이 있어서 그런지 정서적으로 힘들어하거나 결핍이 있는 경우도 있어서 상담하는 게 조금 어려울 때도 있었어요. 그들도 얼마나 힘들겠어요? 사실은 그렇게 따지면 그곳에서 정서적 지지나 지원도 했어야 되는 것 같아요. 그런 것까지 했어야 되는데 여유가 없어서 그런 일을 못 했지요. 가끔 컴플레인을 하는 걸 보면 내가 속으로 미뤄서 짐작을 하는 거지요. 힘드니까 뭔가 격려와 지지를 받고 싶은 욕구가 있는 것 같다는 생각을 했지요."

조옥화는 글에서 이렇게 목소리를 내었다. 사람들이 인정하든 안하든 세상은 변하고 있다. 앞으로 사회는 근엄하고 권위주의적인 남성 위주의 사회에서 벗어날 것이다. 노인, 여성, 아동, 장애인, 비정규직 노동자 등 사회적 약자들의 목소리가 점점 더 커지는 사회가 될 것이라고 생각한다. 여성들의 활약이 더 필요하고, 이 세상 절반인 여성들이 자기 책임으로 삶의 주인이 되어 스스로 운명을 개척해 나갈 때 차별 없고, 따뜻한, 모두가 더불어 사는 세상이 앞당겨질 것이다.[*]

그곳은 처음으로 얻은 안정된 직장이기도 했지만 제도권에서 관장직을 수행하면서 전에 없던 일도 여럿 겪었다. 행사 때 어떤 행정 기관의 수장이 먼저 축사를 하는지에 대해 각 기관 담당자들끼리 의전과 관련해 다투는 모습도 보았다. 자신의 이름을 알리려는 잇속으로 행사 때 냉큼 후원을 자처하는 속 보이는 이도 만났다. 퇴임을 앞둔 공무원이 현 기관장의 경력 조회를 하겠다면서 시의 이름을 내세워 여성단체에 경력 조회를 요구하기도 했다. 시의원이 딴지를 걸려는 작정인 듯 강사 계약서 등 센터의 내부 서류가 합법적으로 되었는지 확인하겠다고 급습하듯 조사를 해 들어올 땐, 미리 철저히 대비해 서류를 준비해놓은 직원이 있어 문제없이 넘어갈 수 있었다. 센터에 수익이 나면 그 수익을 처리하는 문제에 대해서도 주변의 이해관계자들이 슬그머니 압박을 주곤 했다. 그는 일하는 여성들에게 실질적인 도움을 주는 것에 초점을 두고 관장직을 수행해나가려 노력했다. '여긴 다른 동네구나. 이런

---

[*] 조옥화, "더불어 사는 세상, 이제 그 희망이 앞당겨집니다", 〈시흥여성인력개발센터 소식지〉, 2004.

일도 벌어지는구나.' 작은 일로 저마다 사활을 건 듯 이해관계
를 치열하게 다투는 제도권 안의 군상을 보며 한숨을 쉬기도
했다.

주민이 만드는
병원

조옥화는 2008년까지 여성인력개발센터에서 관장으로 일한 후, 법인 전보 발령으로 작은자리복지관의 관장이 되었다. 그곳은 종합사회복지관으로 법인 건물에 있었다. 기본 사업으로는 국가의 지원을 받아 노인, 아동, 청소년에 대한 프로그램을 했고, 지역 주민을 위한 무료 밥집을 운영했으며 자체적인 복지관 프로그램들도 진행했다. 그는 그곳에서 일을 잘한다는 소리를 듣는 유능한 관장이었고 외부 프로젝트 사업 계획서를 여러 군데에 내어 사업도 많이 벌였다. 복지관 운영도 살림이 빠듯해서 인건비와 운영비 정도만 확보되고 나머지 사업비는 외부 재단과 후원 단체의 모금을 통해 지원받는 경우가 많았다. 주제와 대상에 따른 사업 계획서가 채택이 되면 다양한 프로그램을 하는 데에 도움이 되었다. 간호사뿐 아니라 사회복지사로서 자격도 갖췄다.

특히 작은자리복지관에 있던 방과 후 공부방이 눈에 들어왔다. 그 공부방은 복음자리 공동체가 사회복지법인이 되기 전부터 하던 사업인데 시간이 지나 복지관 안의 사업이 되었다. 과거에 공부방에 다닌 아이들이 시간이 지나 성인이 되어 이곳에 돌아왔다. 대학생이나 사회인으로서 다시 공부방에 와서 아이들을 대상으로 멘토를 하는 것이다.

"기특하지요. 그들은 복지관이 제도권에 들어가기 전에 자발적으로 만들어졌던 공부방 출신들이에요. 그러니까 더 그렇게 되는 것 같아요. 내가 갔을 때는 뭐라고 그럴까, 그런 전통이 점점 사라지고 있었지요. 공부방에 인건비를 받는 교사가 배치되고 자원봉사자들이 별로 필요 없는 분위기였어요. 순수한 자원봉사로, 자발적으로 하는 활동도 의미가 있는데 그런 활동들이 제도권으로 들어오면서 줄어들었어요."

사업이 제도권으로 들어간다는 것에는 주민에 대한 혜택이 안정적으로 보장된다는 장점도 있었지만 현장의 자발성과 창의적인 변화에 있어서는 시대가 갈수록 그 역동성이 줄어드는 것 같았다. 한편으로 그곳에서는 지역사회 주민들의 삶과 건강문제를 또 다른 차원에서 볼 수 있었다. 어느새 이제 노인 문제가 사회 문제가 되고 있었고 근대화를 온몸으로 겪은 이들이 노년의 시간을 맞이하고 있었다. 이 문제를 진지하게 생각하고 사업활동 속에 담아내었다. 어르신의 우울감 평가와 감소를 위한 활동을 기획하며 사람들을 모집해서 우울 검사 등 건강 측정을 하고 소그룹 활동으로써 고립된 상황을 벗어나게 했다. 같이 여행도 가고 소통도 하면서 그들이 서로 네트워크를 이루어 만날 수 있게 했다. 조옥화는 삶의 경험을 통해서도 정신건강의 문제가 육체의 건강문제 못지않게 중요하다는 것을 깨닫고 있었다. 몸과 마음의 건강. 지역 주민들이 그것을 유지하기를 바랐고 이를 뒷받침하기 위한 활동을 해나갔다.

"심신 건강 증진 활동을 했어요. 또 신경을 쓴 건 취약계층을 위한 도시락 배달이었어요. 복지관 식당으로 와서 동네 어르신들이 식사를 해요. 식당에 올 수 있는 분들 말고 집에서 나오기 어려운 사람들을 위해 90명분 도시락을 배달했어요. 일주일에 두세 번 정도 반찬 배달을 해드린 거죠. 이틀치 음식을 드리는데, 조리는 할 수 있었지만 갖다드리는 게 문제였지요. 자원봉사를 모집해야 되는데 도시락 받는 분들의 시간 때에 맞춰서 가야 해서 자원봉사자를 모으는 게 힘들었어요. 하지만 지역의 어르신들이나 취약계층에 필요한 사업이라 여겨서 직원들이 직접 나서서 배달할 때도 많았어요."

장기요양보험이 2008년에 실행되자 사회적으로 노인을 위한 주간보호센터 사업이 시작되었다. 장기요양보험법에 의해 거동이 불편한 분들에게 등급에 따라서 서비스 시간이 주어졌다. 사회는 이제 고령화되고 있었고 지역 주민의 건강도 새로운 서비스 차원으로 접근할 필요가 있었다. 작은자리복지관에서는 취약계층 노인을 낮 동안 돌보는 사업을 제도가 시행되기 전부터 자체적으로 진행했다. 그전부터 해온 돌봄 사업에 이어 그는 장기요양보험 제도가 시행된 후 어르신들을 주간보호센터에서 케어하는 사업을 활기차게 벌였다. 한때 파란만장하고 왕성한 젊은 시절을 보냈던 노인들이 이곳에 와서 다른 이들을 만나고 남은 시간 동안 건강을 돌보며 교류할 수 있었다.

복지관에서는 가능한 지역 조직 활동을 살피며 신경 쓰기도 했다. 국가 지원을 받는 기관인 복지관으로서 주민 조직을 통해 지역사회의 문제를 개선하는 것은 어느 정도 한계가 있었지만 나름 필요한 부분이기도 했다. 국가에서 보조해주는 사업비를 쓰니 복지관 측에서는 행정기관과 마찰이 생기는 것을 꺼리는 분위기였고 행정기관 쪽에서는 자신들이 지도 점검을 하고 관계가 가깝다고 여기니 관의 행사 같은 일에 참여해달라고 요구하기도 했다. 이따금 행정기관 담당자가 와서 사업 진행에 대해 꼬투리를 잡거나 기금을 아껴 쓰라며 틀에 박힌 잔소리를 할 때가 있었다. 조옥화는 기본적으로 주민을 위한 사업을 한다는 마음을 먹고 늘 애쓰고 있어서 그런 형식적인 말을 들으면 유쾌하지 않았다. 속으로 퉁명스레 이런 대꾸를 하기도 했다. '당신들은 평생 세금으로 월급 받으면서 이렇게 필요한 사업을 하는 일에 세금 운운할 게 뭐가 있냐? 담당자가 바뀌면 서로 다른 방향으로 제각기 얘기하니 공무원도 정책에 대해 실명제를 적용해야 하는 게 아니냐?' 하지만 과거에 보건소에서 일할 때 느낀 공무원에 대한 선입견에 비해, 시흥시의 공무원은 훨씬 더 적극적이고 책임성도 있고 실력도 있는 이들로 느껴졌다.

조옥화는 이제 중견인으로서 기관 경영을 하는 입장이었기 때문에 책임감을 가지고 여러 상황을 고려해 조율해나가야 했다. 제도로서의 민주주의가 모습을 갖춘 이후 시대 상황은 급속히 변해가고 역동적이었던 초기 주민 활동은 지역에서 자리를 잡았을 뿐 아니라 차츰 제도권 안에서 그 틀을 굳혀가고 있었다. 그건 그동안 많은 이들이 노력해 바꿔온 세상의 모습이기도 했지만 '어쩐지 재미가 없다'는 생각이 들 정도로 조금은 고정된 제도 속의 발전상이기도 했다. 그 안에서 자신의 역할도 겉모습은 바뀌고 있었지만 속으로 가늠하고 노력하는 방향은 변함이 없었다. 작은자리복지관에서 그는 2008년부터 2014년까지 일했다. 맡은 직에 최선을 다해 수행한 다음, 그는 인천으로 돌아왔다.

이전에 조옥화가 산업재해 상담실에 일할 당시에 산재직업병 상담실을 갖춘 곳은 평화의원, 푸른치과, 인천치과, 인천의원이었다. 그중 평화의원은 1989년 병원이 처음 생길 때 기독청년의료인회라는 조직이 모금을 통해 노동자 병원을 세워 병원 운영 활동을 했는데 1996년에 이곳이 의료생활협동조합으로 전환했다. 일본의 의료생활협동조합을 참고로 해서, 병원을 지역 주민한테 돌리자는 취지에서 지역 주민의 출자금을 받고 협동조합으로 전환을 했다.

인천평화의료생활협동조합(현 인천평화의료복지사회적협

동조합)은 시민들이 모여 만든 조합 형태의 의료기관으로, 평화의원을 운영하고, 주민의 참여와 협력을 통해 '건강한 공동체' 건설을 목적으로 설립되었다. 당시 평화의료생협에 참여한 주요 보건 인력은 의사 임종한, 조계성, 김명일, 김석중 등과 간호사 오선숙, 정경심, 박양희, 이원숙 등이었다. 이후 평화의료복지사협은 평화의원 외에 한의원, 치과의원, 노인복지센터 등으로 확장했다.[*]

"인천평화의료복지사회적협동조합이 2014년도에 인가하기 전에는요. 보통 평화의료생협이라고 불렸어요. 1989년에 기독청년의료인회라는 곳에서 공동 출자를 해서 노동자 병원으로 평화의원 설립을 한 건데 1996년에 조합으로 전환을 했거든요. 보통 지역 주민이 조합원이 됐는데 조합원이 한 80여 명이 됐고 그 당시에 한 700만 원 정도 출자금으로 출발을 한 걸로 알고 있어요. 저는 1999년에 가입을 했고 그 이후 대의원이나 이사로 임원 활동을 하다가 조합이 설립된 지 20년이 되는 2016년에 이사장으로 선출이 됐어요. 그때는 조합원이 2,300세대 정도 되고 출자금이 6억 4천만 원 정도로 된 상태에서 제가 이사장으로 취임을 했습니다."

조옥화는 이곳에 1999년에 조합원으로 가입하면서 초창

---

[*] 김지선 외, 문종인 엮음, 「조옥화」, 『내가 살아 온 이야기』, 인천민주화운동센터, 2021, p.222.

기부터 참여하였고 이후 이사 일을 했으며 이사장(2016년 3월
~2020년 2월)으로 활동했다. 평화의료복지사협은 협동조합
형식으로 지역 주민들이 출자금을 내서 만들었고 현재 3,700
세대 정도가 참여하고 있다. 총회를 해서 지역 주민 중에서 15
명의 이사를 선출하고 이들이 재정을 운영하고 의료인들을
채용하는 구조였다. 의료기관을 특정 소수가 소유하는 것이
아니라 주민이 공동 소유하고 이용하며 소비자가 되는 구조
였다. 영리 목적이 아니기에 조합원들의 출자금이 재원의 원
천이고, 운영을 지역 주민이 자발적으로 했다. 흔히 보는 개인
의원이나 의료법인 소유의 병원 형태와 완전히 다른 운영양
식을 취했다.

"평화의료복지사협의 특징은 기관의 소유가 개인이 아니
라 주민이 대부분인 조합원의 공동 소유라고 볼 수 있고요. 그
다음에 치료보다 예방에 우선을 두는 게 특징이라고 볼 수 있
어요. 지금 대부분 제도적으로 시행되는 것들을 당시 평화의
료복지사협이 초창기부터 선도적으로 시행해왔어요. 2008
년부터 노인장기요양보험법이 시행되었는데 저희는 2003년
부터 거동이 불편한 어르신들을 주 2회 낮 동안에 모시고 재
활 프로그램을 했어요. 그때는 정부 지원이 없었기 때문에 우
리는 자원봉사자들로 만든 등대모임이라는 것을 조직해서 그
활동을 했지요."

평화의료복지사협의 초창기에 시작되어 이어진 사업으

로는 거리 건강검진이나 노인정 건강체크, 우리 마을 건강 걷기 대회가 있었다. 또한 그동안 평화의원의 검진센터가 확대되고 평화한의원(1999년), 가정간호사업소(2002년), 재가장기요양기관인 노인복지센터(2008년)가 설립되었다. 2010년에는 평화치과가 개원되었다.

평화의료복지사협에서는 이윤을 내는 데 주력하는 것이 아니라 실질적인 치료와 예방 활동을 했다. 사전에 건강을 지키자는 취지로 예방 활동에 주력하고 이전에 의사가 가정 방문을 하던 일을 되살려 왕진 일을 시도했다. 거동이 불편한 환자들은 병원에 못 가고 보호자에게 의지해 생활하니 의사가 그 집에 찾아가 직접 건강 상태를 살피는 것이었다. 방문진료 시범사업을 하면서 의사와 간호사가 팀으로 환자의 집을 방문해 거기에서 건강관리 서비스를 제공하는 시스템이 만들어졌다. 다른 일반 병원이나 요양병원이 할 수 있는 역할에 한계가 있으니 평화의료복지사협에서 의료인이 집으로 직접 방문하는 서비스를 실시하고 지속했다. 개인 병원에서는 구조적으로 하기 힘든 부분이어서 이를 원활하게 하기 위해 가정 방문하는 의사를 별도로 채용을 했다.

"의료기관인 만큼 고혈압, 당뇨 같은 만성 질환에 대해서 체계적 관리를 했고요. 조합원의 사정을 잘 아니까 거의 주치의 수준이라고 볼 수가 있죠. 요즘에 뜨고 있는 의료인들이 직접 가정을 방문하는 재택의료 같은 경우, 저희는 평화의료복지사협 초창기부터 일주일에 한 반나절씩 의사가 직접 환자를 방문하는 의사 왕진 프로그램이 있었어요. 의사, 간호사, 사회복지사 등이 팀을 이뤄 정기적으로 가정 방문을 하는 방문 의료는 현재 건강보험에서 지원이 나오는데 초창기에는 그런 게 전혀 없었거든요. 그건 어디서 지원받는 게 아니기 때문에 평화의료복지사협에서 자체적으로 운영을 한 거죠. 찾아가는 의사라는 이름으로 환자를 방문하고 진료와 치료를 했습니다."

평화의료복지사협에 있는 의사는 주치의로서 조합원으로 등록된 사람들을 진료했다. 한 사람이 조합원으로 등록이 되면 그 가구원들이 다 등록되는 구조였다. 조합원들을 지속적으로 방문하고 충분히 문진을 하면서 그 조합원이나 가구의 상황에 대해 잘 알게 되고 건강문제를 예방 및 대처할 수 있었다. 주치의 제도는 특히 만성병 관리 같은 경우에 유효했다. 일시적인 투약 치료뿐 아니라 생활 습관이나 변화가 필요한 영양의 문제에 효율적으로 개입할 수 있었다. 평화의료복지사협은 결국 주민이 참여할 수 있는 의료기관이었고, 불필요한 의료비용이 생기지 않으니 비용이 절감되는 의료기관이었고, 적정 처방을 할 수 있어 안전한 의료기관이었다. 불필요한 검사를 권유하지 않았고 약 처방도 과용하지 않았으며 다른 병원에 비해 항생제 처방률도 낮았다. 예방과 재활에 초점이 맞춰지고 운영이 지역 주민들의 손에 맡겨져 있으니 주민들도 병원 운영을 주도적으로 하면서 책임감과 소속감을 가졌다. 그런 특징으로 다른 의료기관에서 볼 수 없는 걷기, 체조, 노래 모임 등 주민 동아리 활동이 활발하게 운영되는 것이다.

"다른 의료기관에서 하지 않는 예방 프로그램으로 동아리 활동을 들 수 있어요. 건강할 때 건강을 지키자는 취지로 걷기 모임, 체조 모임, 댄스 모임, 탁구 모임, 노래 모임 등 약 10여 개의 각종 주민 동아리들이 현재도 활발하게 활동하고 있어요. 처음엔 조합 건물이 임대여서 굉장히 좁았고, 더 큰 공간이 필요했어요. 이런 동아리 활동을 위해 별도의 건물에 넓은 사무실을 임대해서 거기서 이 동아리 활동을 했어요. 그래서 우리는 그곳을 평화의 뜰이라는 이름으로 불렀고 자랑스러워했어요."

조옥화는 보건의료인으로서 이 활동에 참여하면서 의료의 사회적 역할과 나아가야 할 방향에 대해 확신을 가지고 있었다. 의료기관의 운영은 앞으로 이렇게 되어야 한다고 생각했다. 주민 참여에 의해 아래로부터 이루어지는 활동은 그가 인천도시산업선교회의 실무자로 일하면서부터 그리던 모습이었다. 이사장으로서 활동하며 의료기관 운영에 있어 쌓아온 오래된 이해도가 있었고 그 의미를 알았기에 심혈을 기울여 활동했다. 그는 사회의 흐름을 읽어내면서 운영과 기획을 해나갔다. 조합원들에게 유용하고 실제적인 도움이 될 수 있게 사업을 벌일 수 있었다. 그동안 활동을 하면서 점점 역량이 쌓인 부분을 이곳의 일에서 비중 있게 펼쳐낼 수 있었다. 민들레의료협동조합 때에는 전국민건강보험도 없었던 시절인데도 주민들의 힘으로 활기찬 협동조합을 꾸렸다면 이제 제도적인 뒷받침에 힘입어 현재의 필요와 주민들의 요구에 맞는 또다른 의료 사업이 이루어질 수 있었다. 어려운 점도 물론 없을 수 없었다.

"솔직히 말하면 되게 힘든 일들도 있었죠. 거기에 오는 의사들의 보수를 많이 줄 수가 없었어요. 초창기부터 계속 헌신하다시피 한 의사가 두 사람이었는데 그분들이 한꺼번에 그만뒀을 때 어려웠죠. 거기에서 오래 일하셨으니까 계속 있으라는 소리도 할 수 없었고 후임 의사를 찾기가 힘들었어요. 병원에 남은 의사가 하나밖에 없고 다른 의사를 찾기도 힘든데, 운영도 어려울 때가 있었죠. 그때 은행에서 대출해 월급을 준 적도 있고, 당시 알고 있던 다른 의사를 세 번씩 찾아가 모시고 온 부분이 기억에 남아요. 또 시설 문제도 있었죠. 병원에 엘리베이터가 없어서 옛날부터 계속 다니시던 조합원들이 점점 연세가 드시니 이용이 불편했죠. 건물에 엘리베이터를 놓거나 다른 데로 이사 가야 했어요. 다음 박양희 이사장도 간호사 출신이었는데, 내가 계획을 미리 잡아놓고 같이 모금을 하러 다니기도 했죠. 2021년부터 우리건물갖기 자산화 사업을 해서 민간 모금을 하고 지원도 받아서 모은 기금으로 다음 이사장 때, 2023년도에 건물을 샀죠. 기뻤지요. 조합 건물을 사서 옮기면서 정식으로 30여 명 정도의 정원으로 된 주간보호센터가 개설됐어요."

노인 주간보호센터는 반응이 몹시 좋았다. 자리가 가득 차서 대기도 이어졌다. 다른 사설 기관처럼 이용자에게 들어가는 비용을 아끼는 것이 아니라 서비스의 질을 높이는 데 중점을 두었다. 이용자의 입장을 충분히 고려한다는 점이 호응을 받는 이유였다.

"노인 주간보호센터가 만들어졌고 재택 방문 의료의 비중이 커지게 되었어요. 앞으로 진료 파트의 비중을 줄이고 복지인 돌봄 서비스 쪽으로 가는 게 맞다고 생각해요. 왜냐하면 점점 고령화되잖아요. 급성기 질환보다 주민의 만성병 질환을 많이 다루니 요양과 돌봄 쪽의 사업 영역을 개척해야 된다고 생각했죠. 조합원들의 욕구도 그렇고 재정 운영도 그렇고요. 재정 수입의 비중을 진료 기관을 운영하는 것에서 점점 돌봄 서비스의 비중을 늘리는 쪽으로 하는 게 앞으로 추세에 맞다고 생각했어요. 조합원 욕구도 그렇게 나왔고요."

"의료사협은 내가 생각해도 믿을 만한 곳이에요. 의료기관은 많고 주민이 그중 한 곳을 선택해서 가야 되는데 의료사협은 그래도 조합으로 지역에서 오랫동안 있었기 때문에 기본적인 신뢰가 있지요. 쓸데없는 검사 같은 거 안 시키고 환자 입장에서 예방이라든가 재활이라든가 이런 부분에 대해 충분히 얘기해주고 얘기 잘 들어주고. 일단 믿을 만한 곳을 찾기가 어렵잖아요. 근데 이런 의료사협은 믿을 만한 곳이죠. 평화의료복지사협을 보면서 앞으로도 이런 곳이 많이 추가로 생겼으면 좋겠다고 생각해요."

인천평화의료협동조합의 지난 세월 속에는 헌신적인 의료인들의 수고와 주민참여의 모범을 보여준 이사진과 대의원들, 일상에서 건강실천을 행하는 여러 건강 동아리 회원들, 자원봉사자와 조합원의 열정이 오롯이 녹아 있습니다. 우리 사회에서 의료협동이라는 누구도 가보지 않은 길을 간다는 것은 우리에게 자긍심과 더불어 끊임없는 긴장을 요구하기도 합니다. 특히나 우리를 둘러싸고 있는 의료체계는 공급자 중심의 경쟁적 관계로 스스로 건강을 지키고자 하는 주민들의 소박한 바람을 외면하고 있는 실정입니다. 인천평화의료협동조합의 사례를 통해 일차 의료, 주민 참여, 사회적 기여라는 의료협동조합의 기본 임무에 더욱 충실할 수 있는 방안을 찾아보려고 합니다.*

---

* 조옥화, 「다시 시작하는 길 위에서 희망을 생각하며」, 『인천평화의료복지사회적협동조합 20주년 기념토론회 자료집』, 2016.

어머니와의 작별

　인천에 돌아왔을 때부터 조옥화는 어머니와 같이 살게 되었다. 조옥화는 예전 집에 돌아와 이제 아버지가 없는 자리에서 어머니와 딸로서 단 둘의 시간을 처음 가졌다. 자랄 때 어머니는 아버지의 권위에 눌려 늘 무시당하며 살았다. 하지만 어머니는 그 모든 걸 용감하게 참아냈다. 한때 제부가 "우리 장모님은 천사예요"라고 말할 정도로 아무 말 없이 참는 어머니였다. 어쩌면 남들이 보기에 답답하게 느껴질 정도였다. 하지만 옥화는 그렇게 생각하지 않았다.

　"우리 동생들은 어떤 때 엄마 보면 너무 답답하다고 그래요. 그렇지만 나는 그렇게 생각 안 해요. 엄마의 참을성과 인내가 있었기 때문에 그나마 가정이 버틴 거지요. 안 그랬으면 아마 뿔뿔이 다 흩어졌을 거예요. 나 같았으면 아버지 같은 분과 못 살아요. 집을 나갔을 거예요. 근데 우리 엄마는 굉장히 헌신적이고 평생 희생했지요. 엄마는 뭐라 그럴까, 한없이 다 받아들이는 스펀지 같은 분이었어요. 엄마가 경제적 능력이 있어야 말이지요, 옛날에는 그러니까 거기 그냥 버티며 사는 거예요. 내가 우리 엄마한테도 얘기했어요. '아마 엄마 없었으면 진작 가출하거나 다른 길로 빠졌을 거야.' 아버지는 당신도 뭐 배운 게 별로 없으면서, 자수성가해서 나중에 사회적 지위가 높아지니까 노골적으로 엄마를 무시했어요. 엄마는 '내가 너네들 없었으면 너네 아버지랑 못 살았지' 하고 말했어요."

조옥화는 그동안 가족 이기주의를 못마땅해하며 가족과는 거리를 두고 살았다. 1970년대에서 80년대와 90년대, 한국 사회는 근대화와 민주화를 이루기 위해 격동적으로 휘몰아쳤고 사회운동과 공적 활동에 모든 정력을 쏟다 보니 가족을 챙기거나 뒤돌아볼 시간도 없었다. 개인 생활에 함몰된 삶을 피하고 공동체를 위해 나누는 삶으로 적극적으로 나가고자 했다. 최선을 다했지만 그 과정에서 스스로 반성하며 돌이켜보기도 했다.

"옛날에는 내가 말하는 게 굉장히 직설적이었어요. 나는 그게 솔직하다고 생각해 직설적인 감정 같은 거 그대로 얘기하고 그랬거든요. 근데 가만히 살다 보니까 반성이 돼요. 딴 사람이 나로 인해 상처받은 게 꽤 있을 것이다, 내가 본의 아니게 말로 상처를 줬을 수 있어요. 사람들을 좋아하고 많이 만났으니까 말도 많이 했을 거 아니에요? 근데 그때는 대화의 방식에 대해 별 의식이 없으니 내 나름대로는 잘난 척한다고 한 말이 상대방한테 비수가 될 수도 있잖아요. 내가 그렇게 얘기를 하면 상대가 설득되고 내가 또 진심으로 솔직하게 얘기하니까 다 받아들일 거라고 생각을 한 거고. 그런 판단이 나는 옳다고 생각했는데 잘못이었다는 생각에 반성을 많이 했어요. 그럼에도 불구하고 아직도 멀었지요. 내가 볼 때 사람은 죽을 때까지 완전한 성숙이라는 건 없는 것 같아요."

그가 환갑이 됐을 때 맨 처음에 들었던 생각은 '이렇게 사건 사고가 많고 힘든 세상에서 나는 60년 동안 살아 다행히 버텼다'라는 생각이었다. 이제부터 사는 삶은 어떻게 보면 덤일 수도 있다고도 생각했다. 오빠는 어려운 가정 환경 속에 상처를 많이 받고 살다가 환갑이 채 안 되어 암으로 세상을 떠났다. 언젠가 오빠는 아무 말을 않다가 "너는 잘 몰라. 집에 대해 관심이 없으니까." 쓸쓸하게 말한 적이 있었다. 가난한 집이니 얼마나 그동안 일이 많았을까. 그때는 잘 몰랐지만 나중에 생각해보니 장남으로서 혼자 참 외로웠겠다는 생각도 들었다.

이제 와 생각해보면 그 모든 시간, 어머니는 집을 지키고 있었다. 밖에서 일할 기회가 없었던 시대의 주부로서 어머니는 그 자리를 견뎌내었다. 모든 걸 참을 수밖에 없었던 그 세대 여성들의 현실이 있었다. 어머니가 끝까지 지키고자 한 것은 가족이었고 자식들의 안위였다. 그 인내 덕에 조옥화는 부대낌 속에서도 지칠 때 돌아올 수 있는 집이 있었고 힘든 시절, 지켜봐주는 가족이 있었다. 어머니가 보이지 않게 참으면서 가정을 지킨 일은 헛된 일이 아니었다.

"아버지가 다혈질인데다 상당히 권위적인 게 있어서 부모님 사이가 별로 안 좋았어요. 그것 때문에 내 속에는 어떤 부당한 권위에 대한 반항심, 이런 게 내재해 있었던 것 같아요. 그래서 나중에도 보면 기득권을 가지고 있는 사람들에 대해서, 부당하게 권력을 행사하는 일에 대해서 내재적으로 상당히 예민하게 반응하고 참기 어려워하는 그런 성향이 있었던 것 같아요. 그러니까 어렸을 때 반항적인 그런 게 있었어요. 처음에는 부모에 대해서, 나중에는 사회에 대한 관심으로 그런 감정이 집중되면서 가족에 대한 일은 등한시하거나 거부했지요. 가족 이기주의는 거부한다, 막 그런 게 있었어요. 제가 그래갖고 나이 먹어서 지금 반성하고 있어요.”

자신이 선택한 삶이었지만 머릿속으로 판단하듯 가족이 이기적이고 모순된 부분만 있는 게 아니라는 것을 나이가 들어가며 느꼈다. 자신은 가족을 나와서 늘 바깥에서 활동했지만 어떤 점에서 가족은 나름대로 그를 계속 지키면서 문득 돌아가면 지친 다리를 뻗을 자리를 내어주었다. 누구에게 인정받지 못하는 활동을 할 때라도 가족은 옥화를 딸로서, 형제로서 받아들이며 마음을 썼다. 남양만에서의 생활과 부산일신부인병원에서의 조산사 수련과정을 마치고 객지 생활에 너무 지쳤을 때, 경찰에 쫓겨 세상에 모습도 감추고 피해 다녀야 했을 때, 결혼을 하고 큰 상처에 마음이 무너져 쓰러질 듯했을 때, 그러다 집에 돌아갔을 때, 누군가는 말을 건넸고, 누군가는 밥상을 차려주었고, 누군가는 보이지 않는 곳에서 울어주었다.

“결국은 돌아갈 곳은 가족이라는 거죠. 나이 먹으면서 결국 돌아가는 곳은 가족이고 최종적으로 품어줄 수 있는 것은 가족인데 어렸을 때는 그거에 대해 생각을 못 했어요. 내가 케어나 이런 거를 충분히 받지 못했다는 생각이 많이 들어서 정서적으로 결핍증이 있었던 거죠. 그래서 집에 대해서 별로 안 좋은 감정을 가지고 있었어요. 집에 웬만한 큰일이 있어도 의도적으로 냉담하거나 무관심한 부분이 있었던 거예요. 핑계를 삼은 거죠. 그런데 시간이 지나서 생각해보니까 그게 참 어린 거였고 미성숙했다는 생각이 들어요.”

조옥화는 집을 떠나 세상을 두루 보고 겪었으며 용광로 같은 세상 속에 뛰어들어 자신을 담금질하는 시간을 가졌다. 그는 억울하다는 생각도 처음에 많이 했지만 평생 삶의 길을 자발적으로 찾으며 사람들과 함께 세상의 새로운 길을 이뤄내려 노력했다. 집은 딱히 자신과 상관없는 곳처럼 여기며 살았다.

“그러니까 핏줄이라는 게 있잖아요. 이렇게 애정이 쌓여 있는 곳은 그게 나의 정서나 이런 거에 굉장히 많이 영향을 주나 봐요. 이렇게 늙었어도 그게 한쪽에 트라우마처럼 상흔처럼 남아 있어요. 어렸을 때부터 내가 그런 거에 대한 상처를 많이 받아서 그래요.”

이제 그는 그토록 떠나려고 했던 집에 돌아와 어머니 앞에 섰다. 어머니는 자신의 딸 옆에서 늙어갔다. 이전에 어머니가 자신에게 뒷바라지를 해준 것처럼 곁에서 부축하고 산책도 하고 요리도 했다. 음식 재료를 잘게 썰어 어머니의 입맛에 맞는 식사를 준비하고, 화장실에도 천천히 모시고 갔다.

"어머니를 옆에서 가깝게 쭉 관찰해보니 나중에는 행동이 눈에 띄게 느려지는 게 보였어요. 식사하거나 화장실에 갈 때도 천천히 가시니 내가 부축해드렸어요. 어머니가 '이제 요양원에 가면 되겠니?' 물어서 '엄마, 내가 옆에서 맞춤형으로 해드리잖아요. 상태에 맞춰 해드리니까 아직 괜찮아요' 하고 몇 년간 보살폈어요. 식사하시는 것도 도와드리고 천천히 씻겨드리고. 어머니는 점점 정신이 없게 되고 치아도 남지 않게 되었지요."

집에서 어머니와 함께한
스무 살의 조옥화(1974)

268

어머니가 늙어가는 모습을 보는 건 낯선 경험이었다. 어머니는 몸이 쇠약해지니까 잘 넘어졌다. 조옥화는 굳게 마음을 먹고 어머니를 곁에서 돌봐드렸다. 요양원에 가면 단체 생활을 해야 하니까 개인 서비스로 맞춰드릴 수는 없을 것 같아서였다. 요양원에서는 낙상 방지를 위해 노인을 침대 바깥으로 못 나가게 하는 경우가 많고 인력 문제로 한 사람씩 개별적으로 돌볼 수도 없는 상황이라고 생각했다. 노인들은 행동이 전반적으로 느린데 정해진 시간에 식사를 마치기 어려운 경우도 있겠고, 웬만큼 화장실에 갈 수 있는 사람도 그 시간을 천천히 다 기다릴 수가 없어서 기저귀를 채우는 경우도 있을 테다. 어쩔 수 없는 환경적 조건 때문에 노인들의 입장이 아니라 돌보는 사람 입장에서 일이 진행될 테니까 살아 계신 동안은 자기가 옆에서 지키고 싶었다.

'움직여야 근육도 생길 텐데 계속 침대에 있고 기저귀를 차고 있으면 있던 근육도 빠지고 더 쇠약해지겠지. 식사를 못 하면 콧줄을 끼우는데 그렇게 하고 싶지는 않다. 아주 쇠약해지면 부축을 받아서 살게 되겠지만, 그래도 잔존 능력이 남아 있잖아. 움직일 수 있는 자기 능력은 최소한이라도 써야 되잖아. 나는 어머니 옆에서 그 능력을 유지시켜드리고 싶다.' 조옥화는 간호사로서 활동해온 경험과 생각을 가지고 어머니를 돌봐드렸다.

어머니는 웃었다. "아이고, 내가 너한테 이렇게 효도를 받을지 어떻게 알았니?" 그 말을 하고 나서 어머니는 잠시 머뭇거렸다. "왜 그래? 엄마. 평생 동안 나는 엄마 덕분에 살았는데." 옥화가 아무렇지 않은 듯 일부러 쾌활하게 대답했다. 어머니는 딸을 물끄러미 바라보았다. 그때 어머니의 눈빛에서 마음이 전해졌다. 어머니는 미안해하고 있었다. 어머니도 알고 있었다. 자신이 큰아들만 편애하고 공부를 더 잘하는 큰딸은 교육시키지 못했다는 것을. 어머니의 마음속에도 남존여비 생각이 있었고 큰아들에 대한 자리가 늘 컸다. 남편한테 인정을 못 받으니 큰아들에 대한 의존심이 커서 과잉보호도 했다. 동생들이 보기에 어머니가 큰아들을 편애한다고 입을 모아 성토할 정도였다. 어머니는 다 기억하고 있었다. 그것이 어머니의 양심에 남아 있었다.

내가 너한테 이렇게 효도를 받을 줄 알았겠니? 왜, 엄마, 엄마 계셔가지고 나 여태까지 산 거야. 얘야…… 어머니는 말끝을 흐렸다. 큰아들한테 마음을 많이 의지하고 사느라 다른 자식들한테 그렇게 마음을 못 썼다는 생각을 한 것이다. 특히 큰딸 같은 경우는 어머니의 마음에 걸렸다. 이 아이를 좀 더 뒷바라지해줬으면 정말 좋았을 텐데…… 어머니는 그 생각을 지금 하고 있었다. '오빠보다 내가 공부를 더 잘했는데 나는 왜 대학에 안 보내줘!' 그동안 말은 안 했어도 딸의 상처를 어머니는 느끼고 있었다. 어머니는 머뭇거리며 딸의 주름지고 거뭇거뭇한 얼굴을 바라보았다. '미안하다, 너도 공부를 더 시켜줬더라면 좋았을 텐데. 네가 살고 싶은 세상을 맘껏 살았으면 좋았을 텐데. 피우고 싶은 꽃을 활짝 피우고, 날고 싶은 만큼 훨훨 날아올랐으면 좋았을 텐데…… 미안하다, 옥화야.' 딸은 어머니의 글썽글썽한 눈을 바라보며 지난 세월이 고스란히 차올라 그 한마디 말로 부풀어오른 걸 보았다. 말은 입으로 나오지 못했지만 옥화는 그 말을 들었다. 대답하는 대신 주름 지고 쪼그라든 어머니의 손을 힘껏 잡아드렸다.

어머니는 1931년생이었고 아버지와는 여섯 살 차이가 났다. 아버지가 72세에 돌아가셨을 때 어머니는 66세였다. 어머니는 다혈질인 아버지와 정반대의 성격과 태도를 가졌다. 아버지는 권위적이고 딱딱한데 어머니는 감정을 내색하지 않았다. 아버지가 보통학교만 나왔는데도 머리가 좋아 혼자 독학해 큰 회사에 부장급까지 올라가는 사이 어머니는 집에서 다섯 아이들을 낳고 키우며 가족 뒷바라지를 하고 살림만 했다. 아버지가 어머니를 촌스럽고 답답한 여자 취급하고 차별을 했을 때도 어머니는 참았다. 아버지는 넓은 세계에서 자유롭게 지내면서 어머니가 시대에 뒤떨어진 사람인 양 함부로 대했다. 어머니는 아버지의 그늘에서 평생 주눅 들어 살았다.

아버지는 임종 전에 두 달 정도를 집에 누워 있었다. 아버지는 성격대로 죽음을 결심하자 곡기를 끊고 눈을 감고 있었다. 아버지가 혼수상태에 빠지기 직전에 오빠가 아버지를 병원에 모시고 가려고 했다. 응급차를 불러 등에 아버지를 업고 나가려고 했는데 아버지는 힘이 어디서 났는지 대문까지 손을 짚고 버티며 안 나간다고 했다. "내 병은 내가 안다! 쓸데없는 짓 하지 말아라!" 그래도 아들이 아버지를 모시고 가려고 하자 아버지는 등에 업혀 그 아들의 귀를 물어뜯었다. 아버지는 집에서 굶어 죽겠다고 결심했다. 그러고 나서 며칠 후에 아버지는 정말 돌아가셨다.

어머니는 나중에 큰딸에게 가만히 말했다. "그래도 네 아버지가 마지막 숨 넘어가기 전에, 나한테 미안했다고 그랬어." 아버지가 그렇게 평생 속을 썩였는데 어머니는 그 말을 듣고 고마워했다. '한마디, 그 말 한마디……' 그 말을 듣고 옥화의 눈에 서러움과 분한 눈물이 고였다. "엄마, 사랑한다는 소리도 아니고 고맙다는 소리도 아니고 그냥 미안하다는 소리가 그렇게 좋았어?" 어머니가 끄덕이며 말했다. "얘야, 평생 동안 내가 처음 들은 말이다."

어머니는 아버지가 사망한 후 자신의 시간이라는 걸 제대로 가질 수 있었다. 이모들과 친목회를 해서 제주도와 중국에도 여행을 다녀왔다. 그때가 어머니에게 자유로운 시간이 주어진 유일한 때였다.

그 잠시의 시간이 지나고 어머니는 다른 노인들처럼 건강을 하나씩 잃어갔다. 여든이 넘고 나서 건강은 눈에 띄게 나빠졌다. 어머니는 평생 음식 솜씨가 좋은 편이었는데 이제 음식은 제맛을 잃고 간이 도통 맞지 않았다. 어머니는 맛이 입에 안 느껴지니까 부엌에 우두커니 서서 소금을 계속 넣고 있었다. 요리를 제대로 할 수 없다는 사실을 알게 되자 어머니는 놀랐고 충격을 받은 듯했다. "이젠 네가 음식을 해라." 평생 가장 자신 있어 했던 것을 잃으며 자신감도 떨어지는 것 같았다.

한번은 이모들과 서울에서 만나고 나서 헤어졌다는데 금방 집에 들어오지 않았다. 밤이 되어서야 들어온 어머니의 얼굴은 하얗게 질려 있었다. 집으로 오는 길을 그만 잃어버린 거였다. 평생 걸었던 길이었다. 길을 헤매다가 다른 이에게 물어 물어 겨우 집을 찾아온 거였다.

어머니는 고혈압 진단을 받고 약을 먹다가 2016년에 쓰러졌다. 대학병원의 중환자실로 갔는데 뇌출혈이라고 했다. 뇌동맥류가 파열되었지만 피가 많이 나지 않았고 저절로 그칠 수 있다고 해서 뇌 수술은 진행하지 않았다. 의식도 금방 돌아왔다. 하지만 병원 내 감염이라는 복병이 있었다. 중환자실에서 뜻밖에 감염이 돼서 어머니는 폐렴에 걸렸다. 가래가 끓고 그 가래를 빼내는 것도 힘겨워했으며, 호흡이 곤란했다. 대학병원에서 기관지 절개를 하라고 권했다. 조옥화는 그전에 알던 의사에게 어떻게 해야 할지 개인적으로 물어보았다. 그는 당사자로서 자신이 이런 경우에 처했다면 기관지 절개를 하지 않겠다고 답했다. 그 말을 듣고 나서 조옥화도 병원의 권유를 거절했다. 그다음에는 간호사가 와서 산소 호흡기를 달라고 권했다. 산소 호흡기를 달면 본인이 스스로 숨 쉬는 자발 호흡이 되지 않고 인공호흡으로만 연명해야 했다. 결국 모두 연명치료를 권하는 셈이었다. 그건 어머니를 더 힘들게 할 뿐이라는 생각이 들었다. “안 합니다.” 그 말에 간호사가 흘낏 차갑게 쏘아보았다. 연명치료를 안 하겠다고 하니 마치 비정한 딸인 양 취급을 하며 비난하는 표정을 지었다. 보호자로서 경험한 병원은 이십 대 때 근무한 병원의 모습과 겹쳐졌다. ‘병원이 변한 게 없구나.’ 가슴이 답답해왔다.

2주일이 지나자 병원에서는 퇴원을 하라고 했다. “선생님, 너무 심한 거 아니에요? 어머니는 병원에서 감염돼 병에 걸렸어요. 그리고 호흡 문제로 치료받는 중인데 그냥 나가라고 하면 어떻게 해요?” 의사는 별 대꾸가 없었다. 결국 그가 문제를 따지고 나서 그 병원에서 50일을 더 머물렀다.

어머니는 요양병원의 중환자실로 옮겨 한 달을 더 지내다가 돌아가셨다. 2017년 1월에 86세로 어머니는 임종했다. 옥화는 2년 동안 어머니를 간병했고 어머니의 보호자로 살았다. 어머니의 장례식장에서 그는 많은 생각을 했다. 어머니를 마지막으로 돌본 일이 머릿속에서 스쳐갔다. 자신과 세상을 다시 돌아보면서 시간이 지나도 남아 있는 상처와 노력에 대해, 자신을 있게 해주고 돌보아준 이들에 대해, 또한 자신이 지키고 돌봐야 하는 것에 대해 생각했다.

“오빠가 암으로 죽은 뒤에 어머니도 돌아가시고 나중에

오빠의 아들인 장조카가 돌봄이 필요한 상황이 되어 제가 10년 정도 케어했어요. 안 좋은 조건에 놓여 있어 방황하고 그런 아이를 볼 때 마음속으로 그런 생각이 드는 거예요. 내가 그동안 다른 사람을 돕고 지원한다고 했는데 이 아이가 어려움에 놓였을 때 모른 척하는 것은 위선이다. 가족이 어려울 때 내가 너무 외면했다는 점도 나중에 양심에 가책이 되었죠. 내가 속죄하는 마음으로 조카를 케어했어요. 애가 절박해 보여서 내가 애를 어떻게든 바로 세워야 되겠다는 생각이 들었어요. 지금은 조카도 웬만큼 나이를 먹었으니까 스스로 자립했죠. 그러니까 다행이죠. 본인도 그래요. 그게 보람이죠. 그건 옛날에 내가 집에 대해서 너무 등한시하고 일부러 외면했던 것에 대한 참회 같기도 했어요."

방문 간호사의 인사

어머니가 돌아가시고 나서 방문 간호 일을 시작했다. 그때 조옥화는 64세였다. 장기요양보험법상 재가장기요양기관의 면접을 보고 방문 간호사 활동을 했다. 취업은 쉬운 편이었다. 젊은 사람들이 잘 하려 하지 않아 나이 든 이들이 일하는 직종이기도 했다.

막상 일을 해보니 노인들에 대한 방문 간호는 수요는 증대했지만 아직 체계는 제대로 잡히지 않은 것 같았다. 조옥화가 속한 기관은 방문 요양사와 방문 간호사를 파견하고, 차량을 이용해 방문목욕을 시행하고 보장구 임대와 판매사업을 하는 민간사업체였다. 사설로 파견업체가 만들어졌는데 그가 활동을 시작한 지 4년 전만 해도 지침이나 매뉴얼이 따로 없었다.

방문 간호와 가정 간호는 달랐다. 가정 간호는 의료법상 특정 의료기관에 소속이 돼야 가능한 활동이었고 건강보험에서 수가가 나왔다. 하지만 방문 간호는 장기요양보험에서 기금이 나왔고 의료기관 소속이 아니었다. 방문 간호의 활동지침으로는 기초건강관리와 투약관리 등 건강관리와 영양과 욕창 관리 등 간호관리가 기본 평가항목으로 명시되어 있었다. 초기에는 기본 매뉴얼이 없는 상태에서 간호사정과 간호계획 등의 일이 개별 방문 간호사의 역량에 전적으로 달려 있었다.* 예를 들어 퇴원한 환자가 콧줄이나 소변줄을 끼고 나와 간호를 해야 할 경우 난감한 상황이 되었다. 소독 문제가 있고 재료비가 들고 책임 문제도 있는데 직속 주치의도 없고 비용도 책정이 되어 있지 않으니 대처가 어려웠다. 그런 경우 가정간호로 연결할 수밖에 없었다.

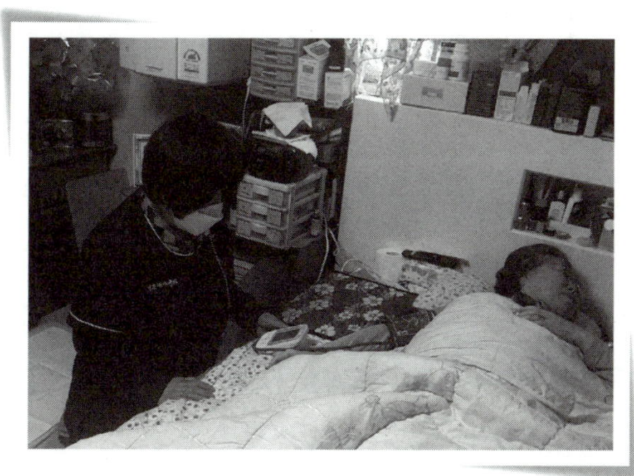

방문 간호하는 조옥화(2026)

---

* 조옥화, 「길 위에서 만나는 또 다른 나의 노후」, 방문의료연구회, 『환자를 찾아가는 사람들』, 스토리플래너, 2022.

"방문 간호는 하려면 되게 일이 많고 안 하려면 일이 없어 보이기도 하는 일이에요. 가서 혈압과 혈당을 재고 공기압 마사지기 장화를 신겨드리며 일을 하지요. 하지만 자세히 들여다보면 대부분은 노인이 가지고 있는 만성 질환의 경과 진행 정도를 살펴야 해요. 고혈압이나 당뇨, 관절염 같은 병은 잔존 능력을 보존하는 게 중요하죠. 가능한 한 본인이 가지고 있는 신체적 정신적 능력을 소실시키지 않고 보존하는 게 중요한 거거든요."

간호사로 방문 간호 일을 할 때 그는 먼저 활짝 웃으며 인사한다. 개인별로 우선 식사와 영양 상태를 점검하고 가능한 한 신체 운동도 하게 한다. 활력 징후를 측정하고 만성병 관리를 하고 복약 지도를 했다. 낙상 방지 교육을 하고 물리치료를 시행했다. 가벼운 욕창 치료를 하고 정서 지원도 한다. 인지 활동 차원에서 퍼즐 맞추기나 색칠하기, 미로 찾기 등의 활동을 한다. 그러면서 노인들은 문득 과거를 떠올리며 얘기를 한다. 옛날에 있었던 일과 자식들과의 관계도 얘기한다.

간호하기 어려운 파킨슨 증후군을 지낸 칠십 대 중반의 한 어르신은 우울증까지 겹쳐 매사에 흥미를 잃고, 질문에도 별 반응이 없어 대화를 이어가기조차 어려운 상대였다. 솔직히 방문을 피하고 싶은 적이 한두 번이 아니었다. 우연히 빛바랜 사진첩에서 교회 성가대원으로 노래 부르는 어르신의 모습을 발견하기 전까지는…… 메조소프라노 파트로 성가뿐 아니라 우리 가곡을 몹시 좋아하셨다는 사실을 알았다. 그때부터 방문 시마다 같이 모바일 영상을 보면서 학창시절 음악시간에 배웠던 가곡을 큰 소리로 합창했다. 방문할 때마다 어르신과 함께 우리 가곡을 부르면서 비로소 내 앞의 까탈스러울 정도로 예민하고 병약한 할머니가 활기 넘치는 젊은 시절을 간직한 빛나는 존재라는 사실을 새삼 깨닫게 되었다. 믿을 수 없을 만큼 건강을 회복한 요즘은 방문 시마다 내 나름대로 구성한 건강박수와 관절운동 등도 함께하면서 즐거운 시간을 보내고 계신다.*

올해로 103세 되신 한 어르신은 전신쇠약의 문제가 있었지만 가능한 남의 도움을 받지 않고 스스로 해결하려고 했다. 거의 누워 있으며 지내는 상태인데 자리에서 상체를 일으켜 방문 밖 요강까지 앉은뱅이 상태로 가셔야 하는데도 기저귀를 차는 걸 한사코 거부했다. 하루가 다르게 쇠약해지는 와중에도 끝까지 지키고 싶은 당신만의 자존심이리라. 그리고 7남매를 키워 출가시키고 자식들 몰래 폐지를 주워 손주들을 위한 간식비를 챙기는 허리가 굽은 할머니도 있었다. 평생 고향을 그리워했던 아흔의 실향민 할아버지는 오래 복용한 약의 복용을 중단하고 삶을 마감하고 싶어 했지만 간호사로서 그 간절함을 외면하고 건

---

* 조옥화, 「길 위에서 만나는 인생선배들」, 인천여성노동자회 글쓰기 모임 〈2024 페미노동 글쓰기 여성 노동자 삶과 노동〉.

강을 지켜드리는 쪽을 선택하며 방문의 발걸음이 무거운 때도
있었다.*

조옥화는 서로 대화를 나누고 알아가면서 그들이 돌봄을
받는 사람이라기보다 공통 부분을 더 많이 가지고 있는 인간
이라고 느꼈다. 자신도 점점 나이를 먹으니까 노인들과의 대
화에도 공통된 화제가 많아졌다. 인천에서 살아온 세월, 애착
을 가졌던 시간과 공간이 어떻게 변했는지, 무슨 일이 기억에
남아 있는지 그들은 자꾸 이야기하고 싶어 했다. 서로 만나지
는 않았지만 동시대를 열심히 살면서 삶을 일구어온 보통 사
람들이었다. 그들의 이야기에는 조옥화가 알고 있는 내용도
때때로 들어 있었다. 맞장구쳐주는 간호사의 이야기에도 노
인이 된 그들은 그때 그랬다고 하면서 고개를 끄덕였다. 때로
손수 반찬을 해놓고 기다렸다가 집에 가져가 먹으라고 하면
서 선물로 떠안기기도 했다.

"방문 간호는 8년이 되었어요. 저도 이제 일흔이 넘었잖
아요. 노노케어죠. 건강한 상태니까 일할 수 있는데 나이를 점
점 먹어가니까 어르신들에 대해서도 이제 그냥 인생 선배로
더 친근감이 느껴지는 거예요. 나이 먹어서 점점 가까워지는
거죠. 내가 금방 저렇게 될 날도 멀지 않았다 싶은 생각이 들어

---

* 방문의료연구회, 앞의 책.

서, 그냥 나이 좀 있는 언니들이지 뭐, 싶을 때가 많아요. 그나마 나는 건강하니까 일을 할 수 있는 게 감사하죠. 파트타임으로 일을 하는데 일주일에 사흘은 방문 간호 일을 하고 이틀은 시각장애인 활동 보조 일을 해요. 내가 잘할 수 있는 일이죠. 이쪽 부분이 많이 발전했기 때문에 저같이 나이 많은 사람도 일할 수 있는 기회가 있어요. 감사한 생각으로 일하죠."

요즘 들어 각자 사정은 달라도 온갖 세파를 넘어 긴 세월을 겪어내신 모든 어르신을 인생의 선배로 모시고 싶다는 생각이 새삼스럽게 든다. 그래서 늙고 병들어 보호받는 나약한 존재만이 아닌 수많은 시행착오 후에 얻은 삶의 지혜와 웬만한 이해(利害)는 초월하는 노인 고유의 인자함을 닮으려고 노력 중이다.[*]

"그 사람이 겪은 거는 다른 사람이 못 겪은 거고 그 사람 나름대로의 그거는 역사죠. 본인이 표현할 수 있는 능력에 따라 다르긴 하지만 세월을 겪어냈다는 건 존경스러운 일이죠. 단지 나이 먹고 늙고 힘없는 병든 존재라고만 여기면 느껴지는 게 하나도 없어요. 하지만 그 사람이 옛날에 찍은 사진 앨범 같은 거 보잖아요. 나름대로 열정적이고 빛나는 시절이 있었죠. 어쨌건 남들이 평가할 수 없는 그 사람만의 본연한 고유의

---

[*] 위의 책.

그 인생 역정이 있어요. 남이 어떻게 그걸 평가해요? 그 사람
은 최선을 다해서 살았는데요. 그 사회에 기여를 했느냐 안 했
느냐를 떠나서 자기한테 주어진 그동안의 삶의 스토리, 인생
역정이 있죠. 거기서 나는 꼭 교훈을 얻는다는 것보다는 존중
하는 거예요. 존중하면서 그 사람한테서 내가 느끼는 어떤 삶
의 지혜나 감동을 체득하는 거죠. 남의 인생을 통해 배우는 거
죠. 나의 기준은 많이 배우거나 돈이 많거나 그런 게 아니에요.
객관적으로 평가할 수 없는 그 사람만의 한 사람만의 존엄이
에요. 그건 경중을 따질 수 없어요. 누구나 존중받아야 해요.”

현장에서 더 해결되어야 할 문제점을 발견하기도 한다.
방문 간호는 병원 주치의 제도가 아니어서 노인들이 각 병원
을 다니며 약을 타 오는데, 모아놓으면 복용해야 할 양이 많았
다. 병명에 따라 약이 따로 처방되어 그중에는 중복되는 기능
의 약이 많기도 하고 함께 쓰면 안 되는 약이 섞여 있기도 했
다. 의사와 간호사, 약사가 약을 점검하고 조정하면서 한 사람
을 종합적으로 돌보는 주치의 제도와 재택 의료가 근본적인
해결이 될 것 같았다. 평생 열심히 일한 노동자이자 건강 약자
가 된 노인들을 위해 국가적인 시스템이 만들어져야 한 사람
에 대한 제대로 된 돌봄이 이루어질 것 같았다. 제도의 변화가
있어야 되는데 그 진척이 더딘 것 같았다.
“이제 돌봄하고 의료가 연결이 돼야 돼요. 어르신들은 돌

봄 차원에서 접근해야죠. 치료의 대상이 급성기가 아니라면 어르신이 있는 가정으로 찾아가 재택 의료를 받게 해야 해요, 거동도 불편하신 분들인데 병원으로 오라고 하는 게 아니라. 이런 일이 너무 더디게 진행되는 것 같아요. 지금 우리나라 보면 개인 병원들이 많잖아요. 거기서 가정 방문하기는 쉽지 않아요.”

방문 간호사로서 환자 당사자가 아닌데 병원을 상대해 어르신을 위한 조치를 취해 달라고 요구하거나 약 복용 문제를 점검하고 해결하라고 하는 건 한계가 있었다. 한 사람씩 전인적인 돌봄 관리를 해야 될 시점이다. 조옥화는 방문진료 사업이 제대로 추진되기를 기대하고 있다. 민간 시장화되어 있는 병원 측에서 대안을 제시하기 어려우니 국가에서 이 문제를 해결하기 위해 책임지고 컨트롤하고 조정하는 역할을 맡아 공식적으로 건강관리의 제도화가 이루어져야 한다. 또한 전문가들의 협업을 통해 어르신 맞춤형 운동 처방, 일상 활동을 유지하기 위한 작업치료, 인지활동을 위한 다양한 교재 및 교구 개발, 질환 및 증상에 따른 노인식단 보급 등이 이루어지고, 팀 기반 방문의료 영역 속에 방문 간호사의 역할이 수행되기를 바란다. 지역의 복지관이나 기관 등 지역자원을 어르신의 건강과 복지 증진에 원활히 활용하는 것도 필요한 일이다.*

그는 지역에 사는 주민들의 삶의 변천사 속에서 변치 않고 남아 있는 건강의 문제를 목격하며 지금도 방문 간호를 하기 위해 집을 나선다. 세상이 많이 변했다지만 사람들의 건강과 안전한 삶의 문제는 아직 해결되지 않고 곁에 남아 있다. 그래서 그 걸음은 지금도 그들을 향하고 있다.

---

* 위의 책.

오늘도 길을 걷는다

조옥화는 오늘도 묵직한 가방을 한쪽 어깨에 메고 길을 걸었다. 늘 다녀 익숙한 길이지만 날마다 똑같은 것은 없었다. 가로수의 푸른 나뭇잎들이 바람에 흔들리고 있었다. 꽃이 진 자리에 그 꽃 못지않게 눈부신 푸른 잎이 피고, 그 잎이 시들어 진 자리에 나무는 오래 기다린 열매를 꺼내어놓는다. 자신의 몫을 때맞춰 해내는 나무와 풀포기처럼, 사람들은 드러나지 않고 보이지 않아도 자신에게 주어진 삶을 힘껏 살아낸다. 바람에 흔들리면서 온몸으로 부대껴도 자기만의 삶에서 주인공으로서 오롯이 최선을 다해 살아낸다. 인생은 시나몬 향기와 같아서 달콤하면서 쌉싸름한 것 같다.

일흔이 되어 가만히 지난 일을 돌이켜 생각해보았다. 잠깐의 시간이 지난 것 같은데 참 많은 일들이 그 안에 있었다. 무엇이 자신을 그 길로 이끌었을까? 그리고 주어진 길 앞에서 어떻게 그렇게 걸어가게 되었을까?

"길을 걸으면서 저한테 주어진 일을 별로 거절하지 않고 묵묵히 해왔죠. 제 삶의 키워드가 여성, 삶의 현장, 그다음에 간호, 이 세 가지예요. 병원 내 의료기관이 아니라 바깥 세상에 나가서 지역사회 간호에 관심을 가졌고 이쪽으로 계속 걸어온 거죠. 뒤돌아보니까 일의 의미가 그렇게 일관돼 있는 것 같아요. 살면서 때맞춰 주어지는 기회를 그냥 받아들이고 해내면서 여기까지 왔어요. 어떻게 보면 원하던 것들이 적당한 시기에 기회로 와줬어요. 그나마도 행운이죠. 나는 일단 사람을 좋아해요. 사람과 사람 사이에 끈끈하게 흐르는 정이 난 너무 좋아요. 따뜻해요. 그리고 내가 사람들에게 어느 정도 기여할 수 있고 그런 기여에 의해서 다른 사람이 행복해하는 것을 보면 또 나도 좋아요. 그래서 더불어 함께 같이하는 일을 추구하면서 사는 것 같아요.”

누군가는 언젠가 자신을 보고, 남들이 안 하는 일을 했다면서 고생했다는 말도 했다. 그건 그쪽의 입장이었다. 삶에서 추구하는 방향이 다른 거였다. 다른 사람들은 성공을 지위가 높고 돈을 많이 벌고 안락한 생활을 추구하는 걸로 여길지 모르는데 자신은 그런 자리가 불편했다. 격식을 따지고 위계가 있는 그런 자리는 싫었다. 그래서 권위적이지 않고 서로 평등하게 만나고 도울 수 있는 곳을 스스로 찾아서 갔다.

“제가 한 일이 간호사의 역할이나 기능과 다 연결이 돼 있어요. 그러니까 간호를 의료기관 안에서 의사의 지시하에 기능적인 간호 행위를 하는 일로 국한하지 않고 폭을 넓혀 보면 내가 살았던 일이 다 해당돼요. 넓은 의미로 보면 돌봄이라는 것도 간호잖아요. 돌봄이라는 것 속에 내가 살아온 게 다 포함이 되더라고요. 그리고 중요한 것은 그 속에서 나도 돌봄을 받았다는 거예요. 어렸을 때 상처나 결혼에서의 어려움, 어머니가 돌아가신 것, 이런 경험이 일종의 상처죠. 인생의 어려움을 겪을 때 결국은 내가 만나는 사람들과의 관계 속에서 나도 모르게 케어를 받은 거예요. 그래서 아직 이렇게 건강한 거고요. 나는 세상에 간호를 한 게 아니라 그냥 그 속에서 돌봄을 주고받은 것 같아요. 사람들을 돌보며 살아오면서 나도 이 길 속에서 많은 사람들로부터 돌봄을 받았죠."

만나는 사람들 중 자기가 간호사인지 모르는 사람도 있었다. 생각해보면 자기 직업이 간호사였는데 간호사로서는 다른 사람과 다른 삶, 좀 특별하게 다른 삶을 사는 것처럼 보일 수도 있겠다 싶었다. 그는 간호 업무라는 것을 겉으로 드러나든 드러나지 않든 기본적인 생활 수단으로 삼고 살았다. 그리고 돌보는 이로서, 돌봄 받는 이로서 다양한 자리에서 그 일을 해냈다. 넓은 세상에서 다양하게 살고 싶다는 것. 그건 이십 대에 그리던 꿈이기도 했다. 약한 사람의 편에서 누군가에게 도움이 되어 살겠다는 오래전의 결심을 가지고 길을 갔다. 알아주든 알아주지 않든 상관없이 자기가 남에게 도움이 되는 자리라면 판단하면 두말 않고 갔다.

"제 인생이 처음에 생각했던 거랑 크게 다르지 않은 삶을 사는 것 같아요. 어렸을 때부터 내가 힘닿는 데까지 딴 사람에게 도움이 되는 사람이면 좋겠다는 생각을 했죠. 최소한 민폐는 끼치지 않고 자기한테 좀 자랑스러운 삶을 살아야 되지 않겠나라고 생각했어요. 지금 이렇게 지나놓고 보니까 초심처럼 그런대로 열심히 성실하게 살았다는 생각이 들어요. 또 그동안 굉장히 많은 사람들을 만난 것에 전반적으로는 고마운 마음이죠. 살면서 참 많은 사람들의 도움을 받으며 살았구나 싶은 생각이 들고. 제가 직업이 간호사인데 간호사로서는 굉장히 좀 특별하게 다른 사람하고 조금 다른 삶을 사는 것 같아요. 간호사라는 직업에 집중한 건 아니어도 그 간호 일이라는 것을 기본적인 생활 수단으로 삼고 계속 살았는데 그러다 보니까 보통 말하는 간호사가 사는 삶하고 좀 다르게, 어떻게 보면 안 단조롭고 다양했죠. 그렇게 사는 사람도 있다 이런 것도 좀 보여주고 싶었어요."

처음 병원에 들어간 때가 생각났다. 이 병원에 잘 적응을 해서 간호사로 성공을 하면 한 30년 후에는 뭐가 될까 생각했더랬다. 간호과장이나 어쩌면 부원장까지 되겠지, 그런 생각이 들었을 때 몹시 단조로운 삶이라는 생각에 고개가 저어졌다. 그때 걸음을 떼어 병원 바깥으로 처음 나왔다. 병원 밖의 세상에서 간호사로서 할 수 있는 일들을 자연스럽게 쫓아가기 시작했다. 보건소에 들어가서 일할 때도 그랬다. 안정된 자리에서 편안하게 일하기를 선택하지 않았다. 5·18민주화운동이 있었고 그 일이 삶의 행로를 바꾼 큰 계기가 되었다. 더 이상 가만히 있을 수 없었고, 세상을 위해, 동시대 사람들을 위해 뭔가 해야 한다는 절박함에 공무원으로 일하던 자리를 박차고 인천도시산업선교회의 일꾼으로 자리를 옮겼다.

"내가 이십 대에 한창 힘들 때 인천도시산업선교회에 가서 구원을 받았다는 느낌이 있었어요. 그전까지는 뭔가 손해를 보는 느낌이고 내가 가진 재능을 꽃피우지 못한 것 같고, 부모님의 케어를 잘 못 받아 억울한 감정이 들어 그때 막 무엇인가를 찾았어요. 이십 대 초반에 여기저기 다니면서 갈피를 못 잡고 불안정했는데, 인천도시산업선교회에 가서 거기서 사람들을, 친구를 만났죠. 지선이를 비롯해 만났던 여성 노동자들이 열정적이고 삶에 대한 책임감 같은 게 강하고 주체성이 있고, 그런 모습을 본 거예요. 한편으로 부모의 케어 대신 사회에서 내가 살면서 만난 사람들과의 관계 속에서 상처가 훨씬 많이 치유됐고 힘을 얻었죠."

자기 삶을 책임 있게 스스로 열정적으로 꾸려가는 여성 노동자, 그건 어느새 자신의 모습과 닮은 모습이 되었다. 그들에게서 배웠고 또 그들이 자신에게서 배웠다. 70년대의 동일방직 여성 노동자들을 포함한 여성 노동자들은 80년대에 민주화운동에도 기여했으며 이후 여성의 권리를 확산하는 운동에도 기여했다. 그들의 확신과 열정은 조옥화의 열정과도 그대로 공명했고 그는 노동 현장과 산업보건 현장에서 노동자들을 위해 교육하고 상담하고 일했다. 여성 노동자의 권리를 주장하며 여성노동자회 활동도 했고, 산업재해 문제를 알리고 제도적으로 해결하기 위해 목소리를 모으고 정책을 제언하는 일도 했다. 인천도시산업선교회에서 지역 주민을 위한 건강권 활동을 했고 산업사회보건연구회에서 노동자의 건강권을 확립하기 위한 조직적이고 전문적인 활동을 했으며 인천평화의료복지사회적협동조합에서 지역사회의 의료활동을 뿌리내리고 실천하기 위해 노력했다. 세상에 외치는 든든한 목소리가 울려 퍼졌다. 이 길이 옳다. 우리는 정의로운 길을 가고 있다. 그 믿음이 활동의 큰 버팀목이 되었다.

"도시산업선교회 활동의 기본 바탕에 흐르는 건 어쨌든 기독교 정신이죠. 그렇기 때문에 당시 정부에서 말한 것처럼 반정부 활동을 하고 무슨 과격한 일을 하는 데는 아니라고요. 그곳의 기본적인 정서에는 나름대로 자존심과 불의에 항거한다는 정당성이 있었어요. 자기가 하는 행동에 합리적인 이유가 있는 거예요. 우리는 좀 더 나은 세상을 만들기 위해, 정의를 위해 헌신한다, 이런 생각들이 많이 있었어요."

세상이 '살벌했던' 시기에 그런 믿음은 든든한 편이 되어 주었다. 아버지가 군림하던 집과 독재정권이 입을 틀어막고 있던 시절. 자신의 목소리는 어디에서 낼 수 있을까? 그 목소리를 낼 수 있는 자리를 찾아갔다. 세상이 불합리하고 불의에 차 있다는 생각이 들었고 자기가 이 세상에 적응을 하면 권위주의에 굴복해 똑같이 되는 것 아닌가 하는 젊은 시절의 예민한 감수성 때문에 괴로웠던 때도 있었다. 인생의 행로를 정하는 데 있어서 기존 사회에 그대로 적응해서 따른다는 것에, 부정의한 세상에서 출세를 한다는 것에 거부감이 들었다. 주변 사람들과 경쟁하면서 밟고 하나씩 올라가야 하는 것도 싫었고, 권력에 무릎 꿇기도 싫었고, 남을 이기기 위해 강자에게 아부하기도 싫었다. 한편으로는 현실에 잘 적응하지 못하는 스스로에게 남 모를 깊은 자괴감도 느끼면서 갈등했다.

대신 그는 다른 길에서 방향을 잡게 되었다. 세상의 불의에 고개를 숙이고 들어가는 게 아니라 그 세상에 맞서는 길을 선택했다. 잘못된 세상에 맞서 같은 뜻을 가진 사람들과 더불어 그 속에서 서로 돕고 섬기면서 지금과는 다른 세상을 같이 만들어나가고자 했다. 다른 세상은 가능했다. 원하지 않는 주어진 세상 대신, 우리가 원하는 새로운 세상을 만들어갈 수 있었다. 그 확신과 믿음이 그들 안에는 충만하게 살아 있었다.

"불의에 고개 숙이고 들어가는 게 아니라 거기에 맞서는 것. 폭력이 아니라 같은 뜻을 가진 사람들과 더불어 돕고 섬기면서 같이 함께 사는 세상을 만들어가려고 했지요. 그런 분위기로 저 또한 안정감을 찾은 것 같거든요. 어느 틈에 나이를 먹어버렸네요. 그러니까 따지고 보면 지루하다거나 이런 거 없이 심심할 때 또 새로운 일이 생기고 새로운 경험을 하고 이렇게 된 거죠. 근데 결과적으로는 이게 사회에 얼마나 기여했는지는 모르겠어요. 나는 그때그때 주어진 거를 외면하지 않고 그냥 한 거예요. 내가 가지고 있는 능력을 발휘하려고 노력했고 그렇게 산 거지요."

그는 함께 만난 동료들과 희망의 불씨를 보듬고 서로 지펴주면서 그 온기와 빛으로 세상을 같이 밝혀나갔다. 힘이 있을 때 그 힘을 다했고 젊음이 남아 있을 때 그 젊음을 모두 쏟아부어 노력했다. 잠도 제대로 자지 못하고 쉬지 못할 때라도 가는 길이 옳기 때문에 견뎌낼 수 있었고, 자신이 일할 자리가 있어서 의미 있었다.

"최선을 다해서 살았어요. 나름대로 평생 동안 열심히 산 치열한 삶이에요. 한 인간으로서 그렇죠. 역사적 흐름 속에서 성실하게 살았다는 생각이 들어요. 이렇게 살면서 뭐랄까, 다른 사람들로부터 위로와 도움을 많이 받았고 나도 가능한 한 도우며 살려고 노력했어요. 조금이라도 타인한테, 다른 사람한테 좀 도움을 줬다면 그건 되게 보람된 일이잖아요. 그리고 내가 간호사로서 보니까 사람들이 어떤 정신적 신체적 질병을 가진 시기는 그 인생에 있어서 되게 힘든 시기란 말이에요. 그럴 때 내가 나름대로 도움을 줄 수 있었다면 그건 나한테 있어서는 행운이에요. 그 사람들한테도 다 다행히 도움을 받을 기회였겠지요. 그런 게 삶에 있었다면 훨씬 다행인 거고요. 나는 항상 약자 편을 들고 싶었어요."

그는 겸손히 말했다. 주어진 것을 외면하지 않고 했고, 가지고 있는 능력을 발휘하려고 노력하며 살았다.

“지금의 간호사는 이미지가 너무 고정적이고 축소되고 활동 범위도 좁게 알려진 것 같아요. 내가 이렇게 쭉 살아온 것도 간호사로서 살아온 삶이에요. 왜냐하면 간호라는 의미의 폭을 넓혀야 된다고 생각해요. 예를 들어 내가 산업사회보건연구회에서 산재 직업병 관여를 한 일들이나 그동안 노동자나 여성, 노인의 건강을 위한 활동이 다 간호 활동에 속하는 거지요.”

조옥화뿐 아니라 그렇게 사람들의 건강을 위해 활동하고 사는 여성들이, 의료인들이 곁에 있었고 드러나지 않는 이름으로 역사 속에도 줄지어 있었다.* 자신이 처음도 아니고 끝도 아니라는 생각을 하면서 하늘을 올려다보았다. 한 명의 간호사로서 눈에 띄는 지위가 있었던 것은 아니지만 가정에 머물러 있는 삶도 아니었고 끊임없이 현장에서 일하면서 돌봄을 수행한 사람이었다.

“그런 간호사들이 시대에 따라 계속 있었던 거지요. 간호사들이 무슨 대단한 지위를 갖고 있는 건 아니잖아요. 하지만 이 간호사들은 어쨌든 현장에 있는 사람들이고 주로 여성이

---

* “…각 인물이 살아간 시대와 사회를 반영하면서 한국 근현대의 굴곡과 변화와 발전, 한국 간호의 변화와 발전을 보여준다. 이들 간호인은 모두 시대와 사회의 산물이었지만 각자의 삶에서 어려움을 견디고 앞으로 나아가기 위해 노력했다. 이들의 삶에 주어진 선택은 시대와 사회의 제약을 받기도 했지만, 어느 순간의 선택이 각자의 삶은 물론이고 시대와 사회에 영향을 미치기도 했다. 한 세기에 걸친 간호인들의 삶의 연결로 드러난 것은 한국 사회와 한국 간호의 역사 그 자체였다.” 이꽃메, 『한국간호인물열전』, 책과함께, 2024, p.422.

었고 그다음에 돌봄을 수행하는 사람들이었어요. 그래서 가정에서만 있었던 것도 아니고, 꼭 병원 안에만 있는 것도 아니었어요. 일제강점기 때부터 그런 간호사들이 있었던 것처럼 나의 인생도 혼자 딱 떨어진 건 아닌 거예요. 누군가로부터 쭉 이렇게 연결되어 있는 거죠. 자신의 길을 다 걸어낸 그 사람들이 있었기 때문에 이렇게 온 거예요. 거기에 나도 일부를 또 구성하겠지요. 그럼 우리 후배들은, 나는 모르지만 누군가가 또 이렇게 이 길을 연결하겠지 싶은 생각이 들어요. 이런 간호사 선배들이 있었어, 이름도 모르고 무엇도 모르지만, 어느 누군가가 우리에게도 저기 그런 선배들이 있었어 하고 생각하면 도움이 될지도 모르죠. 내 얘기를 보고서 혹시라도 나중에 누구 한 사람이라도 좀 위안을 받고 격려를 받았으면 좋겠네요."

전화벨이 울렸다. 방문 간호사를 찾는 어르신의 전화였다. 어르신은 작지만 또렷한 음성으로 간호사가 언제 오는지 묻고 날짜를 확인한다. 조옥화는 큰 목소리로 씩씩하고 활기차게 대답하면서, 시간에 꼭 맞춰 갈 테니 그때 만나자고 대답해주었다. 문안에서 기다릴 어르신들이 날짜를 잊지 않도록 생각난 김에 한 분씩 다시 전화를 걸며 인사한다. "안녕하세요! 간호사예요!" 경쾌한 인사말이 들렸다. 오늘도 갑니다! 당신을 향해. 한 사람씩 얼굴을 떠올리며 반갑게 건네는 큰 목소리의 인사가 이어졌다. 한 사람의 이야기도, 한 사람이 가고 있는 길도, 한 사람이 지키고자 했던 마음도 이어지고 있었다.
간호사 조옥화는 자신이 있어야 할 자리를 찾아 오늘도 그 걸
음을 멈추지 않는다.

추천사

◆　　　고교 시절 조옥화의 꿈은 글을 쓰는 작가였다. 역사적으로 여성에게 글쓰기는 자신의 삶을 주체적으로 살아가기 위한 열망을 담아내는 행위였다. 그의 열망은 좁은 틀에 갇히지 않고, 간호사가 되어 사회에서 더 넓은 길로 이어졌다. 조옥화는 간호사 면허를 가지고 할 수 있는 사회적 역할의 최대치를 해냈다. 특정 직장에 소속된 직원이 아니라, 사회적 약자들을 가장 가까운 곳에서 도우며 관계를 맺는 간호를 증명해 보였다. 이십 대에 시작해 50여 년 동안, 빈민 지역의 아이들과 여성, 일하다 다치거나 병든 노동자, 장애가 있거나 나이 들어 돌봄이 필요한 노인들의 곁을 지켜왔던 것이다.

조옥화의 삶과 그 기록은 교과서가 담아내지 못한 살아 있는 간호 지식이자 실천이다. 특히 한국 간호교육이 대학 교육 체계로 개편되던 1970년대에 간호사가 된 이후 산업화와 민주화라는 사회 변동 과정에서 생명과 건강을 위협받았던 사람들에게 어떤 간호가 가능했는지 그의 경험에서 배울 수 있다. 이 책이 간호교육 현장에서 꼭 읽혀지기를 바란다.

이 책은 약자들의 편에 섰던 간호사들의 숨겨진 목소리를 세상에 들려주는 첫 발성이 될 것이다. 메아리가 되어 더욱 널리 울려 퍼져나갈 수 있기를!

전경자(순천향대학교 간호학과 명예교수, 전 한국지역사회간호학회 회장)

◆　　　조옥화 선배의 삶을 떠올리면 언제나 먼저 '현장'이라는 단어가 떠오릅니다. 그는 간호사라는 이름으로 병원 안에 머무르지 않았고, 가난한 골목과 노동 현장, 그리고 돌봄이 절실한 사람들의 일상 속으로 스스럼없이 들어갔습니다. 환등기와 교육 자료를 들고 판자촌을 누비며 주민들과 함께 살고자 했던 선택, 주민들이 스스로 건강을 지키고 조직의 주체가 되도록 곁에서 묵묵히 도왔던 민들레의료협동조합의 경험, 산업사회보건연구회에서 산재와 직업병으로 삶의 위기에 처한 노동자들과 함께한 투쟁을 통해 선배는 한 사람, 한 사람의 존엄을 지키는 일 자체가 세상에서 가장 우선하는 가치임을 보여주었습니다. "소외되고 약한 편에 서 있을 때가 가장 편하다"는 말은 단순한 수사가 아니라, 부당한 위계와 구조적 모순에 맞서 인간의 존엄성을 지키고자 했던 삶의 철학 그 자체였습니다.

여성 노동자들과 여성 가장들의 직업훈련과 돌봄을 함께 설계하고 다시 일터로 나아갈 수 있도록 했던 시간들은 그가 끝까지 '여성'이자 '노동하는 사람'의 편에 서 있었음을 보여줍니다.

인천평화의료복지사회적협동조합을 이끌며 그는 의료기관의 성과나 규모가 아니라, 조합원과 주민의 신뢰와 삶의 질을 중심에 두었습니다. 불필요한 검사보다 예방과 재활을, 병원의 효율보다 주민의 입장을 먼저 생각하는 의료, 그리고 조합원이 주인이 되는 자치구조에 대한 믿음은 수십 년 현장에서 다져진 확신입니다.

저는 인천평화의료복지사회적협동조합의 이사장으로서, 또 후배 간호사로서 선배님과 함께한 시간을 소중히 간직하고 있습니다. 이 책은 단지 한 사람의 이력이나 업적을 정리한 기록이 아니라, 약자의 곁에 서는 한 사람의 태도와 선택이 다시 조직과 제도, 그리고 지역사회의 형태로 확장되는 과정과 결과를 보여주는 귀한 증언입니다. 민들레의료협동조합에서 시작된 작은 실험이 오늘의 인천평화

의료복지사회적협동조합으로 이어졌듯, 조옥화 선배의 삶은 돌봄
과 연대가 참으로 소중한 가치임을 증명합니다.

여성으로, 간호사로, 노동하는 사람으로, 그리고 한 명의 시민으로
자신을 끊임없이 담금질해온 이 길의 기록이 의료와 복지, 협동과 돌
봄의 미래를 고민하는 모든 이들에게 깊은 울림이 되기를 바랍니다.

박양희(인천평화의료복지사회적협동조합 이사장)

◆　　사회적으로 엄혹했던 시기인 80년대 초, 이십 대였던 옥화
와 나는 인천도시산업선교회에서 지역과 노동 담당 실무자로 만났
고, 지금까지 인연을 이어오고 있는 친구이자 동지이다. 나의 평생
반려자인 고 노회찬을 만나기 전이었다.

노동문제에만 집중하고 있었던 나와 달리 간호사 출신임에도 가난
한 동네를 방문하며 그들의 생활상의 문제를 개선하기 위해 애쓰는
그의 모습을 보며 사회운동의 중요성을 크게 깨닫게 되었다.

그는 언제나 '사람의 인격과 안목은 가방끈 길이와 전혀 상관이 없
다'며 진심으로 나를 존중해주었지만 실제로는 그에게서 배운 바가
더 많다. 군부독재 탄압이 기승을 부리던 시절 함께 생활하면서 그
는 노동현장에 투신하고 나는 조직활동을 하며 나눴던 동지애와 사
회적 인식, 실천적 삶은 우리를 더욱 단단하고 성숙하게 만들었다.

그의 기나긴 삶의 여정은 항상 사회적 약자와 함께 동행하는 것으로
향하고 있었다. 더 나아가 그들에게 문제가 발생하면 자신의 전문성
과 자원을 동원해 함께 해결해나갈 길을 찾는 데 조금의 주저함도
없었다.

평생을 일하고도 청빈한 삶을 이어가고 있는 그, 나를 포함하여 그
를 사랑하는 모든 이들과의 깊은 유대감이 오늘도 그를 길 위에 있

게 하는지도 모른다.

김지선(전 인천여성노동자회 회장)

◆　　꽤 오래전 조옥화를 처음 만났을 때 나는 긴장했다. 더 정확하게, 그는 이대로도 괜찮을지 뒤돌아보게 했고 결국 그의 꿈을 궁금하게 했다. 시간이 지났지만, 나는 여전히 그로부터 성찰의 힘을 얻는다. 늘 그 자리에서 지겨울 정도로 일관되게 살아왔던 그가, 이제 이 책을 통해 우리 모두를 다시 긴장하게 할 참이다.

그의 온 삶을 관통하는 그 저항이 지금 내게도 '자기 돌봄'의 힘이 됨을 실감한다. 특히, 사랑과 열정의 역사적 무력함에 절망하는 분들에게 이 책을 권한다. 언뜻 좌절한 것처럼 보일 수도 있는 시대의 정신이 어떻게 깊이 가라앉았다가 다시 떠올라 모두에게 빛이 되는지. 그는 그때 좌절이란 무엇인지, 또 빛이란 어떤 것인지 묻는다. 우리가 답할 차례이다. 그리하여 우리는 다시 한번 치유될 수 있을 것으로 믿는다.

김창엽((사)시민건강연구소 이사장, 서울대학교 명예교수)